江苏省"十四五"时期重点出版物出版专项规划项目

贸易碳排放协同治理丛书

王海鲲◎主编

贸易碳补偿理论方法及中国应用

THEORETICAL METHODS OF TRADE CARBON COMPENSATION AND ITS APPLICATION IN CHINA

邢贞成◎著

河海大学出版社
HOHAI UNIVERSITY PRESS
·南京·

图书在版编目(CIP)数据

贸易碳补偿理论方法及中国应用 / 邢贞成著. -- 南京：河海大学出版社，2024.11
（贸易碳排放协同治理 / 王海鲲主编）
ISBN 978-7-5630-8557-6

Ⅰ.①贸… Ⅱ.①邢… Ⅲ.①国际贸易-二氧化碳-排污交易-研究 Ⅳ.①F74②X511

中国国家版本馆 CIP 数据核字(2023)第 236794 号

书　　　名	贸易碳补偿理论方法及中国应用 MAOYI TANBUCHANG LILUN FANGFA JI ZHONGGUO YINGYONG
书　　　号	ISBN 978-7-5630-8557-6
责任编辑	彭志诚
特约编辑	王春兰
特约校对	薛艳萍
装帧设计	林云松风
出版发行	河海大学出版社
地　　　址	南京市西康路1号（邮编：210098）
网　　　址	http://www.hhup.com
电　　　话	(025)83737852(总编室)　(025)83787769(编辑室) (025)83722833(营销部)
经　　　销	江苏省新华发行集团有限公司
排　　　版	南京布克文化发展有限公司
印　　　刷	广东虎彩云印刷有限公司
开　　　本	787 毫米×1092 毫米　1/16
印　　　张	12.25
插　　　页	1
字　　　数	200 千字
版　　　次	2024 年 11 月第 1 版
印　　　次	2024 年 11 月第 1 次印刷
定　　　价	69.00 元

前言
PREFACE

  为了积极应对全球气候变化，推动中国经济高质量发展，习近平主席在第七十五届联合国大会一般性辩论上郑重宣布："中国将提高国家自主贡献力度，采取更加有力的政策和措施，二氧化碳排放力争于2030年前达到峰值，努力争取2060年前实现碳中和。"这一庄重的宣示不仅体现了我国作为负责任大国的国际担当，同时为我国碳减排工作确定了关键性锚点。

  碳减排工作有效实施的关键在于将国家目标转化为地方行动。我国不同省域在发展阶段、资源禀赋以及产业结构等方面存在诸多差异，同时省域间广泛而密切的贸易联系对各地的碳排放及碳中和进程产生差异巨大的影响。各地区如果忽略贸易导致的跨区域碳联系，仅从生产端孤立地实施碳排放控制，容易造成"碳泄漏""搭便车"及利益冲突问题，阻碍跨域合作减排工作的开展，不利于全国减排目标的实现。因此，从经济收益与环境成本均衡视角出发，厘清区域间广泛而复杂的碳关联效应，提出公平合理的贸易碳排放责任分担方案，建立中国省际贸易碳排放补偿机制，通过区域间的利益协调及优势互补激活协同减排效应，推动跨域合作减排进程，是实现全国"双碳"目标的基础性工作，也是目前亟须解决的重要问题。

  本书作者在国家社科基金青年项目"中国省域碳排放责任界定及补偿机制研究"（22CJY052）、国家自然科学基金青年项目"基于生态经济系统碳循环的中国跨域合作减排机制研究"（42301351）、关键地球物质循环前沿科学中心"GeoX"交叉项目(0207-14380197)、教育部人文社科基金青年项目"双重价值链嵌入下中国省域贸易碳不公平性及补偿对策研究"(21YJC790130)及江苏省社科基金青年项目"碳中和视野下江苏城市碳补偿机制研究"(22GLC007)等项目的连续支持下,针对中国贸易碳减排问题,重点围绕贸易碳转移特征、碳转移不公平性评估、贸易碳排放责任分担及贸易碳排放生态补偿等研究内容开展了系统深入的研究,以期丰富生态补偿理论体系及碳补偿方法与实践,为构建利益协调、优势互补和多方共赢的区域协同碳减排机制提供研究支撑和路径参考。

本书基于作者的国家社科基金项目研究报告等成果,经过进一步的拓展和完善形成,相关研究工作得到了美国马里兰大学冯奎双教授、河海大学王济干教授和张婕教授的指导和大力支持,在此特别致谢。同时,也对所有对本书出版给予过帮助的师长、同事、学生和出版社编辑致以衷心的感谢!

需要说明的是,由于本书的涉及面广,限于作者的专业知识和学术水平,著作中的疏漏和不足之处在所难免,敬请广大读者批评指正。

邢贞成

2024 年 7 月

目录
CONTENTS

第一章 碳中和与贸易碳减排 ·· 001
1.1 气候变化与碳中和 ·· 003
1.2 低碳转型与高质量发展 ·· 005
1.3 贸易碳转移与碳泄漏 ··· 007
1.4 碳排放责任与生态补偿 ·· 010

第二章 贸易碳排放研究进展 ·· 015
2.1 贸易碳转移研究 ··· 017
2.2 碳不公平性研究 ··· 020
2.3 碳排放责任研究 ··· 022
2.4 碳排放补偿研究 ··· 026
2.5 文献述评 ·· 028

第三章 贸易碳减排理论分析 ·· 029
3.1 概念界定 ·· 031
3.2 理论基础 ·· 035
3.3 理论分析 ·· 042

第四章　贸易碳补偿方法与模型构建 …… 047
- 4.1 时间序列贸易碳排放核算模型 …… 049
- 4.2 贸易碳转移不公平性评价模型 …… 051
- 4.3 贸易碳排放责任公平共担模型 …… 054
- 4.4 贸易碳排放生态补偿模型 …… 056

第五章　中国省际贸易碳排放及其时空特征研究 …… 059
- 5.1 时间序列贸易碳排放分析 …… 061
- 5.2 "生产-消费"视角下碳排放分析 …… 063
- 5.3 中国省际贸易碳转移分析 …… 067

第六章　中国省际贸易碳转移不公平性研究 …… 071
- 6.1 中国省域碳排放和增加值对比分析 …… 073
- 6.2 中国省际碳排放和增加值净转移分析 …… 078
- 6.3 中国省域碳转移不公平性分析 …… 081

第七章　中国省际贸易碳排放责任分担研究 …… 087
- 7.1 碳排放责任核算与时间特征 …… 089
- 7.2 碳排放责任空间差异分析 …… 092
- 7.3 碳排放责任结构组成分析 …… 096

第八章　中国省际贸易碳排放补偿量化研究 …… 101
- 8.1 碳补偿关系及补偿量界定 …… 103
- 8.2 碳补偿标准确定 …… 108
- 8.3 中国省际贸易碳排放补偿方案 …… 111

第九章　中国省际贸易碳排放补偿运行与保障机制 …… 115
- 9.1 中国省际贸易碳排放补偿机制基本原则 …… 117
- 9.2 中国省际贸易碳排放补偿机制框架结构 …… 119
- 9.3 中国省际贸易碳排放补偿机制保障体系 …… 121

参考文献	123
附录	138
附录A 地区与行业名称	138
附录B 中国省域间贸易碳转移	140
附录C 中国省域间增加值转移	172
附录D 中国省域间碳转移不公平性	180

第一章
碳中和与贸易碳减排

第一章
碳中和与贸易碳减排

在应对全球气候变化的严峻形势下,中国提出碳达峰、碳中和重大战略目标,为我国碳减排工作确定了关键性锚点。不过,中国省域间广泛而密切的贸易联系对各地的碳排放及碳中和进程产生差异巨大的影响,阻碍了跨域合作减排工作的开展,不利于全国减排目标的实现。生态补偿是缓解区域间生态不平等的重要制度安排,将碳排放这一重要生态环境要素纳入到补偿体系中,通过厘清区域间复杂的碳联系,科学界定各区域的碳排放责任,设计出促进各省份公平发展的碳补偿机制,可以提升国家实现双碳目标的效能。

1.1 气候变化与碳中和

气候变化指的是地球气候系统长期发生的变化,包括气温、降水模式、风速、云量等方面的变化。气候变化是当今全球面临的最重要和紧迫的环境挑战之一。这种变化导致了全球气温上升、极端天气事件的增加、海平面上升、生物多样性丧失等一系列环境问题。(1) 全球变暖:全球变暖是气候变化的一个重要表现,指的是地球整体的气温上升趋势,破坏生态平衡,对人类健康和生态系统造成影响;(2) 极端天气事件:气候变化还会导致极端天气事件的增加和强化,例如,干旱、洪涝、暴雨、暴风雪、热浪等极端天气现象频繁发生,给人类社会、生态系统和经济活动带来了严重影响;(3) 海平面上升:全球变暖使得冰川融化和海水膨胀,从而导致海平面上升,这对于沿海地区和岛屿国家来说,可能带来严重的威胁,包括海岸侵蚀、淹没、水源咸化等问题;

(4)生态系统影响:气候变化也会对生态系统造成重大影响,改变物种空间分布,破坏生态系统的生态平衡,导致生物多样性下降。同时,气候变化还会影响农作物产量、森林生长、水资源供应等,对人类的生计和经济发展产生深远影响。

地球的大气层中存在的一些气体,如二氧化碳(CO_2)、甲烷(CH_4)、氧化亚氮(N_2O)等,能够吸收并重新辐射地球表面的热量,起到保温的效果,使地球的平均温度维持在适宜的范围内,这就是温室效应。然而,随着工业化、城市化和全球经济发展的推进,人类活动(如燃烧化石燃料、工业生产和农业活动)产生的大量温室气体排放导致地球大气中温室气体浓度的增加,进而引发了全球气候系统的变化。

面对这一严峻的挑战,国际社会越来越意识到应对气候变化的紧迫性。全球气候变化谈判框架,如《联合国气候变化框架公约》(UNFCCC)和《巴黎协定》,旨在推动全球减排行动和适应措施的实施。2015年,《联合国气候变化框架公约》(UNFCCC)下的《巴黎协定》达成,各国承诺共同努力控制全球升温幅度在2摄氏度以内,并追求将升温幅度控制在1.5摄氏度以内。为此,国际社会正在努力减少温室气体排放、推动可再生能源和能效技术的发展,以及加强社会适应能力,以应对气候变化对人类社会和生态系统的影响。碳中和是指通过将温室气体的排放量减少到几乎为零,并通过各种措施将剩余的排放量与可吸收和储存的碳相平衡,从而实现净零排放的目标。在全球应对气候变化的背景下,碳中和成为国际社会关注的重要议题,也已经成为各国的重要战略目标。

许多国家和地区已经设定了碳中和或净零排放的目标和时间表。例如,欧盟于2019年提出了"欧洲绿色协议",旨在到2050年实现净零排放目标,并正在制定具体措施和法规来实现该目标。欧盟还设定了2030年的中期减排目标,即力争到2030年将温室气体排放量减少至1990年的一半以上。英国政府设定了2050年的净零排放目标,即在2050年之前将温室气体的净排放量降至零。该目标在法律上得到承诺,并且英国正在采取一系列措施,包括增加可再生能源供应、提高能源效率、推动电动汽车普及等,以实现净零排放目标。瑞典政府设定了2045年的净零排放目标。瑞典正在大力推进可再生能源的利用,加强能源效率,推动电动汽车的发展,并鼓励可持续农业和林业,以实现净零排放目标。新西兰政府设定了2050年的净零排放目标,并将净零排放法案纳入法律框架。新西兰正在加强可再生能源的开发和利用,并采取措施减少农业和交通运输等行业的温室气体排放。

碳中和也成为中国国家战略的重要组成部分。习近平主席在第七十五届联合国大会一般性辩论上郑重宣布:"中国将提高国家自主贡献力度,采取更加有力的政策和措施,二氧化碳排放力争于2030年前达到峰值,努力争取2060年前实现碳中和。"中国的碳中和目标对于全球减缓气候变化具有重要意义。作为世界上最大的温室气体排放国,中国的碳减排举措将对全球温室气体减排产生重大影响。中国碳中和战略涉及多个领域和行动。首先,中国致力于提高能源效率和推进清洁能源的发展。通过减少对化石燃料的依赖,加大可再生能源的使用比例,以及改善能源消耗效率,可以降低碳排放量。其次,中国加强了对碳市场和碳定价的建设和探索。建立碳市场可以通过碳交易和碳定价机制来激励企业和组织减少碳排放,同时促进碳市场的健康发展。此外,中国还加强了碳捕捉利用与储存(CCUS)技术的研发和应用。CCUS 技术可以捕捉和储存工业和能源产业排放的二氧化碳,有助于减少碳排放量并助力碳中和的实现。中国碳中和战略还涉及土地利用、森林保护和生态系统恢复等方面的措施。保护和恢复森林、湿地和其他生态系统可以增加吸收和储存碳的能力,促进生态环境的健康发展。

1.2 低碳转型与高质量发展

高质量发展是指在经济增长的过程中追求经济结构优化、创新驱动、资源节约和环境友好的发展方式。它注重经济发展的质量和效益,而非简单追求速度和规模。高质量发展要求经济结构的升级,提高科技创新能力,推动产业升级和转型,加强环境保护和生态建设,提升人民生活质量和社会公平。面对国内外严峻的经济形势,2017年10月18日,习近平总书记在党的十九大报告中首次提出:"我国经济已由高速增长阶段转向高质量发展阶段。"我国经济基本实现了量的积累、速度的追赶,继续追求以速度为主的粗放型发展已经不适应现阶段的经济发展,同时发展不够均衡、不够协调、不够充分的问题突出,不利于中国经济长期、可持续发展,因此,必须告别高速增长的阶段,打破低质量发展模式,转向追求高质量的发展,使提质增效成为经济发展的重心。在这样的现实背景下,我国不再一味追求经济的高速增长,而是更加关注经济增长质量及效益,深入研究由高速增长转向高质量发展的转向路径。2018年我国政府工作报告中指出要大力推动高质量发展,发展是解决我国一切问题的基础和关键,经济社会发展过程中要按照高质量发展的要求做好各项政府工作,促进经济社会持续健康发展。

中国的高质量发展目标是在经济增长的基础上,追求经济结构的优化、创新驱动、绿色可持续发展和提高人民生活质量。具体而言,中国的高质量发展目标包括以下几个方面:(1)经济结构优化。中国致力于优化经济结构,推动传统产业向高端、技术密集、绿色低碳的新兴产业转型升级。通过推动供给侧结构性改革、促进产业升级和转型、推动创新发展等措施,提高经济的质量和效益。(2)创新驱动发展。中国将创新作为推动高质量发展的重要引擎。通过加大科技投入、提升科技创新能力、培育创新型企业和人才等措施,推动科技创新、技术进步和产业创新,提升中国在全球创新竞争中的地位。(3)绿色可持续发展。中国致力于实现经济发展与生态环境保护的良性循环。通过加强环境治理、推动清洁能源和节能减排、促进生态文明建设等措施,减少环境污染、提高资源利用效率,推动经济发展的绿色转型。(4)提高人民生活质量。中国着力提升人民生活质量和福祉,通过扩大就业,提高收入水平,优化社会保障体系,改善教育、医疗等公共服务,满足人民群众对美好生活的向往。(5)区域协调发展。中国注重推动区域间的协调发展,通过加大对中西部地区的支持和政策倾斜,促进区域经济的均衡发展,减少地区间的发展差距,实现全国范围内的共同繁荣。(6)开放合作。中国积极推动对外开放,加强国际合作。通过扩大进口、促进外商投资、推动贸易自由化和便利化等措施,中国正积极参与全球经济治理,共建开放型世界经济。

低碳转型是指从传统高碳经济向低碳经济的转变过程。它强调减少碳排放,降低对化石能源的依赖,推动能源结构的优化,以及提高资源利用效率和环境友好性。低碳转型的核心在于减少碳排放并推动可持续发展,通过采用清洁能源、促进能源节约和效率提升、推广低碳技术和创新等手段,实现经济增长与环境保护的良性循环。低碳转型和高质量发展都追求可持续发展,注重经济、环境和社会的协调发展。通过推动低碳转型,减少碳排放,提高资源利用效率,可以实现经济的高质量发展,保护生态环境,提升人民生活质量。低碳转型是推动中国高质量发展的重要路径之一,通过优化产业结构、提升创新能力、提高资源利用效率、加强环境保护、推动绿色金融和市场机制发展等措施,低碳转型助力实现经济增长与环境保护的良性循环,实现高质量发展的目标:(1) 低碳转型促使中国向清洁能源、环保产业和可持续发展产业转型升级。通过加大对绿色技术、清洁能源和低碳产业的支持和投资,中国可以优化产业结构,提高产业的竞争力和附加值,实现经济的高质量发展。(2) 低碳转型需要依靠创新技术和绿色创新来实现。通过加大对科技研发和创新的投入,推动低碳技术的研发和应用,中国可以在低碳转型中取得更大突破,推动经济的创新驱动发展。(3) 低碳转型强调资源的有效利用和节约。通过提高能源利用效率、推广节能技术和设备、加大对清洁能源的开发和利用等措施,中国可以减少资源浪费,提高资源利用效率,实现经济的可持续发展。(4) 低碳转型有助于减少环境污染和降低碳排放,对环境保护具有重要意义。通过加强环境管理、推动生态文明建设、提高环境监管和治理水平等措施,中国可以改善环境质量,提高人民生活的质量和福祉。

1.3 贸易碳转移与碳泄漏

温室气体协议(GHG Protocol)是衡量和报告企业和组织温室气体排放的国际标准。它将碳排放核算划分为三个范围——范围1:直接排放,包括企业自有或控制的源,如燃烧化石燃料产生的二氧化碳排放;范围2:间接排放,涉及购买的电力和热能的排放,通常来自发电厂等外部供应商;范围3:其他间接排放,包括企业价值链上的其他源头,如供应链、员工交通、废弃物管理和产品使用阶段的排放。贸易隐含碳排放是指在商品贸易过程中,由于供应链中各环节的能源消耗和碳排放,从而间接导致的碳排放量。具体来说,当一个国家或地区从另一个国家或地区进口商品时,进口商品所包含的能源消耗和碳排放量将由进口国或地区转移到出口国或地区。这种通过商品贸易间接转移的碳排放被称为贸易隐含碳排放。贸易隐含碳排放主要涉及以下几个方面:(1) 生产过程排放。进口商品生产过程中产生的碳排放是贸易隐含碳排放的重要组成部分。这包括商品的原材料开采、加工制造、运输等环节产生的能源消耗和碳排放。(2) 跨国运输排放。商品的跨国运输也会导致贸易隐含碳排放。长距离的物流运输需要大量的燃料和能源,这会产生相应的碳排放。(3) 能源结构差异导致的额外排放。不同国家和地区的能源结构存在差异,某些国家使用的能源更多来自高碳排放的煤炭和石油,而其他国家则更多地使用低碳能源如天然气和可再生能源。因此,高碳排放国家出口的商品会产生额外的贸易隐含碳排放。

贸易隐含碳排放的形成是由于全球化和国际分工的发展,导致各国在生产和消费方面分工更加细化,使得产业链跨国延伸。这种跨国分工模式导致了贸易隐含碳排放的跨国转移现象。日益纵深发展的区域间经济贸易不仅对各地经济发展产生深远影响,同时也对当地的碳排放产生不可忽视的影响。由于不同地区的产业结构和环境政策差异,区域间贸易导致高碳排放产业向碳成本较低的地区迁移,从而使得贸易活动间接地导致了碳排放的转移。碳排放转移可能会进一步导致碳泄漏问题,给应对全球气候变化带来了一些挑战和影响:首先,转移的碳排放可能导致环境效益的减少,甚至使总体碳排放增加,这对总体气候变化目标的实现造成了障碍;其次,转移会影响不同地区的经济竞争力和产业结构,可能导致就业和经济发展的不平衡。为了应对碳排放转移问题,国际社会已经开始关注并采取措施。例如,一些国家和地区开始推行碳关税或碳边境调整措施,旨在通过对进口高碳排放产品征收关税或调整进口产品的碳成本,消除不公平竞争和碳排放转移的影响。此外,也有一些国际组织和倡导者呼吁加强全球合作,建立统一的碳定价机制,以更有效地应对区域间贸易引致的碳排放转移问题。

贸易碳泄漏是指由于某个国家或地区采取减排政策,导致本国产业减少碳排放而增加了其他国家或地区的碳排放量的现象。简单来说,当一个国家或地区采取减排措施时,一部分高碳排放产业可能会转移到其他国家或地区,从而导致贸易伙伴的碳排放量增加,从而抵消了减排国的减排成果。贸易碳泄漏的主要原因包括以下几个方面:(1) 产业转移。能源密集型行业(如钢铁、水泥、铝等)的生产过程通常会产生大量的碳排放,为了避免减排措施对本国产业竞争力的不利影响,一些高碳排放产业可能会转移到减排措施相对较弱的国家或地区。这种产业转移导致了减排国的减排成果被相应地抵消,产生贸易碳泄漏的问题。(2) 国际商品贸易。当发达国家消费从发展中国家进口的产品时,生产过程中产生的碳排放被转移到生产地,这导致了消费地的碳排放数据看似减少,而实际上全球的碳排放负担并未减少。这种不对等的责任划分使得全球减排责任难以公平分配,也阻碍了全球气候目标的实现,造成碳泄漏问题。(3) 供应链效应。在全球化的背景下,生产过程往往跨越多个国家,形成复杂的全球供应链。如果某一国家的减排政策仅限制国内的直接排放而不考虑进口产品的隐含碳排放(即在生产这些进口产品过程中产生的碳排放),那么通过进口这些高碳排放产品,该国实际的碳足迹可能并未真正降低。供应链上的其他环节可能因为在减排政策较宽松的国家,从而导致整体碳排放增加,这也是碳泄漏的表现形式之一。

应对碳泄漏问题需要全球合作和多层次的政策工具,包括实施碳边境调整机制、建立全球碳定价、促进低碳技术转移以及加强国际合作等。通过这些措施,能够在全球范围内实现更加公平和有效的碳减排,减少碳泄漏对全球气候目标的负面影响。(1)实施碳边境调整机制(CBAM)。碳边境调整机制,即对进口商品征收与国内碳价格相当的费用,以消除碳排放成本差异。这可以防止碳泄漏,因为它使得无论产品在哪里生产,都会面临相似的碳成本。这种措施可以平衡不同国家或地区之间的碳排放标准,减少企业因规避碳成本而将生产转移到低标准地区的动机。例如,欧盟计划实施的碳边境调整机制(CBAM)正是为了防止其严格的碳排放标准导致碳泄漏,适用于钢铁、水泥、铝等高排放行业的进口产品。(2)全球碳定价机制。全球碳定价是通过在国际层面协调各国的碳定价政策,以减少不同国家间的碳成本差异。碳定价可以通过碳税或碳交易系统(ETS)实现,要求各国对碳排放设定统一的价格,以确保全球范围内碳排放的成本得到公平分配。通过全球碳定价,可以减少企业将生产转移到碳成本较低地区的动机,同时推动全球一致的减排努力。(3)促进低碳技术转移。技术转移是指将先进的低碳技术从发达国家转移到发展中国家,帮助后者提升生产效率,减少碳排放。这不仅可以减缓碳泄漏,还可以促进全球经济的低碳转型。技术转移可以通过国际合作项目、技术援助计划、跨国公司投资等方式进行。通过提高发展中国家的低碳生产能力,也可以减少它们成为碳泄漏接收国的可能性。(4)加强国际合作与协定。国际合作对于应对碳泄漏至关重要,尤其是在建立统一的碳排放标准和措施方面。国际社会可以通过协议或条约,确保各国承诺遵守共同的减排目标,减少因政策不一致导致的碳泄漏。《巴黎协定》就是一个例子,各国在其中承诺采取措施限制碳排放。然而,需要更具体的国际协定来应对碳泄漏,特别是在贸易密切相关的行业。

1.4 碳排放责任与生态补偿

碳排放责任界定在国际气候谈判中起着重要作用，尤其是在确定减排目标、碳市场设计和资金支持等方面。它旨在确保减排责任的公平、公正和有效分配，以实现全球减排目标并推动可持续发展。"共同但有区别责任"的原则是目前被国际环境法确立的、公认的较为公平的原则，也被作为各国碳排放责任认定与国际气候治理的基本依据。将"共同但有区别责任"原则应用于贸易碳排放责任划分，需要由生产者和消费者共同承担减排责任，并且要兼顾公平性和有效性，充分调动贸易双方的减排积极性，从生产侧和消费侧共同促进节能减排。贸易碳排放责任主体的认定大致经历了从生产端到消费端再到双方共同承担三个阶段。"生产者责任"原则的优势在于实践操作性强，但是容易造成"碳泄漏"问题；而"消费者责任"原则虽然可以避免"碳泄漏"问题，但是缺乏对生产端的约束，同时对消费者来说也缺乏公平。对于贸易隐含碳排放责任划分，"共同但有区别责任"原则可以被理解为减排应当由生产者和消费者共同承担，但不是将碳排放责任简单地分配到生产者和消费者，而是要通过设定责任分担系数，在生产者和消费者之间寻求一个平衡点，兼顾公平性和有效性，充分调动贸易双方的减排积极性，从生产侧和消费侧共同促进节能减排，从而共同促进减排目标达成。

国际上有关碳减排责任的另一个争议体现在碳排放的历史责任核算基期（当期责任还是历史责任）。以发达国家为主导的《联合国气候变化框架公约》确定的"共同而有区别的责任"实际上以"当期责任"作为不同经济体碳责任的分担原则。事实上，气候变化是地球碳排放在时间和空间维度上累积到临界值的质变过程，发达国家200多年以来累积的碳排放对当今气候变化具有不可推卸的责任，同时历史碳排放给这些国家带来了发展中国家难以企及的高质量和高福利。可见，"当期责任"忽略了发达国家的历史责任，也限制了发展中国家未来的发展空间。因此，需要从历史累积排放的视角探索贸易隐含排放责任的分担，将历史责任与转移责任同时考虑在内才能体现更广泛意义的发展公平性。特别地，在国际气候谈判中，发展中国家一方面往往以"77国集团"(G77)或"基础四国"(中国、印度、巴西、南非)等形式联合行动，主张发达国家应承担更大的减排责任，并提供充足的支持。他们强调发达国家

第一章
碳中和与贸易碳减排

在气候变化问题上的"历史债务",要求发达国家在资金、技术转让和减排目标上做出更大的承诺。另一方面,发达国家则通过各种联盟和协议,如北美气候领导联盟、欧洲碳中和联盟、欧盟等,推动更加均衡的全球减排框架,努力将更多的减排责任分担给经济快速增长的发展中国家。他们在谈判中通常强调全球性行动的重要性,并尝试引入统一的减排目标和责任分配机制。

生态补偿是一种以生态系统服务保护和可持续利用为目的,在综合考虑生态保护成本、发展机会成本和生态服务价值的基础上,以经济手段为主调节相关者利益关系,对生态保护者给予合理补偿的活动[1]。我国的生态保护补偿制度已经得到了长足的发展和完善[2]。生态补偿机制在中国已被纳入国家政策体系中,并得到了法律法规的支持。自2005年以来,中国陆续出台了多项政策文件,如《生态补偿条例》《国家生态补偿专项资金》《关于健全生态保护补偿机制的意见》《关于深化生态保护补偿制度改革的意见》等,这些政策文件逐步建立起了生态保护补偿制度的法律框架和政策体系[3]。生态补偿通过平衡利益分配来合理调节经济社会发展过程中资源环境利用主体间的利益关系,以此实现生态资源的可持续利用和经济的可持续发展。中国已经在跨省流域生态补偿方面取得了显著成果,为省域碳生态补偿提供了可行的模式借鉴。例如,新安江流域生态补偿机制是中国第一个跨省流域的生态补偿试点项目,通过上下游省份间的财政转移支付和生态合作,有效地保护了流域生态环境,推动了区域经济协调发展。这一成功经验表明,跨省生态补偿机制在资金筹措、政策实施、利益平衡等方面是可行的,可以为省域碳生态补偿提供参考。同时,中央政府还鼓励地方政府根据本地实际情况制定区域性的生态补偿政策,从而为省域间的碳生态补偿提供了政策支持和实践经验。"碳补偿"是全球变化和低碳背景下产生的生态补偿研究的新领域,它是指某一碳排放主体以经济或非经济方式对碳汇主体或生态保护者给予一定补偿的行为。中国已承诺在2030年实现碳达峰,并在2060年实现碳中和,这一目标要求全国各省份共同努力减少碳排放。然而,各省经济发展水平和碳排放能力存在显著差异。例如,东部沿海省份经济发达,但碳排放量高,碳吸收能力有限,而中西部省份尽管经济相对落后,却拥有更高的碳汇能力。这种生态产品价值全域共享与经济收益地区分割的矛盾,削弱了区域之间的公平性,影响了省际间的协调发展。为了在不牺牲经济增长的前提下实现全国性减排目标,必须在区域间引入补偿机制,可以通过财政转移支付等手段,将碳赤字省份的经济收益部分转移给碳盈余省份,鼓励碳吸收能力强的省份继续生态保护。这种补偿机制可以平衡各地区间的利益,推动各省在碳减排目标下实现经济发展和生态保护的双重目标。

区域间碳排放生态补偿不仅是实现中国碳达峰和碳中和目标的关键路径,也是解决区域间经济与生态不平衡、推动区域协调发展的必然选择。通过财政转移支付、碳排放权交易、生态服务补偿、合作开发与技术支持等补偿方式,实现区域间的资源共享与利益平衡,有效促进碳减排目标的达成和区域间的可持续发展。(1)财政转移支付:中央政府通过财政转移支付,将资金从经济发达、碳排放较高的地区(碳赤字地区)转移到经济欠发达、生态功能较强的地区(碳盈余地区)。这些资金可以用于支持碳盈余地区的生态保护、碳汇能力建设,以及改善当地经济条件。此类补偿机制已在一些生态功能区中应用,如国家重点生态功能区的生态保护补偿。省际间可以通过协议或合作框架,建立横向财政补偿机制。碳赤字省份可以向碳盈余省份支付补偿资金,以弥补后者为全国生态环境保护作出的贡献。此类横向补偿有助于实现区域间的协调发展,并促进低碳经济转型。(2)碳排放权交易:各区域在全国碳市场框架下,通过购买和出售碳排放配额,进行跨区域碳排放权交易。经济发达且碳排放量较高的地区可以通过购买碳排放权,来达到排放要求,而碳排放量较低的地区可以通过出售碳排放配额获得资金支持。这种机制不仅实现了碳减排目标,还为碳盈余地区提供了经济激励。在全国碳市场之外,某些省份或区域可以联合设立省际碳交易市场,以更灵活地进行碳排放权的交易。这种机制可以根据地区特点设定碳排放目标和配额,鼓励区域内的低碳发展。(3)生态服务补偿:碳赤字地区可以通过资金或技术支持的形式,补偿碳盈余地区的碳汇服务(如森林、湿地、草原的碳吸收功能)。这种补偿方式通常通过生态补偿协议实现,碳盈余地区通过提供碳汇服务,获得来自碳赤字地区的资金支持,用于当地的生态保护和发展。碳盈余地区通过出售其生态产品(如碳汇、清洁水源等)给碳赤字地区,获得补偿。这种交易方式可以市场化运作,促使碳赤字地区为获得的生态产品支付合理价格,进而支持碳盈余地区的生态保护工作。(4)合作开发与技术支持:碳赤字地区可以与碳盈余地区合作开发低碳或零碳排放项目,如可再生能源项目、碳捕集与封存(CCS)项目等。这类合作项目不仅有助于降低碳赤字地区的排放,也可以为碳盈余地区带来经济收益和技术升级。碳赤字地区可以向碳盈余地区提供先进的低碳技术和能力建设支持,以提高后者的碳汇能力或减排潜力。例如,发达省份可以支持欠发达地区进行能源结构优化、提高能源效率等,通过技术援助实现双赢。总体而言,区域间碳补偿机制可以通过资金、技术、政策等多种手段,推动补偿主客体因地制宜开展"造血式"组合生态补偿模式,激励各地区采取更多的减排行动,促进技术合作和知识共享,实现资源优化和协同效应,促进区域间的合作减排。

第二章
贸易碳排放研究进展

第二章
贸易碳排放研究进展

本章对贸易碳转移、碳不公平性、碳排放责任及碳排放补偿等方面的相关研究进行梳理,并在文献评述的基础上,找出有待进一步研究的方向。

2.1 贸易碳转移研究

投入产出模型最早由 Leontief[4] 提出,该模型运用线性代数工具,研究经济体系中各部门之间投入与产出的相互依存关系。按研究对象不同,投入产出模型可分为单地区投入产出模型和多地区投入产出模型(Multi-regional Input-Output,MRIO)。MRIO 可以较为全面地反映两个或者多个区域间和产业间的经济联系,分析它们的相互关联及影响。我国的 MRIO 表编制及相关研究开展较晚。国家信息中心于 2005 年编制了 1997 年中国 8 区域间的投入产出表[5]。中国科学院虚拟经济与数据科学研究中心石敏俊和张卓颖编制了 2002 年中国省级区域的投入产出表[6],中国科学院地理科学与资源研究所刘卫东等编制了 2007 年中国省级区域的投入产出表[7]。Mi 等[8]使用引力模型编制了中国 2012 年多区域投入产出表,可以描述 30 个省份 30 个经济部门之间的贸易关联。Wang 等[9]利用 KRAS 方法,构建了 1997—2011 年中国的时间序列 MRIO 表,并对其不确定性进行了分析。

Leontief[10]对方法学进行了扩展,将投入产出模型应用于环境领域,形成环境投入产出模型(Environmental Input-output Model,EIO)。该模型在能源与气候变化研究领域应用十分广泛,研究尺度从全球尺度(如 Meng 等[11]、

Zhang 等[12]），到国家尺度（如 Mi 等[13]、刘竹等[14]），再到区域（或者省级、城市）尺度（如 Zheng 等[15]）。例如，韩梦瑶等[16]将 2012 年中国省级区域 MRIO 表与 Eora 表[17]连接，构建"全球-省份"嵌套的 MRIO 模型，识别了中国 31 个省级行政区对内、对外的碳排放流动情况，分析了中国各省区市与 184 个国家/地区的碳排放流动关联，发现内陆省份主要由国内碳排放流动主导，而沿海地区在国内外碳排放均衡方面起着重要作用。

在宏观的国际尺度，发达国家将大量的碳排放通过国际贸易转移到了其他国家[18]。Tiwaree 和 Imura[19]分析了 1985 年美国与亚洲 9 个主要国家（地区）的贸易隐含碳转移情况。Peters 等[20]应用全球 MRIO 模型分析了 87 个国家国际贸易碳排放量，发现 21.5% 的碳排放量通过国际贸易发生了转移。类似地，Arce 等[21]研究了 16 个低工资和高经济增长的国家的国际贸易碳排放。丛晓男等[22]应用 GTAP 数据库测算了全球贸易隐含碳排放及其流动格局。研究发现，不同经济发展水平的国家间碳转移差异显著，发达国家多为碳净流出，而发展中国家多为净流入。闫云凤等[23]应用 WIOD 数据库研究了 G7、BRIC 与其他国家的贸易碳排放转移，结果表明，G7 的消费碳排放较大，而 BRIC 的情况正好相反。庞军等[24]研究了中国、美国、欧盟、日本及世界其他国家（地区）的国际贸易碳排放。Peters 等[25]对基于 MRIO 模型的碳足迹及碳转移分析框架做了系统的梳理。基于该方法框架，Meng 等[26]研究了 2004—2011 年"南南交易"中隐含的碳排放，发现中国出口碳排放减少，而东南亚等欠发达地区出口排放量大幅上升。类似的研究还有 Arto 等[27]、Lenzen 等[28]、Widemann 等[29]、Turner 等[30]。

作为全球第一贸易大国，中国对外双边贸易碳排放在全球占据重要地位，研究中国对外贸易碳转移问题已成为近年来研究的热点[31-33]。庞军等[34]应用全球 MRIO 模型对中国和欧盟双边贸易碳排放进行了研究，发现欧盟通过国际贸易向中国净转移了碳排放。潘安和魏龙[35]研究了中国与其他金砖国家双边贸易中的隐含碳排放，发现中国向俄罗斯转移了碳排放，而承接了来自其他国家的碳排放。闫云凤等[36]通过分析 1995—2009 年中国对外贸易碳排放的变化趋势，发现国外消费使得中国净出口隐含碳增长迅速。Jayanthakumaran 和 Liu[37]对中澳双边贸易的碳排放转移格局进行了研究，发现澳大利亚通过国际贸易向中国净转移了碳排放。除此以外，陈红蕾和翟婷婷[38]通过对中澳双边贸易碳排放趋势进一步分析，发现在 2007 年前后，中国从碳净出口转变为碳净进口。针对中美贸易,沈源和毛传新[39]、吴英娜和姚静[40]、潘安[41]研究了中美贸易的隐含碳排放转移,研究发现,作为世界工厂,中国承担了大量来自美国的碳排放,不过该情况在近年来有所改善。针对中日贸易,王菲和李娟[42]、赵玉焕和王淞[43]、张兵兵和李祎文[44]分析了中日贸易中的隐含碳排放和两国间碳转移情况,研究发现,中国在中日贸易中充当生产者角色,承担了大量来自日本的碳排放,同时由于产业结构、贸易分工差异,中国呈现出贸易逆差、碳排放顺差的状态。除此以外,邓荣荣[45]、李新闻[46]对中印贸易的隐含碳排放进行了研究,结果表明,中国在中印贸易中也表现为碳净出口状态。

国内研究方面,中国幅员辽阔,各个区域在经济结构、资源禀赋等多方面存在差异,要将中国的碳减排目标合理分摊到各区域,首先就要对我国区域间贸易引致的碳排放转移量进行精确核算。基于2007年中国多区域投入产出表,Feng等[47]首次核算了中国省际和国际贸易产品中的隐含碳排放。研究发现,中国57%的排放量是由省外商品消费所引致,同时在沿海发达省份,高达80%的与消费品相关的排放量是从生产低附加值、高碳密集型产品的中西部欠发达省份进口的。类似地,潘文卿[48]发现2007年中国碳排放通过省际贸易从东南沿海等地区向西北、东北等地区转移,造成严重的"碳泄漏"现象。孙立成[49]也有类似的发现,中国的碳排放存在从东部和中部部分经济发达地区向西部区域转移的现象。基于中国2002年和2007年区域间投入产出表,肖雁飞等[50]对产业转移导致的碳排放转移问题进行了分析。研究发现,中国的碳排放呈现出从东部经济发达地区向西北区域、东北区域转移的特征。运用2012年中国多区域投入产出模型,王安静等[51]分析了中国省间的碳转移格局。研究发现,中国西北区域是主要的碳排放转入地区,而东部、南部沿海以及京津区域是主要的转出地区。Duan等[52]将多区域投入产出分析和生态网络分析相结合,评估2012年中国境内的碳流动,并在空间异质性背景下确定关键区域和部门。研究发现,中国其他地区的大部分碳排放是由东部地区的最终需求引起的。Mi等[53]运用中国多区域的投入产出模型对中国2007年和2012年的省际贸易引致的碳转移进行了研究。研究发现,中国的碳转移格局在金融危机之后发生了逆转。其他关于多区域投入产出模型分析国内区域间贸易导致的碳转移的研究还有,谭娟和陈鸣[54],闫云凤[55],赵玉焕和李洁超[56],马述忠和黄东升[57],刘俊伶[58]等以及姚亮和刘晶茹[59]。

城市尺度上，Wiedmann 等[60]以 C40 中的 79 个城市为研究对象，修正了城市级区域投入产出模型，并评估城市的消费端碳排放，结果表明，C40 城市的很大一部分碳排放都是通过贸易外包出去，且不同地区的贸易隐含碳排放各不相同，位于北美和拉丁美洲的 C40 城市是隐含碳排放的净进口国，而欧洲、非洲和东亚城市则是隐含碳排放的净出口国，其他 C40 城市的贸易进出口相对平衡。Mi 等[61]以河北省的 11 座城市为研究对象，分别核算了 2012 年城市尺度的基于生产端和消费端的碳排放，结果显示贸易隐含碳排放占碳排放总量的 50%，进口产品的排放高于本地产品，在河北省 11 座城市中有 10 座城市，外地进口产品的碳排放占总消费端碳排放的 50%以上。Bai 等[62]分析了 2012—2015 年京津冀城市群的碳排放变化和驱动力，研究发现，京津冀的碳排放总量减少了 1 170 万吨二氧化碳，大多数城市呈现出类似的下降趋势，其中经济转型措施、排放强度和生产结构转型是其主要原因。Qian 等[63]基于 2012 年珠江流域 47 个城市 MRIO 表，计算了各城市的消费端碳排放，研究发现，47 个城市基于消费的碳排放总量为 9.3 亿吨，占中国碳排放量的 13.1%，且城市间碳排放存在巨大差异，从 360 万吨（河源市）到 153.1 万吨（深圳市）不等。Zhu 等[64]通过编制长三角 26 个城市的 MRIO 表，核算了 2012—2015 年长三角 26 个城市的碳足迹，并分析了城市碳消费强度及其驱动因素。研究发现，由于生产和消费的脱碳结构，富裕城市的碳消费强度下降幅度更大。Xing 等[65]通过编制嵌套的 MRIO 表，对中原城市群 29 个城市的国内外贸易中体现的城市层面碳足迹和区域间碳转移进行了研究。研究发现，城市群的总碳足迹为 11.4 亿吨，占全国排放量的 10%，且城市间碳足迹中存在显著差异，从 320 万吨（淮北）到 17 630 万吨（郑州）不等。

2.2 碳不公平性研究

碳不公平性是指全球气候变化所带来的碳排放负担在不同国家、社会群体和个体之间分布不均的现象。学术界对国际碳排放存在显著不公平性这一观点已达成共识。Shue[66]探讨了全球环境问题与国际不平等之间的关系，包括碳不公平性。研究发现，发达国家通常在全球碳排放中占据主导地位，而发展中国家则承担了不成比例的碳排放负担。Heil[67]最早运用 Gini 系数等经济学测量工具对国际碳排放不公平性进行了分析。此后，国际碳排放不

第二章
贸易碳排放研究进展

公平性研究受到了国内外学者日益广泛的关注,测度碳排放不公平性的常用方法有:Gini 系数[68-69]、Theil 指数[70-71]、Kakwani 指数[72]、Atkinson 指数[73]、变异系数[74]和洛伦兹曲线[75]。Duro[76]运用 Theil 指数计算了 1971—1999 年国际人均碳排放的不公平性并分析了其背后的形成原因,研究发现,碳排放的不公平性主要由人均收入水平的不公平性导致。

在研究时间范围方面,碳排放公平性的研究主要可以分为两类,一类是代内公平,即是横向比较,对同一时间点上的不同国家或地区的碳排放水平进行比较,从而得出不同区域间的碳排放公平程度。另一类是代际公平,即是纵向对比,既要追溯历史排放责任,也要关注当下碳排放水平,有的还会涉及由于碳排放的负外部性造成的对下一代的影响。丁仲礼等[77]提出人均累计排放可以充分体现出不同国家间是共同而又有区别的公平原则。滕飞等[78]采用 Gini 系数计算了 1850—2006 年国际人均历史累计排放的不公平性。Pan 和 Kao[79]利用 1980—2000 年数据,构建全球变暖代际公平指数,发现全球代际碳排放水平处于不平等的区间,因此不能满足可持续发展理论的要求。陈华等[80]通过构建生态-公平-效率模型来研究 1990—2050 年主要国家的碳排放空间,研究发现,国际间碳排放存在不公平,发达国家应通过为发展中国家提供技术和资本支持以换取碳排放空间。采用 Gini 系数法,邱俊永等[81]评价了 G20 主要国家从工业革命开始至 2006 年的累计 CO_2 排放量相对于国土面积、化石能源探明储量等多项指标的公平性程度,研究发现,基于各项指标的 Gini 系数均处在不公平和非常不公平状态。

除了隐含碳排放的转移,价值链分工也会造成区域间的增加值转移,即所谓的增加值贸易[82]。不同地区在经济发展、资源禀赋以及产业结构等方面存在巨大差异,导致这些地区在贸易中承担的碳排放与获得的增加值存在不对等问题[83]。将贸易隐含的碳排放与增加值转移纳入统一的投入产出分析框架下进行研究,可以探讨贸易碳不公平性问题[84]。任亚楠等[85]运用双边贸易隐含排放分析模型,通过构建贸易碳生产率和贸易失衡度指标,揭示了我国对外贸易中的碳排放和经济损益失衡现象。基于多区域投入产出模型(MRIO),潘安等[86]利用增加值和隐含碳分别衡量出口的贸易利益与环境成本,通过构建和测算关系指数考察中国出口的损益失衡关系。Xiong 等[87]通过分析中美贸易中的增加值及碳排放转移,揭示了中美贸易中的经济效益和环境成本的不均衡性,且中国单位增加值的环境成本远高于美国。姜鸿等[88]

通过构建嵌套 MRIO 表,考察中国省域进出口贸易隐含碳和增加值贸易,利用碳排放权价值测算各省份对外贸易的环境净损失及中国省域绿色贸易利益。

多区域投入产出模型(MRIO)近年来被逐渐应用于分析国际贸易中的经济-环境不公平问题。Moran 等[89]最早通过比较分析国际贸易中的隐含货币流和生态环境压力来研究全球贸易中的生态不平等交换问题。基于 Eora 全球 MRIO 模型,Prell 和 Sun[90]对全球 187 个国家间贸易隐含的经济-环境的不对等问题进行研究,发现从全球角度来看,人均 GDP 与净碳转移呈现 U 型曲线变化趋势。Prell[91]采用 MRIO 模型构建"Pollution-Wealth"指数(定义为贸易隐含的 SO_2 排放与贸易隐含的增加值的比重)来研究国际贸易模式对环境不公平以及死亡率的影响,研究发现,从全球角度看来,各国贸易隐含的污染排放与其全球化程度正相关,核心国家出口贸易中隐含的经济福利要大于污染排放。Prell 和 Feng[92]将 MRIO 模型和随机行为体模型相结合分析了 2000—2010 年间 173 个国家碳贸易不平衡问题,研究发现,新兴经济体在全球贸易网络以及碳平衡中发挥着重要作用,一定程度上支持了生态不平等交换理论和贸易引力理论。

基于全球 MRIO 模型和详细消费支出调查相结合的方法,Hubacek 等[93]对贸易隐含碳排放和全球气候变化对不同群体收入的影响进行了研究,研究发现,贫穷国家内不同收入群体受到贸易导致的碳排放影响要高于高收入国家,一定程度上揭示了国际贸易→碳排放→贫穷的关系。基于 2010 年中国 MRIO 模型,张伟[94]核算了中国省际贸易中隐含的污染排放转移和经济增加值转移,并以此构建环境不公平指数来具体表征省际间贸易的环境不公平程度。陈炜明[95]基于 2011 年的 GTAP 全球 MRIO 模型对全球各国(地区)及各大洲间贸易隐含增加值及隐含资源环境成本转移进行定量测算,构建了贸易不公平性指标来表征各主要国家间贸易不公平性问题。还有学者对一些国家的进出口贸易中隐含的环境-经济的不公平性进行了研究,典型代表有美国[96-97]和中国[98]。

2.3 碳排放责任研究

碳排放责任是指各国在全球气候变化中所承担的碳排放责任[99]。由于

第二章
贸易碳排放研究进展

碳排放是主要的温室气体排放源之一,它对全球气候变化产生了重要影响。碳排放责任的界定涉及多个方面,包括国家的历史排放贡献、人均排放水平、经济发展水平和能源结构等[100]。在国际气候谈判中,碳排放责任的划分成为一个关键议题。发达国家通常被视为主要责任方,因为它们在工业化过程中积累了大量的历史排放量。发展中国家则主张相对较低的责任,强调其发展需求和应对贫困的优先性[101]。然而,对于碳排放责任的界定存在一定的争议和复杂性。一方面,一些发展中国家认为发达国家应承担更大的责任,包括提供资金和技术支持,以帮助他们实现低碳发展。另一方面,一些发达国家认为新兴经济体和发展中国家应承担更多的责任,以促进全球减排目标的实现。为了解决碳排放责任的分歧,国际社会努力推动建立公平、公正和平衡的减排框架。在《巴黎协定》中,各国同意采取"共同但有区别"的责任原则,根据各国不同的国情和能力,制定自己的减排目标和计划[102]。

国际上有关碳排放责任的争议主要体现在碳排放的责任核算基期(当期责任还是历史责任)和空间转移(生产地责任还是消费地责任)两个方面[103]。就空间转移而言,碳排放责任主体的认定大致经历了从生产端到消费端再到双方共同承担三个阶段[104]。

"生产者责任原则"又称"领土原则",指的是生产者应当对其生产的产品和提供的服务所产生的所有碳排放承担责任[105-106],不考虑调出、调入产品的隐含碳排放,主张将国际贸易中的碳排放责任完全归于生产国。《联合国气候变化框架公约》确立了以领地排放为核算标准的生产者责任原则,目前的温室气体排放核算体系执行的主要是基于生产者责任原则的减排模式,即从生产侧视角来测算一国的温室气体排放。该原则能够较为清晰地核算出生产者的直接温室气体排放量,在实际操作中也有很强的可行性,同时能将企业碳排放的外部成本内部化,迫使企业采取引进低碳技术、改进生产模式等措施降低碳排放。虽然生产者责任原则操作性较强,但是其公平性受到质疑,在全球化背景下,发达国家可能通过产业转移或扩大进口的方式来逃避和转移本国的碳排放责任,从而造成"碳泄露"问题[107-108]。而且,发达国家可以通过进口保持高排放的消费方式,从而不利于引导环境友好的消费方式[109-110]。因此,"消费者责任原则"应运而生,它认为生产源于消费动机,为满足消费动机而产生的温室气体排放应由消费者承担。在该原则中,最终消费被认为是造成环境污染最主要的驱动因素,解决环境问题需要形成对环境有利的消费偏好[111-112],进而主张国际贸易中的隐含碳排放责任应由消费国承担[113-115]。

"消费者责任原则"下的碳排放责任分配方案最早由 Proops 等[116]提出,他们主张从碳排放的最终驱动者层面来认定碳排放责任,认为消费者要为产品生产过程中的碳排放负责。Munksgaard 和 Pedersen[117]提出了国家层面的消费碳排放量的核算方法,即消费碳排放量等于生产碳排放量减去净出口碳排放量。钟章奇等[118]基于消费责任制核算了 1995—2011 年全球贸易隐含碳排放和 39 个国家碳排放量。研究发现,欧美等发达国家通过贸易向中国和俄罗斯等发展中国家转移了大量的减排责任。基于 MRIO 模型,韩中等[119]测算了主要经济体的消费碳排放量,发现欧美等发达国家通过贸易向中国和俄罗斯等发展中国家转移了大量的减排责任,而且中国是被转移碳排放责任最多的国家。虽然"消费者责任"原则可以改善由领地责任原则带来的"碳泄漏"问题,但是对于消费国来说不太公平,因而也存在不少争议[120]。不少发达国家认为,发展中国家通过向其他国家出口产品而获得了经济利益,如拉动本国 GDP 和就业,也应承担出口产品的减排责任。除此以外,消费者责任原则只能通过消费者购买低碳产品间接影响生产者,缺乏对生产者的直接约束,而消费者由于信息不对称和缺少足够的激励政策,难以自觉履行此责任,从而导致减排效果非常有限[121]。因此,可以看出,仅从生产者或消费者视角分配碳排放责任都难以达到最佳分配效果和减排效果[122]。

综合看来,上述的"生产者责任原则"和"消费者责任原则"各有利弊。"生产者责任原则"的优势在于实践操作性强,能够明确地核算出生产者的直接温室气体排放量;弊端在于,发达国家可以通过产业转移或进口替代来减少本土的温室气体排放量以逃避减排责任,导致了"碳泄漏"现象的发生。"消费者责任原则"认为,消费者对产品生产过程中产生的全部温室气体排放负责,这种方法虽然相对于"生产者负责原则"更加公平,而且可以避免国际贸易中的"碳泄漏"问题,但是,若仅仅由消费者负责,缺乏对生产端的约束,生产者就没有动力改进生产技术以降低温室气体排放强度,不利于总体减排目标的实现,甚至会导致生产者为追逐利润盲目扩大生产,从而造成温室气体的过度排放。而且,发展中国家也从出口贸易中获得了经济利益,如果减排责任全部由消费者承担的话,对于发达国家来说也是不公平的。因此,一个好的分配原则首先要满足公平性,这样才会被各方接受并得以实施,从而达到"不仅可以刺激生产者减少自身的排放,也可以鼓励消费者选择更加低碳的消费方式"。

实际上,早在1997年《京都议定书》中就提出了"共同但有区别责任"的原则,这是目前被国际环境法确立的、公认的较为公平的原则,也被作为各国碳排放责任认定与国际气候治理的基本依据[123]。对于贸易隐含温室气体减排责任划分,"共同但有区别责任"原则可以被理解为减排应当由生产者和消费者共同承担,但不是将碳排放责任简单地分配到生产端和消费端,而是要通过设定责任分担系数,在生产端和消费端之间寻求一个平衡点,兼顾公平性和有效性,充分调动贸易双方的减排积极性,从生产侧和消费侧共同促进节能减排,从而促进全球减排目标达成。在"共同但有区别责任"原则下,所有参与到产品供应链各环节中的"当事人"包括设计、生产、销售、消费等都应肩负起各自的减排责任[124]。

因此,公平共担的责任划分应考虑贸易中增加值和碳排放转移量的不对等[125],才能为减排责任的公平分配提供更合理的依据[126]。就生产者和消费者责任共担而言,分担方式经历了从平均分配到加权平均分配再到基于贸易利益分配的过程,具体分为以下几种分配方案:(1)领地排放和消费侧排放的加权平均方案[127];(2)完全生产排放和消费侧排放的加权平均方案[128];(3)最终生产排放和消费侧排放的加权平均方案[129];(4)基于收入的碳排放责任分担方案[130];(5)收入侧排放和消费侧排放的算术平均方案[131];(6)基于增加值产出的碳排放责任分担方案[132];(7)基于贸易利益的碳排放责任共担方案[133]。

基于贸易利益的碳排放责任共担方案能够使贸易双方实现责任与收益对等的目标[134],因而被广泛用于研究国际排放责任分担(如彭水军等[135]、Jakob等[136])、省际排放责任分担(如汪燕等[137]、杨军等[138]、王喜莲和金青[139])以及行业间排放责任分担[140]。但是,现有的碳排放责任分担研究大多停留在提出方案阶段,而对于如何落实并有效执行分担方案鲜有涉及,不利于推动区域间合作减排进程。赵定涛和杨树[141]对中国三大重点行业的出口碳排放进行责任分担,研究发现,中国作为出口国承担了大部分的碳排放责任,且行业的附加值越低,中国承担的碳排放责任份额越小,而进口国的碳排放责任就越大。徐盈之等[142]通过比较三种原则下碳排放责任分担方案,发现共担原则无论是在公平性还是在减排效果方面都具有显著优势。陈楠等[143]测算了共担责任原则下1995—2011年中国和日本的碳排放量,研究发现,中国生产和消费产生的碳排放量均高于日本,日本为中国分担的碳排放责任低于中国为日本分担的碳排放责任。类似的研究还有张为付和杜运苏[144]、尹显萍和程茗[145]、王文举和向其凤[146]、史亚东[147]、徐盈之和郭进[148]、许冬兰和王运慈[149]、卫瑞等[150]。

2.4 碳排放补偿研究

"碳补偿"是全球变化和低碳背景下产生的生态补偿研究的新领域[151]。碳补偿是一种生态补偿机制,是通过经济或者非经济手段对碳吸收主体或生态保护者给予一定补偿的行为[152],能促进消除和吸收以二氧化碳为主的温室气体的排放[153]。武曙红等[154]认为"碳补偿"是碳排放者通过购买温室气体减排额度,去抵消或者补偿其自身所排放的温室气体的一种减排的方法。为了应对全球气候变化,国内外学者已对森林、农业、渔业、旅游业等领域,以及区域间横向碳补偿标准进行了研究[155]。Kollmuss等[156]在自愿碳市场的基础上,提出一种基于项目绩效验证的碳补偿标准,并对每个标准的优劣信息进行归纳总结。Jack等[157]以环境效益、成本效益和扶贫等政策方面为视角,从自然环境、社会经济、政治和生态系统服务四方面,制定碳补偿对策。Bumpus和Liverman[158]通过对比清洁发展机制和自愿碳补偿机制的差异,提出制定清洁发展机制的最高标准来确保自愿碳补偿机制下企业的实际碳减排效果,从而可以建立稳定规范的碳交易市场。Bienabe和Hearne[159]通过对哥斯达黎加本地居民和游客进行碳补偿支付意愿调查,发现被调查者大都可以接受为生态环境付费,具有较强的环境保护的费用支出意愿。McKercher等[160]对香港居民进行调查,发现绝大部分参与者愿意为自己生产、生活所产生的碳排放支付补偿金额,且补偿额度占一次旅游消费的5%左右。

国内外关于碳补偿研究主要集中在森林碳补偿[161]、农业碳补偿[162]、旅游业碳补偿[163]、区域间横向碳补偿[164]等方面。森林碳补偿方面,Knoke等[165]对热带雨林的四种土地类型(农田、牧场、人工林和自然林)碳补偿进行了研究。余光辉等[166]针对长株潭绿心昭山示范区的"森林碳补偿"进行了研究。Yu等[167]将植树造林的碳汇效用纳入土地预期价值模型,评估植树造林的社会效益,开发了植树造林的碳补偿方法。Foley[168]发展了森林碳核算模型,针对北美不同类型森林的碳补偿进行了研究。费岑芳[169]针对杭州西湖风景区的旅游者碳补偿进行了研究,对建立系统的碳补偿模式和方法进行了有效的探索。赵秦龙等[170]从碳补偿角度对云南省林业的可持续发展模式进行了分析。伍国勇等[171]基于2001—2018年中国省级面板数据,刻画了中国农业碳排放强度动态演进,并对中国农业碳补偿率的"追赶效应"及中国农业碳补偿潜力区域差异进行了分析。李颖等[172]、陈儒和姜志德[173]核算了农田生态系统的碳源/汇,并开展了农业碳补偿研究。区域间碳补偿方面,Miao等[174]通过建立省级碳预算核算体系,核算了中国省际横向碳补偿价值。张珊珊等[175]通过对江苏省工业终端能源消费碳排放的分析研究,提出了针对企业的碳补偿策略。

关于碳补偿额度测度方法主要有三种:一是生态系统价值法,该方法是通过测算出碳汇增加所产生的价值来确定碳补偿额度[176];二是支付意愿法,该方法是通过询问支付者或受偿者的意愿金额来确定碳补偿额度[177];三是碳收支平衡法,它以区域碳收支的盈亏作为衡量准则,碳盈余表示该地区应获得生态补偿金额,反之碳赤字则应该支付生态补偿金额[178]。

针对四川省诺华川西南林业碳汇项目,杨浩等[179]利用问卷调查征询参与农户的补偿意愿,确定农户森林生态补偿的标准及价值。陈儒和姜志德[180]对陕西泾阳县农户进行问卷调研,以获取他们的受偿意愿数据,确定生态补偿标准及金额。针对森林旅游地经营者,丁晨希和王立国[181]利用问卷调查方法分析经营者的碳补偿意愿及其影响因素。康宝怡和朱明芳[182]采用结构方程模型的方法,评估旅游者碳补偿支付意愿影响因素,探索提升旅游者对大熊猫国家公园碳补偿支付的意愿。基于碳汇价值的核算方法,于金娜和姚顺波[183]、王正淑等[184]分别基于碳汇价值,核算了黄土高原上退耕还林补贴标准及禁伐政策下退耕林地补偿标准。张巍[185]利用碳源/汇确定陕西省重点生态功能区的补偿标准及补偿价值。

从碳平衡角度,Marchi等[186]建立了区域碳循环模拟的框架,并对意大利Siena省进行了实证研究。Bullock等[187]对墨西哥城市系统的碳流通和碳平衡进行了分析。杨静媛等[188]通过计算2000—2018年江西省碳排放空间差异以及碳收支情况,从经济和生态的角度进行碳平衡分区并提出针对性的策略。Escobed等[189]以Miami-Dade和Gainesville城市为例,分析了城市植被的碳吸收动态及其对人为碳排放的补偿效果。公衍照和吴宗杰[190]认为碳补偿相当于碳中和,认为碳补偿并不是直接的减排,而是排放者的一种间接的减排方法。赵荣钦等[191]通过碳收支的核算,对河南省县域的碳补偿展开研究。Chen等[192]通过网络分析方法对城市不同部门的碳流通过程进行了探讨。夏四友和杨宇[193]构建主体功能区视角下碳收支与碳补偿的理论框架,研究了功能区视角下京津冀城市群157个县级单元的碳收支时空分异与碳补偿分区,并提出以低碳发展为导向的碳减排空间优化方案。Yang等[194]首次提出了理论碳赤字的概念,并构建了相应的碳补偿核算方法,核算了中国区域间碳补偿额度。周嘉等[195]应用基准值(净碳排放量)确定了各省域碳补偿标准及补偿价值。

2.5 文献述评

综上所述,现有研究基于特定年份的中国MRIO模型,通过核算中国省际贸易隐含碳排放,刻画中国省域碳转移格局,但是无法核算出中国省际贸易中隐含的历史累积排放。同时,基于特定年份的MRIO模型只能开展贸易碳不公平性的静态评价分析,而较少涉及对不公平性的动态演化研究,因而无法揭示在某些关键的时间节点,由于贸易结构变化所引起的国内外贸易碳不公平性的变化。除此以外,现有研究要么针对单一时点探讨贸易隐含碳排放责任的分担,要么从历史累积排放视角探讨领地排放责任的界定,而很少将二者同时纳入考虑中,提出兼顾时空责任的分担方案,因而无法对区域碳排放责任进行科学界定,不利于提出兼顾历史责任与转移责任的更具广泛意义公平性的碳排放责任分担方案。而且,现有研究较少涉及如何落实执行其所提出的排放责任分担方案,因而对合作减排实践的指导有限。虽然已有研究探讨了区域间碳补偿,但是现有关于跨区域碳补偿研究也没有将贸易隐含碳排放转移纳入考虑中,不利于实现不同区域和经济主体之间的公平发展。

为此,本书拟核算2002—2017年中国省际贸易累积隐含碳排放,探讨贸易碳转移不公平性的时空特征,并基于责任与受益对等原则,提出兼顾时空责任的更具广泛意义公平性的碳排放责任分担方案,科学准确界定中国省域碳排放责任。在此基础上,考虑到区域间资源禀赋与经济发展差异,构建修正的碳收支账户及差异化的碳补偿标准,并结合各地的利益诉求及补偿意愿,设计中国省域碳补偿机制,提高补偿效率,促进补偿公平,协调各方利益以推动区域合作减排进程。

第三章
贸易碳减排理论分析

第三章
贸易碳减排理论分析

本章对贸易碳排放转移、碳转移不公平性、贸易碳排放责任和贸易碳排放补偿的概念和内涵进行界定,并分析贸易虚拟资源理论、投入产出理论、比较优势理论、要素禀赋理论及碳补偿理论与本书研究工作的内在联系,构建本书的理论分析框架。

3.1 概念界定

3.1.1 贸易碳排放转移

贸易碳排放转移是指在区域间贸易过程中,由于一些国家或地区的政策、成本和环境标准的差异,导致碳排放量从一个地区转移到另一个地区的现象。这种转移可能发生在生产和消费环节中,涉及物质和能源的流动。在贸易碳排放转移中,一国或地区的减排措施可能会导致该国或地区的碳排放减少,但在同一时间,其他国家或地区的碳排放可能会增加,因为生产活动转移到了那些没有实施相同减排措施的地方。这种转移的原因主要包括以下几点:(1) 价值链分工。现代经济中,产品的制造过程通常涉及多个国家或地区的参与,形成了全球供应链。不同国家或地区负责不同的生产环节,从原材料采集、加工制造到最终产品的出口。全球化和国际贸易的增加使得企业能够在全球范围内寻找最具竞争力的生产和供应链选择。(2) 比较优势。一些国家或地区在特定行业中具有成本、技术或资源上的优势,因此企业可能选择将生产基地转移到这些地方。如果这些地区在环境标准方面相对较宽松,那么转移生产可能导致碳排放转移到这些地方。(3)国内政策差异。不同国家或地区可能对碳排放管理采取不同的政策和措施。一些国家可能实施了严格的减排目标和措施,而其他国家可能没有实施类似的政策。这种差异可能会导致企业将生产转移到没有相同环境要求的地方。贸易碳排放转移的概念强调了全球经济互联和贸易活动对温室气体排放的影响。在制定和实施气候变化政策时,需要综合考虑贸易碳排放转移现象,以确保减排措施的效果是全面和可持续的。

3.1.2 碳转移不公平性

碳不公平性是指在碳排放和气候变化的背景下,不同国家、地区或人群之间面临的不平等情况。碳不公平性主要体现在以下几个方面:(1)历史责任不公平。发达国家在过去的工业化过程中大量排放了温室气体,导致了当前的全球气候变化问题。而发展中国家在过去排放的温室气体相对较少,但却面临着更大的气候变化风险。(2)人均排放不公平。发达国家通常拥有更高的人均排放量,因为其经济发展水平较高,能够消费更多能源和资源。相比之下,发展中国家的人均排放量较低,但其经济发展仍面临诸多挑战,包括贫困、发展不平衡等。(3)能力和资源不平等。发展中国家在应对气候变化方面的能力和资源相对有限,缺乏先进的技术、资金和人力资源等。然而,这些国家往往面临更严重的气候变化风险和影响。(4)气候正义和社会公平。碳排放和气候变化对社会不同群体的影响不平等。例如,贫困人口、弱势群体和边缘化社区往往更容易受到气候变化的伤害,因为他们可能没有足够的资源来应对灾害和适应变化。

跨区域贸易会同时造成隐含碳和隐含贸易增加值在区域间转移,但是由于贸易双方在价值链中的分工差异,他们进出口产品所隐含的碳排放和增加值也有较大差异,从而导致二者之间碳净转移和贸易增加值净转移关系会存在不对等问题。在目前的贸易分工体系中,拥有技术密集型、资本密集型产业结构的发达地区置于价值链的顶端,而产业结构以资源密集型、劳动力密集型为主的欠发达地区处在价值链的低端。通过跨区域贸易,发达地区一方面出口高附加值、低排放的产品到欠发达地区,另一方面大量进口欠发达地区的高排放、低附加值的产品,从而导致大量由发达地区的消费所引致的碳排放通过跨区域贸易转移到了欠发达地区,同时又凭借产业结构的优势实现了贸易上的顺差,在贸易过程中获得了增加值的净转入,实现经济获利;另外,欠发达地区在贸易过程中承担了发达地区的碳排放净转移,而净转入的增加值相对于净转入的碳来说则小得多,甚至还造成了经济收益的损失,因而导致欠发达地区在贸易中获得的经济收益与付出的环境成本不对等,从而导致贸易碳转移不公平性问题。

3.1.3 贸易碳排放责任

贸易碳排放责任是指在进行贸易活动时,涉及的各方对其参与的产品或服务所产生的碳排放承担的道德、环境和社会责任。贸易碳排放责任是一个相对较新的概念,旨在强调企业、政府和消费者应对贸易活动中的碳排放负面影响负有一定的责任。在传统的碳排放核算中,通常将排放责任归因于生产碳排放的国家或地区。然而,贸易碳排放责任概念的提出,帮助人们认识到贸易活动中消费国或地区的需求和行为对生产国或地区碳排放的影响。贸易碳排放责任的界定可以涵盖以下方面:(1)消费者责任。消费者在购买产品或服务时,应意识到自己的购买行为可能对碳排放产生影响。消费者有责任选择低碳排放的产品或服务,以减少其碳足迹。(2)企业责任。企业在供应链管理中应考虑产品的碳排放。这包括评估供应商的碳排放水平,优化运输和物流方式,推动低碳生产和低碳经营模式,并提高透明度,使消费者能够做出有意识的选择。(3)政府责任。政府应通过制定政策和法规来鼓励低碳贸易和可持续发展。这可能包括设立碳定价机制、制定减排目标、提供财政和税收激励措施等,以引导企业和消费者采取低碳行动。

贸易碳排放责任的概念旨在促进可持续发展和低碳经济转型。通过意识到贸易活动的碳排放责任,各方可以采取行动减少碳排放,推动应对全球气候变化。贸易碳排放责任分担就是将区域间由于贸易所产生的隐含碳排放的减排责任在不同区域间进行分配。贸易双方对双边贸易中隐含碳排放负有共同的责任,但是由于二者在贸易中的获利不同,存在经济收益与环境成本不对等问题,因此,贸易双方所需承担的减排责任应有所区别,即符合国际公认的"共同但有区别的责任"原则。为此本书提出公平共担原则下中国省际贸易碳排放责任分担方案,其分配的目标就是使得贸易双方的减排责任与其在贸易中获得的经济利益一致,从而消除贸易双方在对国际贸易隐含碳排放责任认定方面的分歧,调动各地区的减排积极性,推动区域间合作碳减排工作的进行,助力实现全国的碳减排目标。

3.1.4 贸易碳排放补偿

碳排放补偿,也称为碳补偿,是指通过一定的机制或措施抵消或弥补二氧化碳(CO_2)等温室气体排放的行为或过程。其核心目的是实现碳中和,即通过减少、吸收或抵消排放量,达到净零排放的目标。碳排放补偿通常涉及为那些超过碳排放限额或在某些领域产生温室气体排放的个体、企业或组织,提供资金或技术支持,帮助他们减少或抵消其排放量。这种补偿可以通过投资可再生能源项目、森林保护和恢复、碳汇项目等方式来实现。具体而言:(1)可再生能源项目。这类项目旨在增加可再生能源的产生和使用,减少对传统能源的依赖。例如,风电场、太阳能发电站、生物质能源项目等都是常见的可再生能源项目。(2)能源效率改进项目。这类项目旨在提高能源利用效率,减少能源消耗和排放。例如,建筑节能改造、工业过程优化、交通运输效率提升等都可以归类为能源效率改进项目。(3)森林保护和再造林项目。森林是碳汇的重要组成部分,能够吸收和储存大量的二氧化碳。森林保护和再造林项目旨在防止森林破坏、促进森林恢复和增加森林面积,从而提供碳吸收和储存的机会。(4)废物管理项目。这类项目通过有效管理和废物处理,减少甲烷等温室气体的排放。例如,垃圾填埋气收集和利用、有机废物堆肥、废物回收和再利用等项目都有助于减少与废物相关的温室气体排放。(5)碳汇项目。这类项目旨在增加碳储存和吸收能力,通过生态系统恢复、湿地保护和海洋保护等方式来促进碳的吸收和储存。例如,湿地保护、海洋生态系统保护和修复等都是常见的碳汇项目。

贸易碳排放补偿是指通过在贸易活动中发生的碳排放产生的环境影响的补偿措施,它旨在为贸易活动中产生的碳排放量提供一种补偿机制,推动企业和消费者采取行动减少碳排放,以减轻其对全球气候变化的影响。碳补偿机制不仅是为了抵消某一特定实体的排放,还旨在通过全球合作,来推动整体温室气体的减少。通过补偿机制,资金可以流向那些有能力减少排放但缺乏资金或技术支持的地区,从而实现全球范围内的减排。碳补偿是碳市场中的一个重要组成部分。通过碳交易,企业可以购买碳信用来抵消其排放,市场化手段使碳排放的成本显性化,激励企业和社会减少排放。碳市场机制确保了碳补偿的标准化和透明化,促进了全球碳减排目标的实现。除了市场手段,政府政策在碳补偿中也发挥着重要作用。例如,政府可以通过碳税、财政转移支付、补贴等方式,引导和支持碳补偿项目的发展。政策化的碳补偿机制确保了各方利益的协调,并推动了低碳技术和生态保护的发展。碳排放补偿不仅涉及减少排放,还包括通过植树造林、森林保护、湿地恢复等措施,增强自然生态系统的碳汇能力,这些措施通过吸收大气中的二氧化碳,减少温室气体浓度,从而达到碳补偿的效果。在实现碳补偿的过程中,生态系统的健康与平衡也得到了维护。碳补偿项目往往会考虑生物多样性的保护,通过综合治理,改善环境质量,提升生态系统的整体功能。碳补偿推动了低碳技术的研发和应用,例如清洁能源、碳捕集与封存(CCS)、能源效率提升等,这些技术的应用不仅直接减少了温室气体排放,还为碳补偿提供了新的方式和手段。碳补偿与可持续发展目标紧密相关,在实现碳补偿的过程中,经济、社会与环境的可持续发展得到了支持与推进。通过低碳经济的建设与发展,碳补偿不仅为减排提供了路径,也为全球可持续发展贡献了力量。

3.2 理论基础

3.2.1 虚拟资源理论

人口持续增长和经济快速发展,导致国家或地区的资源需求量日益增大。不少国家和地区都面临不可再生资源日益短缺等资源环境压力,资源供需之间的矛盾愈发严重,对经济的可持续发展和人民生活水平造成巨大的影响。通过贸易形式推动区域间资源的优化配置,通过技术升级提高资源的使用效率,可以有效缓解一些国家或地区资源短缺的压力。但是,许多自然资源(如水资源、土地资源、海洋资源等),在现实中受到诸多限制,不能自由地流动。虚拟资源将自然资源与最终产品相结合,将最终产品作为资源要素的载体,通过国家或地区间的贸易产品交换,使得资源要素流动成为可能,进而为国家和地区制定科学的资源利用战略提供了有效途径[21]。虚拟资源具有以下特点:(1)虚拟性。虚拟资源不是真实、可见、有形的资源,而是凝结于各种商品中的不可见的、隐形的资源。(2)市场依赖性。虚拟资源只有通过市场交易才能体现商品包含的资源价值,虚拟资源必须依赖于商品贸易而存在。(3)运输便捷性。与实体资源的转移运输相比,由于以"无形"的形式存在于其他商品中,虚拟资源的运输成本更低,不仅能减少运输过程中的损失,而且更加便利、安全,能有效提高资源的利用效率。本书运用虚拟资源理论来研究中国省际贸易中隐含的虚拟水转移,从而为中国省际虚拟水生态补偿及虚拟水战略提供科学支撑。

3.2.2 投入产出理论

19世纪40年代重农学派Quesnay[196]所著的《经济表》被认为是投入产出思想的起源。1936年,投入产出分析在Leontief[197]发表的《美国经济制度中投入产出数量关系》中首次提出。随后,Leontief[198-200]对投入产出的概念、投入产出表的编制以及投入产出模型的基本原理进行了较为详细的阐述,对投入产出理论和应用方面做出了巨大贡献,因而在1973年获得了诺贝尔经济学奖。Miller[201]先后于1985年、2009年出版专著《投入产出分析:基础与拓展》的第一版和第二版,系统梳理了投入产出模型理论构建与实践应用。自此,投入产出分析已成为宏观经济学领域的主流研究方法之一,广泛应用于分析经济系统中部门间的关联关系及经济影响。

投入产出分析法的核心在于投入产出表的编制,投入产出表由投入表和产出表交叉而成,产出表记录了各部门中间产品的下游分配去向,投入表则反映了经济体中各部门的生产消耗。产出可分为中间产出和最终产出:中间产出是指某部门生产的产品分配给其他部门使用的中间产品;最终产出是指中间产出之外的用于投资、消费和出口的产品和服务。投入可分为原始投入和中间投入:原始投入包括固定资产的转移价值和当期新创造的价值之和;中间投入是除原始投入和上期固定资产及资本结余之外的转移投入。

自20世纪70年代开始,Leontief将环境变量引入投入产出模型中构建了环境拓展的投入产出模型,用来研究最终需求变化引起的经济活动变化对环境的影响。此后,Walter[202]和Fieleke[203]先后将能源消耗引入投入产出模型来分析经济活动中的隐含能源流问题。80年代,投入产出分析与资源消耗和污染排放相结合的研究逐渐增多,环境投入产出模型逐渐成为全球研究经济与环境问题的重要工具和手段[204-206]。90年代,全球气候变化成为国际社会关注的焦点,研究者越来越多地通过投入产出模型来分析国际贸易中的隐含碳流动问题。通过碳排放拓展的投入产出表,可以追踪人类经济活动通过产业关联拉动所造成的直接和间接的碳排放，它既可以用来计算单一产品所隐含的碳排放，也可以计算个体和地区层面的碳足迹。本书根据投入产出理论及投入产出模型分析方法，构建碳排放拓展的全球多区域投入产出模型和贸易增加值多区域投入产出模型，研究由于国际贸易所导致的全球区域间的碳排放转移和贸易增加值转移。

3.2.3 比较优势理论

比较优势理论是经济学中的一个基本概念，由英国经济学家大卫·李嘉图于19世纪初提出。该理论认为，当两个国家或地区在不同产品的生产上具有不同的相对成本优势时，通过专门化和贸易可以使双方都能从贸易中获得利益。比较优势理论基于劳动生产力的差异，认为一个国家或地区在某种产品的生产上具有较低的机会成本或较高的生产效率，被称为具有比较优势，而另一个国家或地区则在其他产品的生产上具有相对优势。通过专门化和贸易，双方可以根据各自的比较优势进行专门化生产，从而实现资源的最优配置和相互受益。比较优势理论强调各国或地区应该专门化生产自己相对具有优势的产品，然后通过贸易交换获得其他产品。通过专业化和贸易，国家可以获得更多的产量和更高的效率，从而提高整体经济福利。与绝对优势理论不同，比较优势理论关注的是相对成本的差异，而不是绝对成本的差异。即使一个国家在所有产品的生产上都具有绝对优势，贸易仍然可以带来利益，只要两国在某种产品的生产上具有不同的相对成本优势。比较优势理论认为，通过专业化和贸易，各国可以实现资源的最优配置。每个国家可以专注于自己的优势产业，利用有限的资源产出更多的产品，并通过贸易获取其他产品。这种资源优化和效率提升有助于提高整体经济效益。比较优势理论强调贸易的互利性和互补性。两个国家或地区通过贸易进行合作，双方能够获得彼此所需的产品，并且在相对优势产业的生产中可以实现规模经济效益。这种互利合作有助于促进经济增长和资源的更有效利用。

根据比较优势贸易理论，由于贸易会带来生产和相对价格的改变，贸易的利益还可以进一步划分为分工的利益和交换的利益。分工的利益对应于生产改变所带来的贸易利益，而交换的利益对应于生产不变而仅仅由于相对价格改变所带来的贸易利益。同理，本书推断，从贸易的分工和交换过程来看，区域间贸易对碳排放的总体影响亦存在两种不同机制：一是贸易分工过程中发生的异地替代本地生产而导致的碳排放差异,本书称之为碳替代;二是贸易交换过程中发生的生产地区对消费地区的碳转移,并不改变地区的生产及碳排放总量。碳替代和碳转移机制具有明显差异,前者会改变个体以及群体层面的碳排放,而后者只影响个体层面的碳排放。在贸易分工机制下,各地区专业化生产具有比较优势的产品,减少生产不具有比较优势的产品,地区间的生产替代使得不同生产条件下的碳排放发生改变,这便是碳替代。在贸易交换机制下,产品进口带入的隐含碳将增加地区消费者责任碳排放,产品出口带出的隐含碳将减少地区消费者责任碳排放,使地区在生产者责任和消费者责任下的碳排放产生差异,因此就产生了碳转移。

3.2.4 要素禀赋理论

要素禀赋理论[207]是经济学中的一个重要理论,主要由瑞典经济学家赫克歇尔(Heckscher)和俄林(Ohlin)于20世纪初提出。该理论旨在解释不同国家之间的贸易模式和比较优势,并基于国家的要素禀赋差异来解释贸易的产生和影响。要素禀赋指的是一个国家或地区所拥有的生产要素,主要包括劳动力、资本和自然资源等。这些要素的禀赋水平可以影响一个国家在不同产业中的相对竞争优势。要素禀赋理论认为,一个国家在某个产业中拥有较丰富的生产要素,就会在该产业中具有比较优势。例如,拥有丰富劳动力的国家在劳动密集型产业中具有比较优势,而拥有丰富资本的国家在资本密集型产业中具有比较优势。根据要素禀赋理论,不同国家的要素禀赋差异会导致贸易模式的形成。具有劳动力禀赋优势的国家更倾向于出口劳动密集型产品,而具有资本禀赋优势的国家更倾向于出口资本密集型产品。这种贸易模式被称为要素比较贸易。

在环境贸易视角下,该理论认为发达国家在物资资本上较为充裕,因此在生产资本密集型产品时更具有比较优势,而发展中国家物资资本匮乏,更倾向于在自然资源和劳动力要素密集的产业上具有比较优势,这类产业多是制造业、化工行业、能源行业等重工业,属于污染密集型产业,在生产和消费过程中具有更高的污染物排放。在国际贸易中,发展中国家一般会选择出口环境密集型产品,而进口环境稀缺型产品,这样必然会导致其国内资源、环境的消耗和使用,进而导致该优势地位被不断削弱,造成环境问题突出等生态经济问题。同时,发展中国家为了吸引外资,加强经济建设而倾向于制定低于发达国家的环境标准,从而出现了"污染产业外逃""污染避难所"现象,导致经济落后国家为经济发达国家日趋扩展的消费买单。随着经济全球化的深入发展,发达国家通过进口发展中国家的高排放产品,将碳排放转移出去,发展中国家由于产业结构劣势,主导产业产品属于低附加值、高排放的产品,因此在贸易过程中承担了来自发达国家的碳排放。

3.2.5 碳补偿理论

大气环境作为公共物品,各区域主体都拥有同等的使用权,各地为了达到自身利益最大化,都可能无节制扩大生产,导致过度碳排放,对大气环境造成破坏,其后果将由全人类共同承担。同时,由于公共物品的受益非排他性,各主体都不愿意主动承担碳减排责任,倾向于选择"搭便车"的行为,产生市场失灵问题。另外,由于碳排放具有明显的负外部性,各主体为追求自身利益最大化,造成全社会的利益损失,在大气资源的配置上无法实现帕累托最优,导致过度碳排放,造成"公地的悲剧"。

如图3.1所示,大气资源具有公共物品属性,碳排放及其治理存在严重的外部性问题,各主体在追求经济利益过程中会产生过度碳排放,同时又不愿承担碳减排责任,长此以往,对地球生态和人类生存带来极大威胁,造成碳排放难题。在此背景下,产权界定和政策调控变得尤为重要。面对公共资源的使用问题,可以通过制度设计来明确使用权边界,采取集体行动来获取集体利益,同时对过度使用者施以惩罚,来抑制"公地的悲剧",其中,碳减排责任配置是界定碳排放产权的有效方式,只有通过明确各国的碳排放产权边界,才能杜绝"搭便车"行为,激励各国开展减排行动。

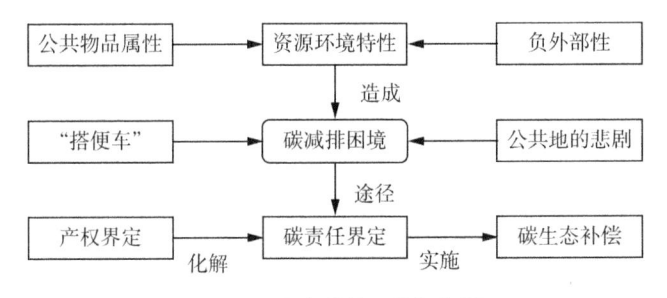

图 3.1 定责补偿理论框架图

(1) 公共物品理论

Samuelson[208]最早提出公共物品理论,公共物品被他定义为可以提供给整个社会成员消费的物品,并且每个人对该类物品的消费不会造成其他人对它消费的减少,即全社会可以共同、免费、平等地享用公共产品带来的所有效用。可见,公共物品具有效用不可分性、消费非竞争性和受益非排他性三个特点[209]。由于公共物品的非排他性,其供给存在挑战。如果没有外部机制或政府干预,私人企业通常不会自愿提供公共物品,因为它们无法从中获得足够的经济回报。公共物品面临的一个典型问题是"搭便车"问题,即人们倾向于免费使用公共物品,而不愿支付成本。这可能导致过度使用和资源的浪费。为了解决公共物品供给问题和自由骑马问题,需要采取适当的政府干预和市场机制。这可能包括政府提供公共物品、设立收费机制、实行契约或合作机制,以确保公共物品的供给和可持续使用。

大气环境作为公共资源,属于全球公共物品。基于碳排放的大气环境承载力在空间上是不可分割的,故全球所有国家都能够共同、免费、平等地使用,某个国家向空气中进行碳排放也不能影响其他国家进行碳排放行为。大气环境作为公共物品,其产权是无法界定的,这使得全球各国都拥有同样的消费使用权,各国为了达到自身利益最大化,无节制扩大生产导致温室气体过度排放,对大气环境造成破坏,但是又都不愿意在控制碳排放问题上单独承担责任,因为不做贡献仍可以继续分享公共物品的效用,因而都选择"搭便车"的行为,产生市场失灵问题。在这种情况下,国际社会和政府的监管是必要的措施,为此,联合国政府间气候变化专门委员会(IPCC)应运而生,其通过联合国气候变化大会的缔约方会议来约束各国承担碳排放的行为。

(2) 外部性理论

外部性的概念最早由 Michael 提出,它指的是一个经济主体在未支付报酬或得到补偿的情况下,某种活动或状态直接受到其他经济主体的影响。Pigou[210]从社会资源最优配置的角度出发,应用边际分析方法,提出了边际社会净产值和边际私人净产值,进一步完善并最终形成了外部性理论。如图3.2所示,由于外部性效应的存在,企业生产造成的对环境的损害由全社会承担,因此出现社会边际成本(SMC,包含环境成本)与私人边际成本(PMC,不包含环境成本),且 SMC 高于 PMC。两条边际成本分别与边际收益(MP)交于 A、B 两点。在考虑社会环境成本时,A 点为均衡点,价格与产量分别为

P_1 和 Q_1，此时的社会总福利为 $\triangle OAC$；在不考虑环境成本时，B 点为均衡点，价格与产量分别为 P_2 和 Q_2，社会总福利为 $\triangle OBC$ 减去 $\triangle OBD$（社会环境成本）。可以看出，与 A 点相比，社会总福利损失 $\triangle ABD$，没有实现资源的有效配置和生产最优化。

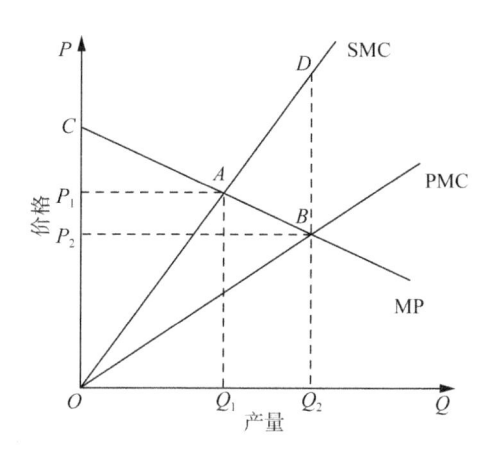

图 3.2　环境外部性示意图

根据影响方向的不同，外部性可分为负外部性和正外部性，其中，负外部性是指经济主体的行为给其他主体造成损失，如化工厂排污给附近居民的生产生活带来损害；正外部性是指经济主体的行为给其他主体带来额外收益，如某户对自家草坪花坛的修剪，由于景色的改善给邻居带来收益。如上所述，大气环境是一种公共物品，为所有人共同使用。企业之所以采用高能耗、高排放的生产方式，是因为其可以获得生产的全部收益，但对生产过程造成的环境损害却无须付费或仅支付极少成本，而其后果由全社会共同承担。由于碳排放具有明显的负外部性，各国家和地区为追求自身利益最大化，使企业最优产量决策背离社会的最优产量，造成过度碳排放，在大气资源的配置上无法实现帕累托最优，导致社会总福利损失，造成"公地的悲剧"。

（3）产权理论

由于大气环境资源的公共物品属性和碳排放问题的外部性，碳排放问题的解决无法完全借助市场机制完成，在这种情况下，由国际社会设计约束机制来制约各国的碳排放行为是必要的。环境资源往往因为缺乏明确的产权界定，经常遭到滥用乃至盗用，所以产权界定是实施有效监管的第一步。法律通常赋予所有人使用环境资源的权力，因此其在法律意义上没有排他性，但同时由于环境资源具有稀缺性，潜在使用者之间存在竞争性，某个体的行为必然会影响其他人使用该资源的数量和效果。个体保护环境的成本远高于其收益，而个体破坏环境造成的损害却往往由整个社会共同承担。个体理性与集体理性存在明显冲突，在没有外部限制的情况下，个体不会遵循社会最优使用方案，而是按照自身效用最大化确定其使用数量，这样会造成资源环境的过度使用，导致资源耗竭与环境恶化，造成"公地悲剧"的出现。除此以外，还会造成机会主义倾向突出，普遍出现"搭便车"现象，最后导致稀缺性资源的社会净损失。面对公共资源的使用问题，可以通过制度设计来明确使用权边界，采取集体行动来获取集体利益，同时对过度使用者施以惩罚，来抑制"公地悲剧"，可见碳减排权责分摊的机制设定扮演着十分重要的角色。为完成全球的碳减排责任目标，也需要明确不同国家在国际贸易中的责任，明确各国的碳排放产权边界，杜绝"搭便车"行为，激励各国开展减排行动。

3.3 理论分析

本部分基于虚拟资源理论、投入产出理论及生态补偿等理论，分析了跨区域贸易引致区域间碳转移、碳转移导致环境不公平性问题及碳定责补偿促进区域协同减排的理论机制，构建起本书的理论分析框架。

3.3.1 跨区域贸易引致区域间碳转移

贸易使得生产和消费发生分离，伴随贸易产品的跨区域流动，某一地区的最终消费可能会导致其他地区的污染排放，增加了区域碳排放问题的复杂性。区域碳排放受到贸易活动的强烈影响，跨区域交易除了会促进地区经济发展，同时还会通过贸易将本地消费活动引发的资源消耗等环境影响向其他地区延伸，增加区域碳排放治理的复杂性和困难性。区域间碳转移方向与各地的资源禀赋、经济发展水平、价值链分工及能源和产业结构密切相关。经济较为落后的地区，产业结构以工业为主，承接了很多高排放的产业，虽然有利于推动本地的经济发展，但是增加了本地碳排放的压力；发达地区主要以第三产业为主，生活水平较高，本地的生产不足以支撑消费需求，需要购买、消费其他地区的工业产品，将碳排放转移出去，因此缓解了本地的碳减排压力。

跨区域贸易引致区域间碳转移的理论机制可以通过以下几个方面进行分析：(1) 比较优势与产业转移。跨区域贸易的一个重要机制是基于比较优势的产业转移。不同地区可能在特定产业领域具有相对的比较优势，包括成本、技术和资源优势。企业会选择将高碳排放的生产活动转移到比较优势地区，以降低成本并增强竞争力。这种产业转移导致了碳排放的区域间转移。(2) 环境政策差异与碳漏斗效应。不同地区的环境政策和标准差异也是碳转移的重要机制之一。一些地区可能实施了严格的碳减排政策，对高碳排放的产业施加了限制，而其他地区可能较为宽松。企业为了规避高成本的环境要求，将生产活动转移到环境标准相对较低的地区，导致碳排放在地理上的转移。这种现象被称为碳漏斗效应，即高碳排放地区减少了碳排放，但低碳排放地区的碳排放增加。(3) 消费需求与供应链变化。消费需求的变化和全球供应链的形成也会引起区域间碳转移。随着消费者对低碳产品的需求增加，企业为了满足市场需求，可能将高碳排放的生产活动转移到能够提供低碳产品的地区。全球供应链的建立使得企业能够在全球范围内选择生产基地，以降低成本并满足消费者需求，这可能导致区域间的碳转移。(4) 碳定价与市场机制。碳定价和市场机制在引导跨区域贸易中的碳转移方面起到重要作用。如果某些地区实施了碳定价机制或建立了碳市场，企业在选择生产和供应链决策时会考虑碳成本。高碳成本地区的企业可能会寻求将生产转移到碳成本较低的地区，从而导致碳排放的转移。这些理论机制相互作用，共同导致了跨区域贸易引致区域间碳转移的现象。为了管理和减少碳转移，需要综合考虑产业结构、环境政策、消费需求、碳定价等因素，并通过国际合作和政策措施来促进全球低碳经济转型，并减缓气候变化。

3.3.2 碳转移导致环境不公平性问题

碳转移导致区域环境不公平性问题是指跨区域贸易中碳排放转移给一些地区带来的环境不平等现象。这一问题可以通过以下理论机制进行分析：(1) 碳足迹与消费责任。消费地区通常只计算自身的碳足迹，而忽略了由其消费需求引起的碳排放在其他生产地区的负面影响。消费地区通过进口高碳排放产品，实际上将其碳排放转移到生产地区，导致生产地区承担了消费地区的碳排放责任。这种消费责任与生产责任不匹配的现象导致了区域间环境不公平性。(2)环境政策和标准差异。不同地区的环境政策和标准差异也会导致碳转移带来的环境不公平性。一些地区可能实施了严格的环境政策,对碳排放实行限制和减排要求,而其他地区可能较为宽松。企业为了规避高成本的环境要求,将高碳排放的生产活动转移到环境标准相对较低的地区,导致生产地区面临更大的环境压力和不公平的负担。(3)经济和发展差异。碳转移也可能导致经济和发展差异加剧,进而加剧区域间的环境不公平性。由于碳转移,一些地区可能面临产业结构调整、经济减速和失业等问题,而其他地区则可能受益于低碳产业的发展,就业机会增加。这种经济和发展差异可能加剧贫富差距和社会不平等。(4)碳市场不平等。碳市场的设计和运作也可能导致碳转移带来的不公平性。碳市场机制中存在参与门槛、碳资产分配和价格等方面的不平等问题。一些地区可能由于碳市场规则的不公平性而受到不利影响,而其他地区则可能从碳市场中获得更多的利益。

对于整个社会经济系统而言,由于地区与产业之间彼此关联,随着跨区域贸易活动的进行,以产品为介导的隐含碳排放沿产业链发生相伴转移。根据资源禀赋理论,经济发达的地区在物资资本上较为充裕,因此在生产资本密集型产品时更具有比较优势;而欠发达地区的物资资本匮乏,更倾向于在自然资源和劳动力要素密集的产业上具有比较优势,这类产业多是制造业、化工行业、能源行业等重工业,属于污染密集型产业,在生产和消费过程中排放的污染物更多。发达地区在与欠发达地区开展贸易过程中,凭借自身产业结构的比较优势,仅付出较少的增加值代价,就获得了欠发达地区的水资源;而欠发达地区由于产业结构和竞争力上的劣势,在承担了发达地区的环境成本的同时,并没有获得任何经济上的补偿,甚至反而向发达地区转移了增加值。因此,由于区域间资源禀赋、产业结构、技术水平以及价值链分工差异,贸易引致的碳转移使得现有的利益格局发生变化,造成各地的经济收益可能与环境成本不对等,导致区域间的碳转移存在不公平性问题[211]。因此结合投入产出理论、资源禀赋理论和生态不平等交换理论来评估贸易碳转移不公平性,可以衡量贸易中隐含的经济与环境的不对等关系。

3.3.3 碳定责补偿促进区域协同减排

碳定责补偿是一种机制,旨在通过将碳排放责任和补偿相结合,促进区域之间的协同减排。它的理论机制可以从以下几个方面进行分析:(1)碳排放责任界定。碳定责补偿的首要任务是界定各个区域的碳排放责任。这涉及对不同地区碳排放的测算、监测和核算。通过科学的方法,可以评估每个地区对全球碳排放贡献的程度,确定其应承担的减排责任。(2)区域间碳转移补偿。碳定责补偿机制鼓励高排放地区与低排放地区之间进行碳转移补偿。高排放地区可以通过向低排放地区购买碳减排权或支持低排放项目来补偿其碳排放过剩部分。这样的补偿机制有助于实现减排成本的公平分担,推动区域之间的协同减排合作。(3)技术和知识转移。碳定责补偿可以促进区域之间的技术和知识转移。高排放地区可以通过补偿机制获取低排放地区的清洁技术、能源效率和碳减排经验等方面的知识和技术支持,从而加快自身的减排进程。这样的合作有助于促进区域之间的协同创新和技术共享。(4)激励机制和市场化手段。碳定责补偿机制可以建立激励机制和市场化手段,以推动区域间的协同减排。例如,通过设立碳市场,鼓励碳减排项目的交易和转让,提供经济激励来促进区域之间的减排合作。这样的市场化手段有助于提高减排的效率和灵活性。

由于大气环境资源的公共物品属性和碳排放问题的外部性,碳排放问题的解决无法完全借助市场机制完成,因此碳排放行为需要受到制度约束。环境资源往往因为缺乏明确的产权界定,经常遭到滥用乃至盗用,所以产权界定是实施有效监管的第一步。面对公共资源的使用问题,可以通过制度设计来明确使用权边界,采取集体行动来获取集体利益,同时对过度使用者施以惩罚,来抑制"公地的悲剧",由此可见碳排放责任的界定对于碳减排工作的有效实行至关重要。跨区域贸易引致的碳转移现象,进一步增加了碳排放责任分担的复杂性,给不同区域主体的碳产权界定带来困难,因而无法平衡资源环境利用主体间的利益关系,也不能合理约束和引导不同地区的排放行为,不利于实现区域减排目标及经济的可持续发展。

公平分担贸易碳排放责任,明确各地的碳责任,可以有效抑制"搭便车"行为,且有利于调动各地的减排积极性,推进区域间合作减排。贸易碳排放涉及多个区域主体,同时由于区域间资源禀赋、产业结构、技术水平以及价值链分工差异,不同地区在贸易中存在损益偏离问题,进一步增加了贸易碳排放责任分担的复杂性和困难性。因此,应用产权理论和公共物品理论,从责任与收益对等的原则出发,提出贸易碳排放责任公平共担方案,并应用生态补偿这一实现经济社会可持续发展的"绿色策略",构建针对贸易碳排放的

"定责+补偿"机制,通过调节利益相关者的经济关系,补偿改善生态环境状况,缓解贸易引致的损益偏离问题,调动贸易双方的减排积极性,推进区域合作减排,不仅有助于提高碳减排的整体效果,还可以促进区域间的协同发展和可持续经济增长。

第四章
贸易碳补偿方法与模型构建

第四章
贸易碳补偿方法与模型构建

本章基于上一章的相关理论分析,应用投入产出分析、距离评价方法、比例分配方法、影子价格及方向性距离函数,构建时间序列贸易碳排放核算模型、贸易碳转移不公平性评价模型、贸易碳排放责任公平共担模型及贸易碳排放生态补偿模型,建立本书的研究方法与模型。

4.1 时间序列贸易碳排放核算模型

4.1.1 多区域投入产出表

投入产出分析法是研究经济体系中区域与行业间相互联系与依存关系的重要经济学方法。与单地区投入产出模型相比,多区域投入产出分析(MRIO)可以考虑不同地区生产和消费在技术、总量和结构上的差异,弥补了单地区投入产出分析的不足。多区域投入产出(MRIO)表(表4.1)由 m 个地区和 n 个部门组成,其中,z_{ij}^{rs} 表示 r 地区的 i 部门对 s 地区的 j 部门的中间投入($r,s=1,2,\cdots,m$;$i,j=1,2,\cdots,n$);y_i^{rs} 表示 s 地区(消费者)对 r 地区的 i 部门(生产者)产品的最终需求;v_j^s 表示 s 地区的 j 部门的增加值;x_i^r 表示 r 地区的 i 部门的总产出。通常采用基于价值量的投入产出表,因此上述参数以货币单位表示。

表 4.1 多区域投入产出表

投入 \ 产出			中间使用				最终需求			总产出
			区域1		⋯	区域m	区域1	区域2	⋯ 区域m	
			行业1	⋯ 行业n	⋯	行业1 ⋯ 行业n				
中间投入	区域1	行业1	z_{ij}^{rs}				y_i^{rs}			x_i^r
		⋯								
		行业n								
	⋯	⋯								
	区域m	行业1								
		⋯								
		行业n								
增加值			v_j^s							
总投入			x_j^s							
碳排放			d_i^r							

根据投入产出表的行平衡模型，r 地区的 i 部门的总产出可表示为：

$$x_i^r = \sum_s \sum_j z_{ij}^{rs} + \sum_s y_i^{rs} \tag{4.1}$$

使用矩阵符号进行表示，可以得到 MRIO 模型的矩阵形式如下所示：

$$\boldsymbol{X} = \boldsymbol{A}\boldsymbol{X} + \sum_s \boldsymbol{Y}^s \tag{4.2}$$

求解产出向量 $\boldsymbol{X}$ 可得

$$\boldsymbol{X} = (\boldsymbol{I}-\boldsymbol{A})^{-1} \times \left(\sum_s \boldsymbol{Y}^s\right) = \boldsymbol{L} \times \left(\sum_s \boldsymbol{Y}^s\right) \tag{4.3}$$

式中：$\boldsymbol{A}$ 表示直接消耗矩阵；$\boldsymbol{L} = (\boldsymbol{I}-\boldsymbol{A})^{-1}$ 表示 MRIO 模型的 Leontief 逆矩阵，该矩阵表示满足一个单位最终需求所需的总生产产出；$\boldsymbol{Y}^s$ 表示 s 地区的最终需求向量。

4.1.2 碳排放拓展的 MRIO 模型

通过增加碳排放行向量构建碳拓展的 MRIO 模型，可以追踪人类经济活动通过产业关联拉动所造成的直接和间接的碳排放。基于公式(4.3)，推导出 s 地区的最终需求所驱动的 r 地区的碳排放量为：

第四章 贸易碳补偿方法与模型构建

$$ec_{Y^s}^r = \sum_t D^r{}' L^{rt} Y^{ts} \tag{4.4}$$

式中：$D^r = (d_i^r)_{n\times 1} = (c_i^r/x_i^r)_{n\times 1}$ 表示 r 地区的直接碳排放强度向量；c_i^r 是 r 地区的 i 部门的直接碳排放量；x_i^r 是 r 地区的 i 部门的总产出；d_i^r 是 r 地区的 i 部门的直接碳排放强度；$ec_{Y^s}^r$ 表示 s 地区对所有地区的最终需求通过产业链对 r 地区的碳排放的拉动，本书将其定义为 s 地区向 r 地区的碳转移。

4.1.3 时间序列贸易碳排放推算

本部分以 2002、2007、2012 和 2017 年的贸易碳排放为基础，参考 Mi 等[212]的做法，推算 2002—2017 年其他年份的贸易碳排放，计算公式如下：

$$EC^t = \begin{cases} \dfrac{4}{5}EC^{t-1} + \dfrac{1}{5}EC^{t+4}, & t=2003,2008,2013 \\[4pt] \dfrac{3}{5}EC^{t-2} + \dfrac{2}{5}EC^{t+3}, & t=2004,2009,2014 \\[4pt] \dfrac{2}{5}EC^{t-3} + \dfrac{3}{5}EC^{t+2}, & t=2005,2010,2015 \\[4pt] \dfrac{1}{5}EC^{t-4} + \dfrac{4}{5}EC^{t+1}, & t=2006,2011,2016 \end{cases} \tag{4.5}$$

式中：EC^t 表示 t 年份的贸易隐含碳排放矩阵（包含本地消费碳排放，外地消费碳排放及出口碳排放）。

然后，利用历年各地区的排放量作为总量限制，对各年份各地区推算的贸易碳排放矩阵进行调整，从而得到最终的 2002—2017 年时间序列贸易碳排放。

4.2 贸易碳转移不公平性评价模型

4.2.1 增加值拓展的 MRIO 模型

类似于碳拓展的 MRIO 模型，增加值拓展的 MRIO 模型可以追踪其他区域的最终需求在本地产生的隐含增加值产出部分。例如，由 s 地区的最终需求所驱动的在 r 地区产生的增加值为：

$$ev_{Y^s}^r = \sum_t V^{r\prime} L^{rt} Y^{ts} \qquad (4.6)$$

式中：$V^r = (v_i^r)_{n \times 1} = (v_i^r / x_i^r)_{n \times 1}$ 表示 r 地区的增加值系数向量，v_i^r 是 r 地区的 i 部门的增加值，v_i^r 表示 r 地区的 i 部门的单位产出所生产的增加值；$ev_{Y^s}^r$ 表示 s 地区对所有地区的最终需求通过产业链对 r 地区的增加值的拉动，本书即将其定义为 s 地区向 r 地区的增加值转移。

4.2.2 区域间碳转移不公平性指数

本书针对贸易引致的碳排放和增加值转移的不对等关系，参考利用距离函数构建能源效率的思路[213]，通过建立公平参考基准及利用距离评价方法来构建一个新的区域间碳转移不公平性指数。

从净转移角度来看，区域间碳排放和增加值净转移存在两种情况：一是碳排放与增加值流向相同，即流向同一个区域；二是碳排放与增加值流向相反，即分别流向不同的区域。m 个区域总共可以组成 $m \times (m-1)/2$ 个区域对 $(s, r), s, r \in m$ 且 $s \neq r$。不妨设区域间碳净转移（nc^{sr}）为正，则增加值净转移（nv^{sr}）为正或为负，这二者之间的关系可由图 4.1 表示。图中的点 A、B、D 表示不同区域两两组成的区域对。

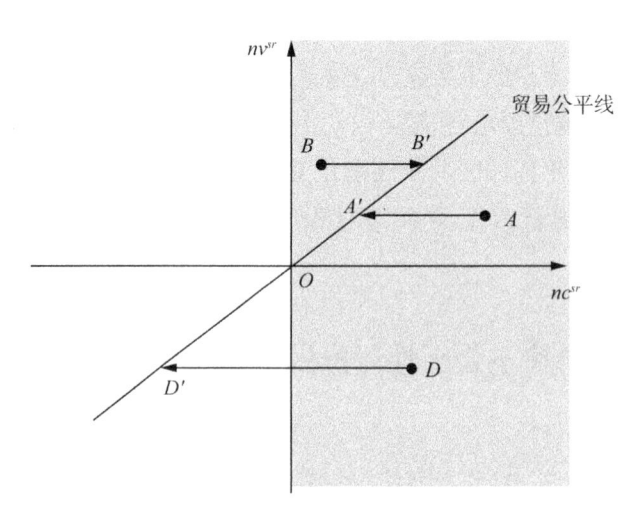

图 4.1 区域间碳转移不公平指数示意图

贸易碳公平参考线定义为整体平均水平上的碳排放和增加值净转移关系，即单位碳排放净流入量所带来的贸易增加值或单位碳排放净流出量所损

第四章
贸易碳补偿方法与模型构建

失的贸易增加值,满足平均水平。贸易碳公平参考线为图 4.1 中过原点的直线,其斜率可以表示如下:

$$\lambda = \sum_{s=1}^{m} \sum_{r=1, r \neq s}^{m} |nv^{sr}| / \sum_{s=1}^{m} \sum_{r=1, r \neq s}^{m} |nc^{sr}| \tag{4.7}$$

式中:$\lambda > 0$,$|nv^{sr}|$ 表示 s 地区向 r 地区增加值转移量的绝对值;$|nc^{sr}|$ 表示 s 地区向 r 地区碳排放转移量的绝对值。

由于 nc^{sr} 为正,故所有可能区域对所表示的点只能出现在图 4.1 中纵坐标轴 nv^{sr} 的右侧区域,即象限Ⅰ和象限Ⅳ。贸易公平线将象限Ⅰ一分为二,产生三块所有可能的区域。假设存在三组区域对 A、B、D 分别位于这三块区域中,它们各自在公平线上的对应点分别为 A'、B'、D',则线段 AA',BB',DD' 分别表示这三个点达到贸易公平线所需要增加或减少的净碳转移量,即偏离贸易公平线的程度。定义偏离贸易公平线的距离 DV 来表示偏离贸易公平线的程度,具体如下:

$$DV = \begin{cases} \dfrac{nv^{sr}/\lambda - nc^{sr}}{nv^{sr}/\lambda} = 1 - \dfrac{\lambda nc^{sr}}{nv^{sr}}, nv^{sr} > \lambda nc^{sr}, 0 \leqslant DV < 1; \\ \dfrac{nc^{sr} - nv^{sr}/\lambda}{nc^{sr}} = 1 - \dfrac{nv^{sr}}{\lambda nc^{sr}}, 0 < nv^{sr} < \lambda nc^{sr}, 0 \leqslant DV < 1; \\ \dfrac{nc^{sr} - nv^{sr}/\lambda}{nc^{sr}} = 1 - \dfrac{nv^{sr}}{\lambda nc^{sr}}, nv^{sr} < 0, DV > 1; \\ nc^{sr} > 0 \end{cases} \tag{4.8}$$

式中:当区域对组成的点位于象限Ⅰ,距离值 DV 的范围为 $[0,1]$;当区域对组成的点位于象限Ⅳ,距离值的范围为 $[1, +\infty)$;DV 的值越大表示偏离贸易公平线的程度越大;值为 0 时表示该点位于公平线上,处于公平状态。

因此,基于偏离贸易公平线的距离 DV,引入指数函数 $y = e^{-x}$ 来构建区域间碳转移不公平指数(Carbon Inequality,CI),使得 CI 的范围统一到 $(0,1]$,具体如下所示:

$$\mathrm{CI} = e^{-DV} = \begin{cases} e^{-\left(1 - \frac{\lambda nc^{sr}}{nv^{sr}}\right)}, nv^{sr} \geqslant \lambda nc^{sr}, \text{点在公平线上方}; \\ e^{-\left(1 - \frac{nv^{sr}}{\lambda nc^{sr}}\right)}, nv^{sr} \leqslant \lambda nc^{sr}, \text{点在公平线下方}; \\ nc^{sr} > 0 \end{cases} \tag{4.9}$$

可以看出，无论点处于何处，区域间碳转移不公平指数 CI 的范围均为 (0,1]，CI 的值为 1 时表示该点位于公平线上，处于绝对公平状态，而值越小表示区域间碳转移的不公平性越大。需要说明的是，本书构建的 CI 指数是表征各区域相对于平均水平的不公平程度。

4.3 贸易碳排放责任公平共担模型

4.3.1 责益对等的公平共担原则

公平性是评价减排责任分担方案合理性的重要指标。目前被国际环境法确定下来的、公认的较为公平的原则是"共同但有区别责任"原则，它也被作为各国碳排放责任认定与国际气候治理的基本依据。对于贸易隐含碳排放责任划分，"共同但有区别责任"原则可以被理解为减排应当由生产者和消费者共同承担，但不是将碳排放责任简单地分配到生产端和消费端，而是要通过设定责任分担系数有区别地进行分配，实现公平合理的目标，充分调动贸易双方的减排积极性，从生产侧和消费侧共同促进节能减排，从而促进碳减排目标达成。由于价值链分工差异，不同地区在贸易中获得的经济收益与其承担的环境成本存在不对等现象，即贸易引致的区域间碳转移具有不公平性。因此，公平性目标就是使得各地在贸易中应承担的减排责任与其获得的经济收益达成一致。从这个角度来看，公平共担原则可以有效克服上述"生产者责任"原则和"消费者责任"原则的利弊，消除不同地区对于贸易碳排放责任界定的争议和分歧。除此以外，本书也将代际公平纳入考虑中，针对贸易隐含累积碳排放进行减排责任分担。

4.3.2 贸易碳排放责任分担方案

公平共担原则下的生产者与消费者减排责任共担，从受益与责任匹配的原则出发，将贸易隐含碳排放在生产地和消费地进行公平合理地分摊，使得两地共同为其贸易隐含碳排放负责，但同时二者所承担的责任却有所区别。下面探讨如何实现公平共担原则下的生产者与消费者的减排责任分摊。假设任意两个省份 r 和 s，它们间存在贸易导致的碳排放和增加值的双边转移关系，如图 4.2 所示，r 省份向 s 省份转移的碳排放和增加值分别为 ec_r^s 和

$ev_{Y^r}^s$，s 省份向 r 省份转移的碳排放和增加值分别为 $ec_{Y^s}^r$ 和 $ev_{Y^s}^r$，其中增加值的流入表示经济收益。对于它们之间的贸易隐含碳排放 $ec_{Y^r}^s$ 和 $ec_{Y^s}^r$，r 省份和 s 省份分别轮流扮演生产者和消费者的角色。

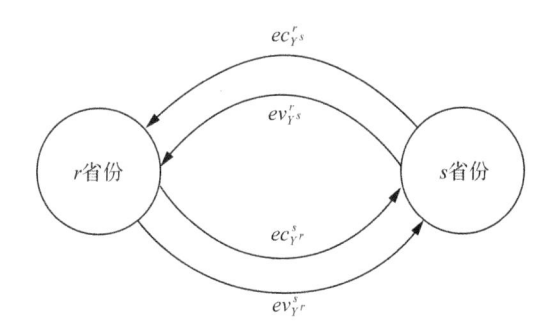

图 4.2　区域间碳排放和贸易增加值双边转移示意图

基于受益与责任对等的公平共担原则，即 r 省份和 s 省份按照各自获得的经济收益来确定各自的贸易碳排放责任，将它们之间的贸易碳排放总量（$ec_{Y^s}^r + ec_{Y^r}^s$）分摊到这两个省份，结果如下式所示：

$$CR^r = (ec_{Y^s}^r + ec_{Y^r}^s) \times \frac{ev_{Y^s}^r}{ev_{Y^r}^s + ev_{Y^s}^r}$$

$$CR^s = (ec_{Y^s}^r + ec_{Y^r}^s) \times \frac{ev_{Y^r}^s}{ev_{Y^r}^s + ev_{Y^s}^r}$$

(4.10)

式中：CR^r, CR^s 分别表示 r 省份和 s 省份所需承担的贸易碳排放责任。

推广到一般情况，可以计算任意省份 k 在省际贸易中对其他所有省份的减排责任：

$$CR^k = CR_p^k + CR_c^k$$

$$CR_p^k = \sum_{t \neq k} ec_{Y^t}^k \times \frac{ev_{Y^t}^k}{ev_{Y^k}^t + ev_{Y^t}^k}$$

$$CR_c^k = \sum_{t \neq k} ec_{Y^k}^t \times \frac{ev_{Y^t}^k}{ev_{Y^k}^t + ev_{Y^t}^k}$$

(4.11)

式中：CR^k, CR_p^k, CR_c^k 分别表示 k 省份的总贸易碳排放责任、生产侧责任和消费侧责任。可以看出，每个省份在省际贸易中获得单位经济收益而需承担的减排责任相等,即 $\dfrac{CR^r}{ev_{Y^s}^r} = \dfrac{CR^s}{ev_{Y^r}^s}$,满足收益与责任对等原则,体现出分配方案的公平性,有利于调动各地区的减排积极性。

4.4 贸易碳排放生态补偿模型

4.4.1 贸易碳补偿量确定

本部分以贸易碳排放责任公平分担方案为基准,通过与实际排放比较确定需要进行补偿的排放量。如图4.3所示,r省份和s省份在省际贸易中的实际排放量分别为:

$$CE^r = ec_{Y^s}^r, \quad CE^s = ec_{Y^r}^s \tag{4.12}$$

假设由s省份向r省份进行生态补偿,结合公平共担原则下r省份和s省份的减排责任可计算贸易碳排放补偿量:

$$\begin{aligned} CQ^{sr} &= CE^r - CR^r = CR^s - CE^s \\ &= ec_{Y^s}^r - (ec_{Y^s}^r + ec_{Y^r}^s) \times \dfrac{ev_{Y^s}^r}{ev_{Y^r}^s + ev_{Y^s}^r} = \dfrac{ec_{Y^s}^r ev_{Y^r}^s - ec_{Y^r}^s ev_{Y^s}^r}{ev_{Y^r}^s + ev_{Y^s}^r} \end{aligned} \tag{4.13}$$

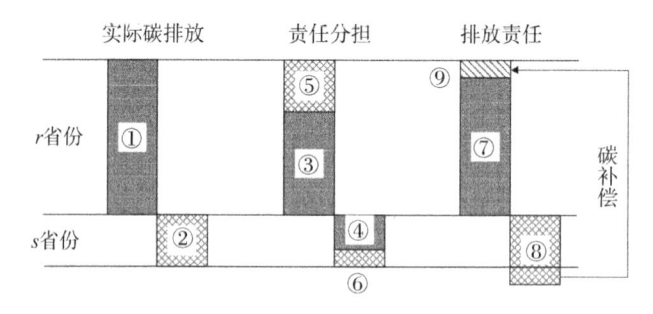

图 4.3 双边贸易碳排放补偿示意图

图中,①表示r省份在贸易中的实际排放量$CE^r = ec_{Y^s}^r$;②表示s省份在贸易中的实际排放量$CE^s = ec_{Y^r}^s$;③表示r省份生产侧的排放责任$CR_p^r = ec_{Y^s}^r \times [ev_{Y^s}^r / (ev_{Y^r}^s + ev_{Y^s}^r)]$;④表示$r$省份消费侧的排放责任$CR_c^r = ec_{Y^r}^s \times$

$[ev_{Ys}^{r}/(ev_{Yr}^{s}+ev_{Ys}^{r})]$；⑤表示 s 省份消费侧的排放责任 $CR_{c}^{s}=ec_{Ys}^{r}\times$ $[ev_{Yr}^{s}/(ev_{Yr}^{s}+ev_{Ys}^{r})]$；⑥表示 s 省份生产侧的排放责任 $CR_{p}^{s}=ec_{Ys}^{s}\times$ $[ev_{Yr}^{s}/(ev_{Yr}^{s}+ev_{Ys}^{r})]$；⑦表示 r 省份的总排放责任 $CR^{r}=CR_{p}^{r}+CR_{c}^{r}$；⑧表示 s 省份的总排放责任 $CR^{s}=CR_{p}^{s}+CR_{c}^{s}$；⑨表示 s 省份向 r 省份的碳补偿量 $CQ^{sr}=CE^{r}-CR^{r}=CR^{s}-CE^{s}$。

4.4.2 碳补偿价值量化

考虑到不同地区的碳排放价值差异，以受补偿地的碳减排成本作为当地的碳补偿标准计算碳补偿价值。基于距离函数的导数特性以及它与收益函数和成本函数的对偶性，Färe 等[214]提出了估算非期望产出影子价格的公式如下：

$$p_b = p_y \times \frac{\partial \vec{D}(\boldsymbol{x},\boldsymbol{y},\boldsymbol{b};\boldsymbol{g})/\partial b}{\partial \vec{D}(\boldsymbol{x},\boldsymbol{y},\boldsymbol{b};\boldsymbol{g})/\partial y} \tag{4.14}$$

式中：p_b，p_y 分别为碳排放和经济产出的影子价格；$\vec{D}(\boldsymbol{x},\boldsymbol{y},\boldsymbol{b};\boldsymbol{g})$ 表示方向性距离函数，同时假定期望产出的影子价格就等于它的市场价格，即 p_y 等于1元。

假设 $\boldsymbol{x}$ 为投入向量，$\boldsymbol{y}$ 为期望产出向量，$\boldsymbol{b}$ 为非期望产出向量，则设 $\boldsymbol{g}=(g_y,g_b)$ 表示方向向量，根据 Chambers 等[215]的定义，方向性距离函数可表示为：

$$D(\boldsymbol{x},\boldsymbol{y},\boldsymbol{b};g_y,g_b) = \max\{\beta:(y+\beta g_y,b+\beta g_b)\in P(x)\} \tag{4.15}$$

式中：$P(x)$ 指环境生产可能集合，表示固定数量的投入所能生产的所有期望产出和非期望产出的可能集合。

采用非参数方法 DEA 求解方向性距离函数[216]，具体公式如下：

$$\begin{aligned}
\vec{D}(x,y,b;g_y,g_b) &= \max\beta \\
\text{s.t.} \quad & \sum_{j=1}^{n}\lambda_j x_j \leqslant x_0 \\
& \sum_{j=1}^{n}\lambda_j y_j \geqslant y_0+\beta g_y \\
& \sum_{j=1}^{n}\lambda_j b_j = b_0+\beta g_b \\
& \beta \geqslant 0, \lambda_j \geqslant 0
\end{aligned} \tag{4.16}$$

式中：λ_j 表示强度变量，用于构建前沿面；β 表示方向性距离函数值。

结合 r 省份的碳排放补偿标准 p_b^r，则可计算出 s 省份向 r 省份生态补偿额为：

$$CM^{sr} = p_b^r \times CQ^{sr} = p_b^r \times \frac{ec_{Y^s}^r ev_{Y^r}^s - ec_{Y^r}^s ev_{Y^s}^r}{ev_{Y^r}^s + ev_{Y^s}^r} \qquad (4.17)$$

式中：CM^{sr} 表示 s 省份向 r 省份的碳排放补偿额。

第五章
中国省际贸易碳排放及其时空特征研究

第五章
中国省际贸易碳排放及其时空特征研究

本章基于中国 2002、2007、2012、2017 年的多区域投入产出(MRIO)表，应用碳排放拓展的 MRIO 模型计算相应年份的中国省际贸易隐含碳排放；在此基础上，以历年各省域的排放量作为总量限制，推算其余年份的贸易碳排放矩阵，从而得到最终的 2002—2017 年时间序列贸易碳排放；最后，对中国省际贸易碳排放的时间变化趋势及空间分布特征进行分析。

5.1 时间序列贸易碳排放分析

5.1.1 数据来源及处理

本文的研究对象为中国 30 个省份(未包括西藏自治区、台湾地区、香港特别行政区和澳门特别行政区)，研究的时间区间为 2002—2017 年。本书数据来源分为四类：投入产出表数据源，碳排放数据源，水资源消耗数据源，社会经济统计数据源。具体数据来源描述如下：

(1) 投入产出表数据：本书计算使用的 2002 年、2007 年、2012 年和 2017 年中国省级 MRIO 表(未包括西藏自治区、台湾地区、香港特别行政区和澳门特别行政区)分别来源于石敏俊和张卓颖[217]、Pan 等[218]、Zheng 等[219] 和李善同等[220]。为了保持数据的一致性和可比性，我们将各年份的 MRIO 表的行业部门归并为 27 个行业部门，具体的省份和行业分类见附表 A1。

(2) 碳排放数据：2002—2017 年的中国省域碳排放清单来源于 CEADs

数据库[221]。为了与投入产出表的行业分类相匹配,排放清单中的45个部门也被汇总为27个部门(见附表A1)。

(3) 社会经济统计数据:人口、经济产出等数据来源于《中国统计年鉴》。由于统计噪音的存在,某一年或某两年数据不可避免地会出现缺失或异常的情况,对于此种情况,可利用插值法、推算法等方式予以补充或纠正。在计算碳影子价格的方向性距离函数中,选取资本存量、劳动力和能源消费作为投入指标,选取GDP为期望产出指标,二氧化碳排放量为非期望产出指标。劳动力数据来自《中国统计年鉴》,资本存量数据参照张军等的做法,采用"永续盘存法"计算各省的资本存量。

5.1.2 贸易碳排放时间变化趋势

基于碳排放拓展的中国省级MRIO模型及相关数据,利用MATLAB 2016a测算了2002、2007、2012和2017年中国省际贸易碳排放,并推算出其余年份的贸易碳排放量(见附表B1—B16),并累加求和计算得到2002—2017年间中国省际贸易碳排放及其所占中国总排放的比重,结果如图5.1所示。从图5.1可以看出,中国省际贸易碳排放总量从2002年的11.5亿吨增长到2017年的47.3亿吨,年均增长21%,累计增长了312%(图5.1,黑柱),对全国排放总量的增长做出了重要的贡献。中国在这段时期经历了高速的经济增长,工业生产和消费需求大幅提升。同时,随着经济的发展,贸易活动也显著增加,而中国能源消费主要依赖煤炭等高碳能源,由于生产和运输的能源消耗主要来自这些高碳能源,因此贸易产品的生产过程中的碳排放量也较高。中国经济结构逐渐从以农业为主导转变为以工业和服务业为主导,工业化进程中的能源消耗和污染排放显著增加,推动了贸易碳排放的增长。2002—2017年间每年约有32%~48%的碳排放发生在贸易品的生产中(图5.1,黑线),而且该比重也呈现出逐渐上升的变化趋势。这表明贸易碳排放的增长速度大于总排放的增速,贸易碳减排问题对于实现全国减排目标至关重要。

分阶段来看,2002—2011年中国贸易碳排放经历了快速增长,年均增长率达到29%,在2011年达到该阶段的最大值(40.1亿吨),其所占总排放的比重也达到最大值(44%),这表明伴随着中国经济的快速发展,省际贸易规模迅速扩张,贸易引致的碳排放也明显增长。2011年之后的贸易碳排放虽然也

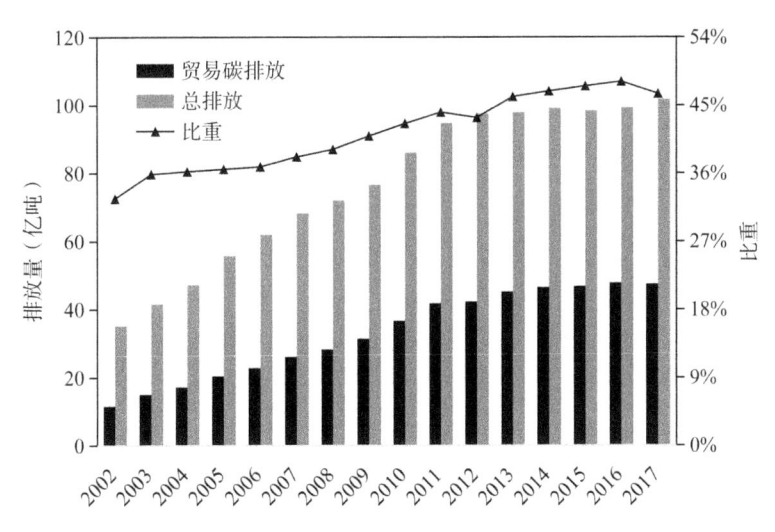

图 5.1 中国省际贸易碳排放及其所占比重变化趋势

保持上升趋势，但是增速有所放缓，年均增长率只有 2%。这一方面是因为国家减排目标的提出，中国自上而下的碳减排任务迫使各个省份对高污染和高碳排放产业采取强有力的减排措施，总排放的增速放缓，另一方面是因为贸易排放的比重也已经达到一个较高的水平，继续上升的潜力有限。虽然如此，2017 年的贸易碳排放量及其所占比重依然较高，中国"碳中和"的碳减排任务仍然异常艰巨，因此加快推动中国区域间开展针对贸易碳排放的合作减排进程至关重要。

5.2 "生产-消费"视角下碳排放分析

5.2.1 生产端碳排放时空特征

图 5.2 显示 2002—2017 年中国省域生产端累积碳排放，可以看出，山东、河北、江苏、内蒙古、广东、河南、辽宁、山西是中国生产端碳排放最大的省份（自治区），这 8 个省份（自治区）在生产端的累积碳排放分别为 108.9 亿吨、97.9 亿吨、86.2 亿吨、70.1 亿吨、69.1 亿吨、69.0 亿吨、63.4 亿吨、63.1 亿吨，占全国总排放的 51%。这些地区大都是能源资源大省（自治区），煤炭、石油等矿产资源丰富，产业结构以钢铁、化工、建材、能源等高耗能、高排放的重

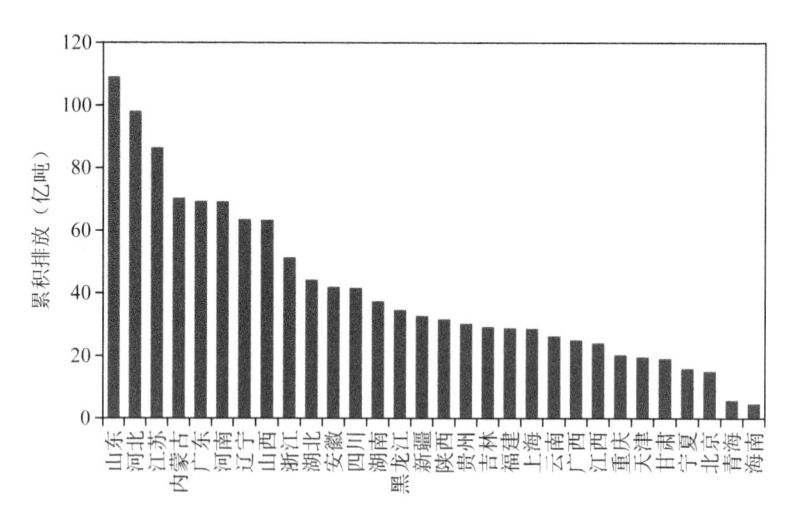

图 5.2　2002—2017 年中国省域生产端累积碳排放

工业为主,能源消费高且能源结构呈高碳特征,因而具有较高的生产碳排放。具体而言,山西、内蒙古、河北、辽宁是中国的主要煤炭生产基地,煤炭资源丰富,且是主要的能源输出省份;山东、河南还拥有丰富的石油和天然气资源,山东的石油和化工产业也特别发达;江苏、广东的能源资源虽然没有其他高碳排放省份那么丰富,但由于其高度工业化,且拥有大规模制造业,因此对能源需求量巨大。天津、甘肃、宁夏、北京、青海、海南的生产端碳排放最小,2002—2017 年的累积碳排放分别为 19.5 亿吨、18.9 亿吨、15.8 亿吨、14.9 亿吨、5.6 亿吨、4.5 亿吨,这主要是因为这些省份的工业规模较小。北京、天津是经济较为发达地区,产业结构以金融、科技、服务业为主,第三产业占主导地位,减少了对高碳排放的传统能源的依赖,碳排放自然也较少;而甘肃、宁夏、青海、海南等省份经济较为落后,工业规模小产业结构以第一产业为主,因而用于生产的能源及产生的碳排放较小。同时,甘肃和青海拥有丰富的风能、太阳能资源,能源消耗产生的碳排放较低;作为热带地区,海南主要依赖旅游业和农业,矿产资源稀缺,工业基础薄弱,因此碳排放量较低。

可以看出,中国省域生产端碳排放的空间分布特征主要有以下因素导致:(1)区域差异。不同省份之间存在较大的碳排放差异。一方面,经济发达的沿海省份和特大城市通常具有更高的碳排放水平,这与其工业化程度、能源消费结构和交通需求等有关。另一方面,西部地区和农业省份的碳排放相对较低,因为这些地区的经济活动以农业和资源开发为主。(2)产业结构。

不同省份的产业结构对碳排放的贡献也存在差异。一些工业密集型省份在钢铁、煤炭、电力等高碳行业的发展中,排放量较大。而一些服务业和高技术产业发达的省份,如北京、上海和广东,由于其经济结构的特点,碳排放相对较低。(3)能源消费模式。能源消费模式也是中国省域生产端碳排放时空特征的重要因素。一些依赖煤炭和石油的省份在能源消费中的碳排放相对较高,而更多采用清洁能源(如水电、风电和太阳能)的省份,其碳排放相对较低。(4)发展阶段。不同省份的发展阶段也会影响其碳排放时空特征。一些省份在经济发展初期,工业化进程较为迅速,因此其碳排放量较高。而一些省份则通过经济结构调整和转型升级,采取了一系列减排措施,实现了碳排放的下降。(5)政策措施。政策措施在影响中国省域生产端碳排放时空特征方面起着重要作用。国家和地方政府实施了一系列的减排政策和措施,如能源效率提升、产业结构调整、清洁能源发展等,这些政策的实施程度和效果会在不同省份之间产生差异。

5.2.2 消费端碳排放时空特征

从消费者视角来看,如果各省份消费的商品不在本省生产而是从其他省份进口,那么隐含在商品生产过程中的碳排放可以认为是消费所在省份通过省际贸易外溢到其他省份。图5.3显示了2002—2017年中国省域消费端累积碳排放,可以看出,广东、江苏、山东、河南、河北、浙江是中国消费端碳排放

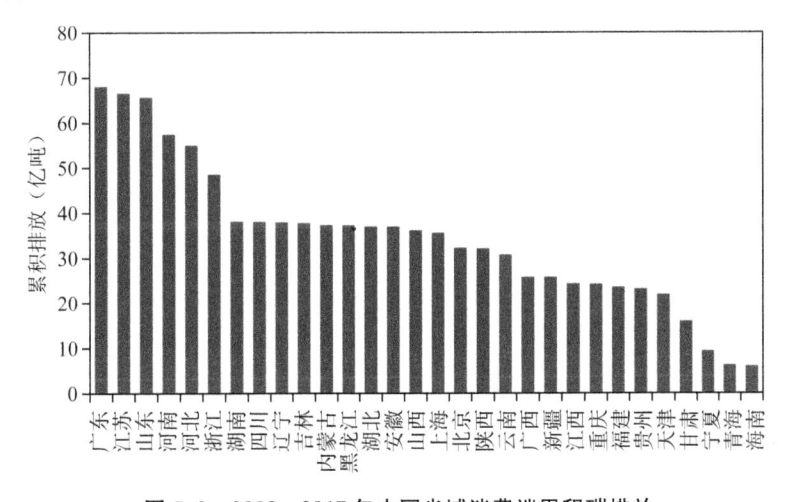

图 5.3 2002—2017 年中国省域消费端累积碳排放

最大的省份,这六个省份在消费端的累积碳排放分别为67.9亿吨、66.4亿吨、65.5亿吨、57.3亿吨、54.9亿吨、48.4亿吨。这些地区均为经济、人口大省,消费需求旺盛,城市化进程快、水平高,大量基础设施建设导致大量的消费端排放。同时,高水平的城市化和现代化进程,带来了交通、住宅、工业等领域的高能源消耗。尽管一些省份已开始向清洁能源转型,但高碳能源(如煤炭)的使用仍然占据重要地位,尤其是在工业和交通领域,这种能源消费模式导致了消费端碳排放的增加。其中,广东和江苏是中国经济最发达的省份,人口密集,工业化程度高,消费市场活跃。制造业的发达带动了对电力、钢铁、化工等高耗能产品的需求,因此居民消费、工业生产和商业活动共同推动了消费端的高碳排放。而且上述省份繁荣的进出口贸易往往需要进口其他省份的能源或者中间产品进行再加工,同时需要从外省进口大量产品以满足本省的居民消费,因此它们将其碳排放大规模转移给其他省份。天津、甘肃、宁夏、青海、海南的消费端累积碳排放最小,分别为21.8亿吨、15.8亿吨、9.2亿吨、6.1亿吨、5.9亿吨,这些省份大都位于中国西部和边远地区,经济发展相对滞后,工业化水平较低,居民收入不高,导致消费能力有限。消费水平低直接影响了能源需求,从而导致较低的消费端碳排放。天津虽然是直辖市,但相比其他大城市,天津的经济规模较小,尤其是消费市场没有北京、上海等地活跃,因此尽管其有一定的工业基础,但在消费端的碳排放相对较低。通过与图5.2对比,可以看出,相对于生产端排放,消费端排放在省域之间的分布更加均衡,这主要是因为省际贸易通过资源的跨区域调配实现碳排放的重新分配。消费者排放责任为贸易碳排放责任的界定提供了新的视角,为缓解山西、内蒙古、河北、辽宁等高生产端排放的地区的减排压力提供依据。

可以总结出来,中国省域消费端碳排放的空间分布特征主要受到以下几方面的影响:(1)消费结构。不同省份的消费结构对碳排放的贡献存在差异。一些消费密集型省份,在工业品、能源和交通等领域的消费中,排放量较大。而一些服务业和高技术产业发达的省份,如北京、上海和广东,由于其消费结构的特点,消费端碳排放相对较低。(2)人口规模和城市化水平。人口规模和城市化水平对消费端碳排放具有重要影响。人口较多、城市化水平较高的省份通常面临更大的消费需求,从而产生较高的碳排放。特大城市和人口密集区域由于人口规模和消费水平的巨大,通常是消费端碳排放较高的地区。(3)环保意识和绿色消费。消费者的环保意识和绿色消费行为也对消费端碳排放产生影响。一些省份的消费者更加注重环境保护,倾向于选择低碳产品和服务,从而减少碳排放。

5.3 中国省际贸易碳转移分析

5.3.1 双边贸易碳转移特征

为了揭示碳转移格局,附图1显示了2002—2017年中国省际贸易累积碳转移流图。图中的"弦"表示省域间的转移流,"弦"的宽度代表转移流量的大小,颜色与流出省域坐标轴的颜色保持一致,且"弦"流出端与坐标轴之间无颜色填充。2002—2017年中国省际贸易累积碳转移达到526.1亿吨,占中国总累积排放的43%。

从图中可以看出,广东是中国30个省市自治区中最大的碳排放转出省份,2002—2017年累积总转出量为39.4亿吨,这些碳排放主要流向河北、内蒙古、山东、江苏,这些省份分别承担了3.8亿吨、2.9亿吨、2.6亿吨、2.4亿吨来自广东的碳排放。广东作为中国的经济和工业中心之一,依赖外向型经济,许多工业生产环节可能转移到能源资源更丰富或生产成本更低的省份。这种产业分工导致碳排放从广东转移到其他地区。广东的工业和制造业发达,但能源资源相对不足,因此部分高耗能、高排放的生产过程被转移到资源丰富的省份,如河北和内蒙古等,这些地区能源成本低,适合能源密集型产业。为了应对环保压力和地方碳减排目标,广东可能采取了将高排放产业转移至其他省份的策略,以降低本地的环境负担。除此以外,江苏、浙江、河南、上海也是主要的碳转出省份,转出量分别为33.9亿吨、30.4亿吨、30.1亿吨、26.8亿吨。另一方面,河北是累积碳排放转入最大的省份,总转入量达到52.6亿吨,其中江苏和浙江是最大的碳排放流出省份,它们通过省际贸易在2002—2017年间分别向河北转移了4.2亿吨和4.1亿吨。

河北是中国的重工业基地,尤其在钢铁、建材、化工等高耗能行业占据重要地位,这些行业对能源的需求巨大,导致河北在生产过程中吸收了其他省份的碳排放。河北拥有丰富的煤炭资源,同时靠近内蒙古等能源输出省份,这使得河北能够以较低的成本获得大量能源,成为其他省份高能耗产业的承接地。由于其他经济发达地区如江苏和浙江面临环保压力和能源成本上升的问题,因此它们将部分高碳排放的产业环节转移到河北,从而导致河北的碳排放转入量增加。除此以外,山东、内蒙古、河南也是主要的碳流入省份,累积碳流入量分别为 39.9 亿吨、37.9 亿吨、34.2 亿吨。这些地区都是能源和工业大省,工业基础较好,能源资源也较丰富,能够承接来自其他省份的高碳排放产业。

5.3.2 碳转移差异分析

从省份碳净转移来看,如图 5.4 所示,共有 17 个省份是碳净流出的(即净排放为负值),其中,广东、北京、上海的净碳流出量最大,它们在 2002—2017 年间的累积贸易净排放分别为 −19.4 亿吨、−18.6 亿吨、−15.6 亿吨。这些地区均为经济较好、人口较多的省份,且相对来说能源资源欠缺,为满足产业发展和日常生产生活需要,需要从其他地区引进能源密集型产品,因此造成大量的隐含碳排放流出。具体来说,广东是中国经济最发达、人口最多的省份之一,工业和制造业高度发达,需要大量的能源密集型产品和原材料。广东本地的能源资源相对匮乏,需要从其他省份进口大量的能源和高耗能产品,从而将隐含碳排放转移到其他地区。珠三角地区的经济一体化战略推动了广东与周边省份的紧密经济联系,进一步加剧了碳排放的跨区域转移。作为中国的政治、文化和经济中心,北京的产业结构以第三产业为主,能源消费

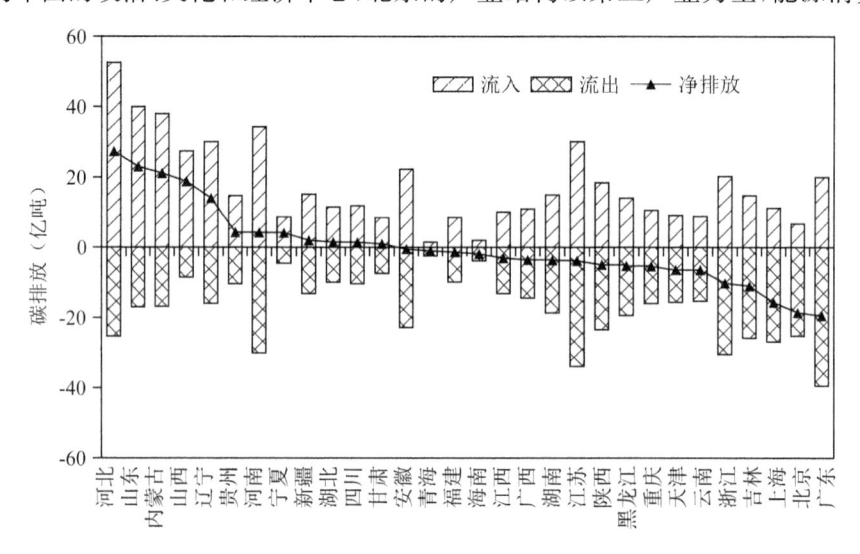

图 5.4 2002—2017 年中国省域碳流入量、流出量及净排放

量大,但生产端碳排放相对较低。北京能源资源稀缺,需要从其他地区引进能源密集型产品和服务,这导致大量碳排放转移到外地。"京津冀协同发展战略"推动了北京与河北、天津等周边地区的经济协作,北京通过外包生产和进口产品来满足本地需求,将碳排放负担转移到其他地区。作为中国的经济中心和重要的港口城市,上海在工业和服务业方面需求巨大,需要进口大量能源密集型产品。上海自身能源供给有限,需要依赖外省供应来维持其经济运行,这导致碳排放的跨省转移。而长三角区域一体化战略促进了上海与江苏、浙江等周边省份的经济融合,进一步推动了碳排放的转移。

另外13个省份表现为碳净流入(贸易净排放为正值),其中河北、山东、内蒙古、山西具有最大的累积净排放值,分别为27.3亿吨、23.0亿吨、21.1亿吨、18.8亿吨。这些地区均是能源资源大省,煤炭、石油等矿产资源丰富,产业结构偏向于重工业为主,能源消费高且能源结构呈高碳特征,同时为其他地区产业发展贡献了大量的初级能源产品,因此造成大量的隐含碳流入。具体来说,河北是中国的能源和工业大省,尤其是在钢铁、化工、水泥等高耗能行业占据重要地位。河北拥有丰富的煤炭资源,这些资源不仅满足了本地的需求,还向全国其他地区输出大量能源和原材料。由于河北承接了大量外省转移来的高耗能产业,因此从其他省份进口了大量初级能源产品,导致隐含碳排放净流入。山东是中国的重要工业基地,石油、煤炭资源丰富,同时也是全国最大的化工和制造业中心之一。山东不仅需要大量的能源供给,还向全国其他地区提供工业产品,这种能源密集型产业结构使得山东在生产过程中吸收了大量外部输入的能源产品,因此形成了巨大的隐含碳流入。内蒙古是中国的能源大省,特别是煤炭、天然气等矿产资源极为丰富。同时,内蒙古的电力生产特别是煤电产量巨大,向全国多个地区输送能源。内蒙古的产业结构高度依赖能源开发和重工业,能源消耗巨大,因此从其他省份获得了大量初级能源产品,导致隐含碳排放净流入。山西是中国的煤炭生产大省,煤炭资源丰富,长期以来主要以煤炭开采和相关的重工业为主导产业,向全国其他地区提供了大量煤炭及其制品。由于重工业和能源开发占据主导地位,山西需要大量外部资源和能源投入,导致了隐含碳流入的增加。综合来看,中国净碳排放转移总体呈现从东向西及从南向北的分布,再一次印证了中国省区间存在不合理、不平衡的碳排放转移结构。

总的来看,中国省际贸易碳转移与各地的资源禀赋、经济发展水平、价值链分工及能源和产业结构密切相关。发达省份（如北京、上海、广东），通过消费其他地区的重工业产品，将碳排放转移出去，缓解了本地的碳减排压力。而经济较为落后的资源型省份（如河北、内蒙古、山西），产业结构以能源工业为主，在贸易方面为发达省份提供工业品消费，承接了很多高排放的产业，虽然有利于推动本地的经济发展，但是增加了本地的碳排放压力。因此，不同省份的产业结构是影响碳转移特征的关键因素。一些省份的产业结构更加依赖高碳排放的行业，如重工业、石油化工和电力等。这些省份在贸易中通常会向其他省份输出高碳排放产品，从而形成净碳转移。相反，一些省份的产业结构更加偏向服务业和高技术产业，其碳转移特征可能偏向净碳吸纳。同时，中国的区域经济发展不平衡也对碳转移特征产生影响。经济相对发达的省份通常具有更高的消费水平和能源需求，而相对落后的省份则更多承担了生产和出口的角色，导致贸易碳转移的产生。此外，政策和措施对省际贸易碳转移也具有一定的影响。例如，环境政策和碳市场的建立可以改变不同省份间的碳转移格局。政府对碳排放的限制和减排政策的实施可能会影响贸易碳转移行为。

第六章
中国省际贸易碳转移不公平性研究

第六章
中国省际贸易碳转移不公平性研究

本章将在把握中国省际贸易碳转移特征的基础上,考虑省际贸易引致的增加值转移,揭示贸易引致的经济收益与环境成本的不对等关系,对中国省际贸易碳转移的不公平性进行研究,为实施贸易碳排放责任分担及生态补偿的必要性提供理论依据。本章将中国省际贸易隐含的碳转移和增加值转移同时纳入考虑中,对比分析不同地区的碳排放和增加值的净流出(入),揭示各省份在价值链上的分工差异。同时,基于碳排放和增加值净转移矩阵构建贸易碳转移不公平性指数,分析中国省际碳转移不公平性的静态分布特征和动态演化趋势。

6.1 中国省域碳排放和增加值对比分析

6.1.1 中国省域增加值核算

基于贸易增加值拓展的中国 MRIO 模型及相关数据,本书测算了 2002、2007、2012 和 2017 年中国 30 个省市自治区之间的省际贸易引致的增加值转移量,并以转移矩阵的形式呈现出来,具体结果列于附表 C1—C4。进一步计算出 2017 年间各省份的生产端和消费端增加值,结果如图 6.1 所示。可以看出,无论从生产端还是消费端,广东、江苏、山东是增加值产出最大的三个省份,这三个省份在生产端的增加值分别为 88.6 千亿元、85.8 千亿元、72.2 千亿元,在消费端的增加值分别为 66.0 千亿元、61.5 千亿元、52.5 千亿元。实

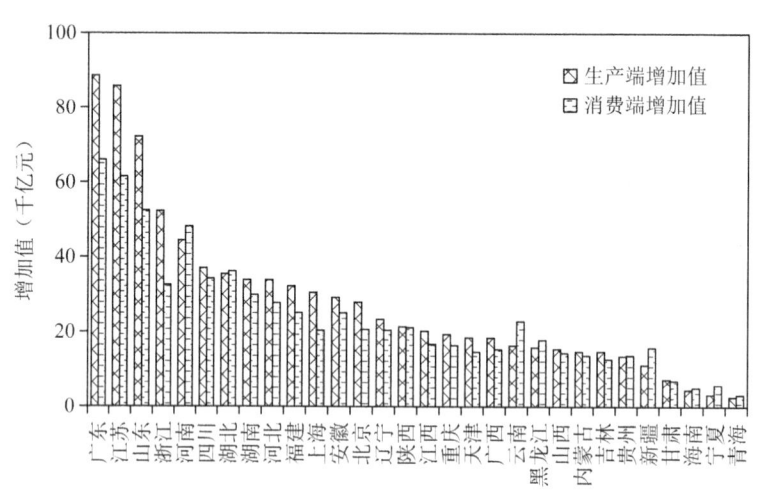

图 6.1 2017年中国省域生产端和消费端增加值

际上,广东、江苏、山东经济总量位居中国前三。一方面它们制造业发达,为其他地区提供产品消费,生产端增加值大;另一方面这三个省份人口稠密、需求旺盛,人均消费规模大,从而使得消费端增加值也大。具体来说,广东是中国最发达的省份之一,经济总量和工业生产规模巨大,制造业尤其发达,涵盖了电子、汽车、家电等高附加值产业,这使得广东在生产端创造了巨大的经济价值。作为人口大省和经济中心,广东的消费市场规模庞大,居民收入水平较高,消费需求旺盛,推动了消费端的高增加值。江苏是中国的重要工业基地,拥有完善的制造业体系,尤其在机械、化工、电子等领域,江苏创造了大量的生产端经济价值。江苏的经济发展水平高,城市化率高,居民消费能力强,因此在消费端的增加值也非常突出。山东是中国经济大省,既有发达的工业基础,又是重要的农业生产区,这使得山东在生产端拥有较高的经济增加值。随着经济的发展,山东的消费市场不断扩大,居民收入水平提高,推动了消费端的增加值增长。经济发达的省份往往不仅在生产端创造了大量的经济价值,而且在消费端也展现出强大的市场需求,这种互动关系反映了经济发展和社会繁荣之间的正反馈机制。广东、江苏、山东作为中国经济较发达的省份,它们的高生产端增加值为当地创造了大量的财富和就业机会,这反过来又提升了居民的消费能力,进一步推动了消费端的增加值增长。这种生产和消费的协调发展为其他地区提供了成功的经验和借鉴。除此以外,对于大多数省份来说,它们的生产端增加值大于消费端增加值,这主要是因为中国是

第六章
中国省际贸易碳转移不公平性研究

出口大国,出口产品的生产创造了可观的增加值产出。而且,这种现象在发达省份更加明显,例如,广东、江苏、山东、浙江、上海、北京的生产端增加值显著大于消费端增加值,不过这还要归功于这些地区较为发达的产业结构,它们向其他地区提供了大量的电子信息等高附加值产品。

另外,对于一些欠发达地区而言(如河南、云南、新疆、宁夏、青海),它们的生产端增加值与消费端增加值差别不大,甚至还小于消费端增加值,这主要是因为这些地区的产业结构较为落后,向外输出的大都是农业等低附加值产品,而从发达地区购买高附加值产品,从而导致消费端增加值较大。欠发达地区的经济结构以农业和初级产品为主,产业发展水平较低,农业和其他初级产业通常创造的经济附加值较低,因此这些地区在生产端的增加值相对较小。河南、云南、新疆、宁夏、青海等地区向外输出的大多是农业产品和其他低附加值的原材料,这些产品虽然在生产过程中消耗了大量的资源和劳动,但由于市场价值较低,导致这些地区的生产端增加值较低。同时,这些欠发达地区需要从经济发达地区购买高附加值的工业产品、消费品和技术服务。例如,发达地区生产的电子产品、汽车、机械设备等,这些产品在生产过程中产生了高附加值,当它们被欠发达地区购买并消费时,增加了消费端的经济价值,这种现象反映了中国区域经济发展的不平衡性。欠发达地区在生产端增加值较低,但却依赖于从发达地区输入高附加值产品来满足消费需求,这导致了消费端增加值相对较大。

中国省际贸易增加值转移是指在中国各省份间进行的经济交流和贸易活动中,增加值从一个省份转移到另一个省份的现象。这种转移通常表现为一些地区在生产环节承担较高的成本和环境压力,而另一些地区则通过加工和贸易环节获得了较高的经济增加值。总体而言,中国省际贸易增加值转移是多种因素综合作用的结果,包括区位优势、产业分工、供应链和产业链形成、劳动力成本和技术差异,以及政策支持和投资环境等:(1)区位优势和产业分工。中国各省具有不同的地理位置、资源禀赋和产业结构。一些地区由于拥有丰富的资源、优越的交通条件或特定的产业集群,具备了区位优势,这导致了产业分工的形成。一些地区主要从事初级生产或原材料供应,而另一些地区则专注于加工、制造或服务业。因此,在省际贸易中,增加值常常从资源丰富的地区转移到加工和制造业发达的地区。(2)跨省供应链和产业链。随着中国经济的发展和产业链的完善,跨省供应链和产业链的形成促进了增加值的转移。一些省份专注于提供关键的零部件、原材料或中间产品,而其他省份则负责加工和组装最终产品。这种分工使得增加值在不同省份之间流动,贸易中的增加值转移成为常见现象。(3)劳动力成本和技术差异。中国各省的劳动力成本和技术水平存在差异。一些地区劳动力成本较低,但技术水平相对较低,更适合从事劳动密集型产业;而另一些地区劳动力成本较高,但拥有更先进的技术和生产能力,更适合从事技术密集型产业。这种差异促使了增加值在不同省份之间的转移。(4)政策支持和投资环境。不同地区的政府在产业发展、贸易促进和外资引入方面的政策支持和投资环境也会影响增加值的转移。一些地区通过优惠政策、税收减免和基础设施建设等措施吸引外资和外商投资,从而吸纳了更多的增加值。同时,政府对特定产业的扶持和引导也会影响增加值的分布和转移。

6.1.2 碳排放和增加值净流出(入)对比

根据碳排放和增加值的净流出(入)情况,可以将中国 30 个省份分为四类,如图 6.2 所示,第Ⅰ类省份位于右上象限,其特征为碳排放净流入和增加值净流入;第Ⅱ类省份位于左上象限,其特征为碳排放净流出而增加值净流入;第Ⅲ类省份位于左下象限,其特征为碳排放净流出和增加值净流出;第Ⅳ类省份位于右下象限,其特征为碳排放净流入而增加值净流出。

第Ⅰ类包含 6 个省份,具体为江苏、福建、广西、安徽、河北、山东,这些地区通过为其他省份提供产品消费而承接碳排放,并同时在贸易过程中也获得相应的经济利益补偿。比如山东为其他省份提供消费产品,净流入碳排放 287.8 百万吨,同时也获得 7 730.0 亿元的经济收益。这些省份大多以工业生产和制造业为主导,通过向其他省份输出消费产品(如工业品、消费品等),这些地区在生产过程中消耗了大量能源,产生了较高的碳排放。它们在全国经济中占据重要位置,在全国范围内的碳排放转移中扮演了关键角色。它们不仅通过贸易承接了其他地区的碳排放,同时也通过获得的经济收益在一定程度上补偿了因环境污染和资源消耗带来的成本。

第Ⅱ类包含 9 个省份,具体为浙江、上海、北京、湖南、重庆、江西、天津、吉林、四川,这些地区在省际贸易过程中通过消费其他省份的高排放产品实现虚拟水净转出,同时向其他省份提供低排放、高附加值的产品,从而获取经济贸易顺差,实现经济受益。例如,上海通过省际贸易向其他省份净流出了

第六章
中国省际贸易碳转移不公平性研究

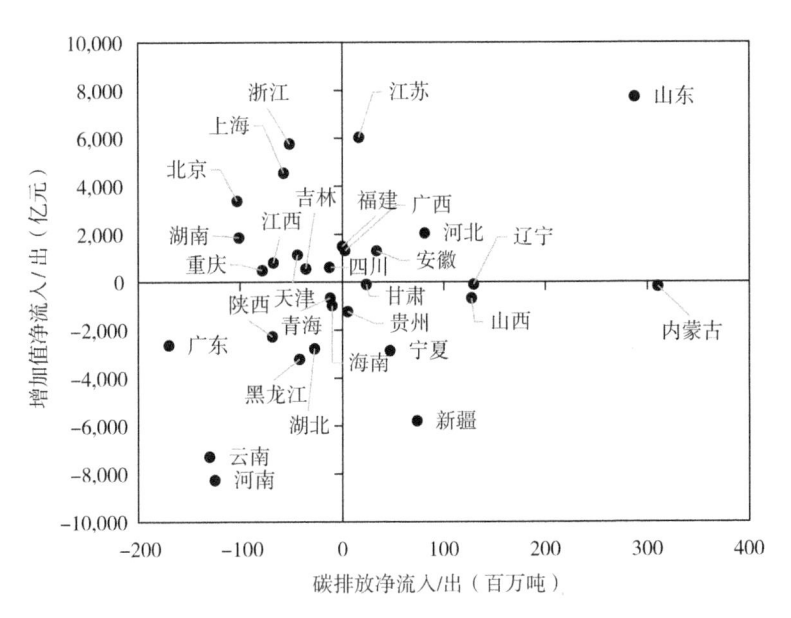

图 6.2 2017 年中国 30 个省份碳排放和增加值净流出(入)关系

57.3百万吨的碳排放,同时由于自身产业结构优势,从其他省份净获得了4 546.4亿元的增加值。同样地,北京通过省际贸易中净转出102.7百万吨碳排放,并净获得3 382.9亿元的增加值。这两个地区具有发达的第三产业(如金融、科技、服务业)和高附加值制造业(如电子产品、精密仪器等),这些产业在生产过程中产生的碳排放较少,但能够创造显著的经济价值。它们通过进口其他地区生产的高碳产品(如重工业产品、能源密集型产品),享受了这些产品带来的经济效益,但由于这些产品在其他省份生产,实际的碳排放被转移到生产地。这种现象表明,碳排放与经济收益在区域间呈现出一定程度的分离,导致环境压力集中在生产端而非消费端。这种资源利用与经济受益的分配方式,进一步加剧了区域间经济发展的不平衡。

第Ⅲ类包含8个省份,具体为广东、陕西、青海、黑龙江、湖北、云南、河南,这些地区通过消费其他省份的产品实现碳排放净转出,同时也在贸易过程中转移出了经济效益。例如广东向其他省份净转出169.6百万吨的碳排放,同时也通过贸易净流出2 626.7亿元的增加值。这些省份面临着发展经济与保护环境之间的矛盾,它们通过贸易将碳排放转移出去,降低了本地的环境压力。但是,这也限制了它们通过高碳产业获取经济收益的能力,在经济上处于劣势,导致经济效益净流出。

第Ⅳ类包含7个省份,具体为新疆、宁夏、陕西、内蒙古、甘肃、贵州、辽宁,这些地区通过为其他省份提供产品消费而接收碳排放,但同时也在贸易过程中转移出了经济效益。例如,新疆通过省际贸易从其他地区净转入73.3百万吨的碳排放,但同时遭受贸易逆差,净流出5 798.4亿元的增加值。这些省份的经济结构通常以资源密集型产业为主,包括能源开采、重工业、矿产加工等,这些产业对能源和原材料的需求量大,导致生产过程中的碳排放量高,不过这些产品往往是初级产品或低附加值产品,虽然对其他地区有重要的经济和工业支持作用,但由于其市场价值低,无法带来足够的经济收益,同时由于出口产品单一和产业劣势,需要进口其他省份的低排放、高附加值产品满足自身消费。这导致这些省份在贸易中,尽管承接了大量的碳排放,但经济效益却无法得到充分的补偿。环境压力与经济弱势的结合,使得这些地区在可持续发展方面面临巨大挑战。随着国家对碳排放控制的加强,这些省份可能面临更大的环保压力,如何在维持经济增长的同时减少碳排放,是一个亟待解决的问题。

总体看来,在中国30个省市自治区开展省际贸易过程中,北京、上海等发达省份通过消费其他地区的高排放、低附加值的产品,净转出了碳排放,同时由于产业结构具有显著优势,通过高附加值、低排放的高新技术产品及生产性服务业获得了贸易上的顺差,在贸易过程中实现了增加值的净转入,从而又获得了经济收益。而内蒙古、陕西等能源资源型省份由于产业结构劣势,主导产业产品属于低附加值、高排放的产品,因此在贸易过程中导致碳排放净流入,而净转入的增加值相对于净流入的碳排放来说则小得多,因而导致这些地区在贸易中获得的经济收益与付出的环境成本不对等。更有甚者,对于某些内陆欠发达省份来说,例如新疆、宁夏等省份,不仅净流入了碳排放,还造成了经济收益的损失。可以看出,中国省际贸易隐含着显著的碳转移不公平现象,即经济收益与碳排放不对等的现象。

6.2　中国省际碳排放和增加值净转移分析

6.2.1　净转移矩阵结果

本节研究了中国30个省市自治区之间的碳排放和增加值净转移矩阵的格局。将2017年的净转移矩阵结果以棋格图的形式表示出来(图6.3),图

6.3(a)表示碳排放净转移矩阵,图 6.3(b)表示增加值净转移矩阵。在净转移矩阵中,每两个省份之间均会有两个棋格,两个棋格均为一正一负两个值,且绝对值相等。剔除了负值后(以白色棋格表示),每个有颜色的棋格表示横纵相交的两个省份的碳排放和增加值的净转移正值,即横向省份向纵向省份的净转移量,颜色越深表示净转移量越大。

从图 6.3(a)可以看出,内蒙古是省际贸易隐含的碳排放净流入最大的省份(315.1 百万吨),占中国省域碳排放净流入量的 17%。其次,山东、河北、辽宁、山西的碳排放净流入量也非常可观,分别达到 287.8 百万吨、154.4 百万吨、136.7 百万吨、133.1 百万吨,所占比重分别为 16%、8%、8%、8%。可见,这五个省份的碳排放净流入合计占中国的一半以上,是中国省际贸易碳排放转移流的主要承接地。另外,广东是碳排放净流出最大的省份(181.1 百万吨),占中国碳排放净转移量的 10%,其中流向广西的碳排放最大,达到 36.9 百万吨。其次,河南、云南、湖南、浙江的碳排放净流出量也较为可观,分别为 145.9 百万吨(8%)、129.6 百万吨(7%)、116.0 百万吨(6%)、111.0 百万吨(6%)。上述五个省份合计占中国碳排放净流出的 37%。从碳排放净转移流角度看,主要的净碳转移发生在相邻省份之间,例如河北→内蒙古(39.8 百万吨)、浙江→江苏(33.9 百万吨)、浙江→安徽(30.2 百万吨)、河南→山东(32.4 百万吨)及广东→广西(36.9 百万吨)。这主要得益于距离相近带来的交通便利性,促使相邻省份之间的产业转移和贸易活动更加频繁。

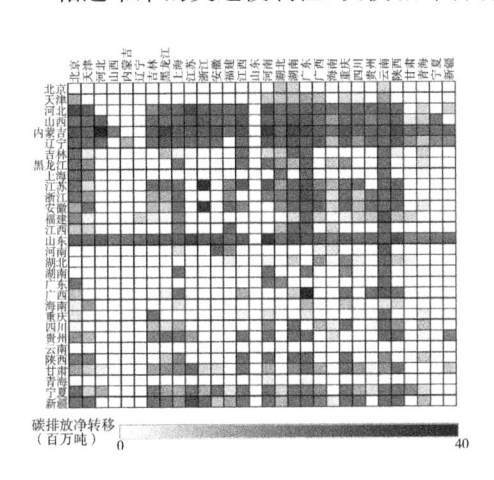

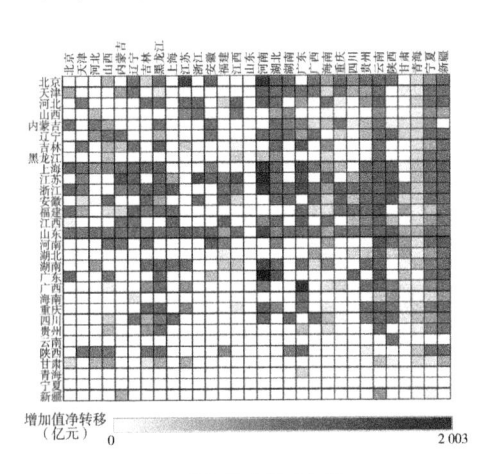

(a) 碳排放净转移矩阵　　　　　　(b) 增加值净转移矩阵

图 6.3　2017 年中国 30 个省域之间碳排放和增加值的净转移矩阵

从图 6.3(b)可以看出,江苏、山东、浙江是中国省际贸易增加值净流入最大的省份,分别为 8 402.5 亿元、7 730.0 亿元、7 708.5 亿元,这三个省份合计占中国增加值净流入量的 31%。而河南是增加值净流出最大的省份(10 975.7 亿元),占中国增加值净流出的 14%,其次,广东、云南、新疆的增加值净流出量也较为可观,分别为 7 551.7 亿元(9%)、7 420.7 亿元(9%)、5 946.2 亿元(7%),这四个省份的增加值净流出合计约占中国的 40%。

6.2.2 净转移对比分析

通过对比图 6.3 中的两张图片,可以看出,省域间的碳排放净转移和增加值净转移的源/汇存在显著的不相称现象。一方面,碳排放主要流向内蒙古、山西、河北、辽宁、新疆等地区,典型的碳转移流主要有河北→内蒙古(39.9 百万吨)、河南→山东(32.4 百万吨)、江苏→山东(24.3 百万吨)、北京→山东(20.3 百万吨)。另一方面,增加值主要流向东部沿海省份如江苏、浙江、山东、上海,典型的增加值转移流主要有河南→江苏(1 591.1 亿元)、广东→浙江(1 058.4 亿元)、河南→山东(1 006.9 亿元)、广东→上海(965.2 亿元)。从碳排放流动和经济增加值流动的方向可以看出,内蒙古、山西、河北、辽宁、新疆等地区承担了更多的环境负担(碳排放增加),而东部沿海省份则通过吸引经济增加值获得了更多的经济利益,这种逆向关系反映了经济发展和环境责任的不对等分布。东部沿海地区在改革开放中率先发展,逐步形成了以高科技、高附加值为核心的产业结构,使得它们能够在全国范围内积累经济收益。而中西部资源丰富的省份则因产业结构单一,主要依赖资源开发和重工业,承接了较大的碳排放,但未能在经济上获得相应的回报。

总体看来,碳排放由华东、华南地区向西北、东北地区转移,整体呈现出由东南向西北的转移态势,而增加值由西北、东北地区向华东、华南地区转移。图 6.3 直观显示出,碳排放和增加值净转移矩阵的热点分布不一致,相比于沿海发达地区向内陆欠发达地区净转移的碳排放,沿海发达地区向内陆欠发达地区净转移的增加值则要小得多。沿海发达地区与内陆欠发达地区开展贸易过程中,将本应承担的碳负担转移到内陆欠发达地区,但是仅付出了较少比例的增加值作为代价,甚至一些发达省份(例如北京、上海等)基于自身产业优势和区位优势,反而在贸易过程中获得了经济收益,说明贸易引致的环境成本和经济收益存在不对等现象。

第六章
中国省际贸易碳转移不公平性研究

中国省域间贸易引致的环境成本与经济收益的不对等问题是一个复杂的议题，一方面，一些省份在贸易过程中承担了更多的环境成本。由于环保标准和监管的差异，一些省份可能更容易实施高污染、高排放的产业和生产方式。这些省份在生产过程中所产生的环境污染和资源耗费可能会导致环境成本的增加，而这部分环境成本往往不被充分计入经济收益中。另一方面，一些省份在贸易中获得了较高的经济收益。通过承接其他省份的产业转移和外来投资，一些省份的经济发展受益良多。这些省份通常能够获得更多的就业机会、税收收入和经济增长，从而实现经济收益的提升。然而，这种贸易引致的环境成本与经济收益的不对等问题可能加重区域不公平性，影响中国碳减排及高质量发展目标。

6.3 中国省域碳转移不公平性分析

6.3.1 不公平性评价结果

应用碳转移不公平性指数模型，计算出 2002 年、2007 年、2012 年和 2017 年间中国 30 个省份之间的贸易碳转移不公平指数，详细结果列于附表 D1—D4 中。图 6.4 显示了 2017 年中国碳转移不公平性指数的结果。

从图 6.4 可以看出，30 个省份之间共存在 435 个区域对，从而可计算出 435 个不公平指数。在计算不公平指数时，所有区域对之间的碳排放净转移和增加值净转移可以分为两类情况：流向相同和流向相反。由上可知，由于不仅承受了碳减排压力（碳排放净流入），而且也没有得到经济上的补偿（增加值净流出），因此流向相反情况下的不公平程度肯定大于流向相同的情况，即不公平指数较小，其不公平指数的范围为 (0, 0.368]，而流向相同（即碳排放净流入，而增加值净流入）的不公平指数的范围为 (0.368, 1]。碳转移不公平性最小的省域间净转移为江西→河北（0.998）、浙江→河北（0.996）、海南→安徽（0.980）、陕西→广西（0.977）、云南→贵州（0.976）、吉林→重庆（0.971），而碳转移不公平性最大的省域间净转移为上海→吉林、上海→河南、浙江→江西、广东→四川、湖北→贵州，它们的不公性指数均近似为 0。

事实上，中国各省份之间存在着经济发展水平的差异。一些发达省份拥有更多高碳排放产业，而一些欠发达省份则相对较少。这导致碳排放在各省

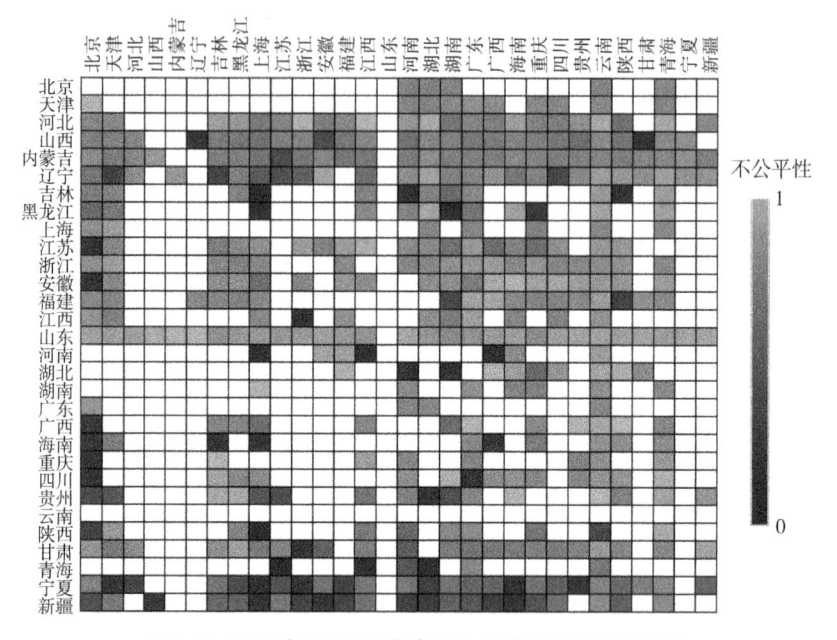

图 6.4 2017 年中国 30 个省份之间碳转移不公平指数

份间的分布不均衡，造成了碳不公平性。同时，贸易活动在不同省份之间引起了碳排放的转移。发达省份往往通过从欠发达省份进口商品来满足其需求，但这也间接导致了欠发达省份的碳排放增加。这进一步加剧了碳不公平性，使发达省份在减排过程中转嫁了部分排放负担给其他省份。为了缓解贸易活动所引起的碳排放不公平，并促进中国的可持续发展，通过引入补偿机制，可以解决碳不公平性，确保各省份在减排和可持续发展方面有相对公平的机会。中国省际贸易碳补偿机制可以激励低碳转型和减排措施的采取。通过向欠发达省份提供经济支持，如补偿资金、技术转让和培训等，可以促进这些省份的低碳发展，减少碳排放，实现可持续发展目标。通过在市场上建立碳交易机制，发达省份可以将减排成本转化为经济回报，从而激励低碳技术的发展和应用。同时，欠发达省份可以通过减排措施和碳交易获得经济收益，从而推动其低碳转型。总体而言，通过引入补偿机制来解决贸易活动所引起的碳不公平性，可以促进低碳转型和可持续发展，并实现资源的有效配置，这也是本书第七章和第八章的主要内容。

6.3.2 不公平性分布与演化分析

图 6.5 显示了 2017 年中国贸易碳转移不公平性指数的分布与分类情况，可以看出，279 个区域对属于流向相同的情况，大约占所有区域对的 64%，它们的碳转移不公平指数大于 0.368，而 177 个区域对属于流向相反的情况，占比约为 36%，它们的不公平指数小于 0.368。在第一类省域对中（碳排放和增加值流向相同），不公平性指数较大（即碳转移不公平性较小）的情况主要发生在经济发展水平相当的省域之间，如北京→天津(0.914)、福建→湖北(0.901)、湖北→河北(0.948)。在经济发展水平相当的省域之间，碳排放与经济增加值的转移相对平衡。这些省份的经济结构、产业基础和生产能力较为接近，因此在贸易中，一个省份虽然转移了碳排放，但也获得了相应的经济补偿，使得不公平性指数较大。这意味着在这些省份之间，碳转移和经济补偿达到了相对的平衡状态，没有一方在环境或经济上明显受损。相反，如果两个省份之间的经济发展水平存在显著差距，那么碳排放的转移往往会伴随着经济不公平性。例如，经济较发达的省份可能会将高碳排放的生产环节外包给经济较落后的省份，而自身则获得较高的经济收益，从而加剧碳转移不公平性。

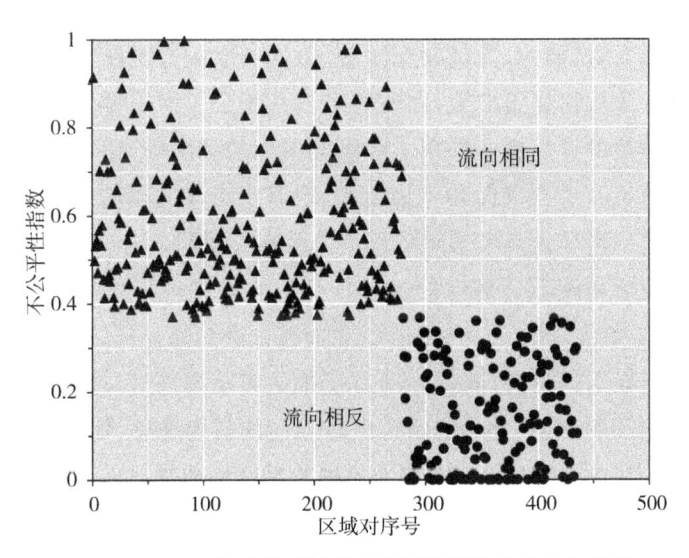

图 6.5　2017 年中国碳转移不公平性指数的分布与分类

针对第二类区域对(碳排放和增加值流向相反),省域对的不公平性指数结果有北京→吉林(0.278)、北京→辽宁(0.185)、上海→广西(0.147)、上海→贵州(0.089)。可以看出,该类情况主要发生在发达省份向欠发达省份的碳转移过程中,表明很多欠发达地区在承担了碳排放成本的同时,并没有获得任何经济上的补偿。相反,由于欠发达地区产业结构和竞争力上的劣势,反而在与发达地区贸易过程中向发达地区转移了增加值。欠发达地区的产业结构通常以低附加值产业为主,缺乏高科技和高附加值的产业支撑,这使得它们在与发达地区的贸易中,难以获得相应的经济回报。经济较发达的省份可能会将高碳排放的生产环节外包给经济较落后的省份,而自身则获得较高的经济收益,从而加剧碳转移不公平性。欠发达地区不仅未能从碳排放的承接中获得补偿,反而由于经济结构的弱势,将更多的经济利益转移给了发达地区,这种严重失衡导致产生极低的不公平性指数,表明碳转移过程中存在显著的不公平性。

为了揭示中国碳转移不公平性的变化情况,进一步绘制2002年、2007年、2012年和2017年碳转移不公平指数的箱线图,结果如图6.6所示。可以看出,中国碳转移不公平性水平虽然有所波动,但是整体保持相对稳定的状态,即中国省际贸易碳转移不公平性问题在2002—2017年间并没有得到显著改善。这表明尽管中国在这段时间内经济快速发展,并且实施了多项环境保护政策,如推广清洁能源、实施碳交易等,但这些措施在消除或减少碳转移不公平性方面并未取得显著成效,在改善碳转移不公平性方面的效果有限。这可能是因为政策的重点更多放在了全国范围内的碳减排上,而对于如何在区域之间公平分配碳排放责任和经济收益,缺乏针对性的措施。因此未来碳减排政策的制定中需要重点考虑碳转移不公平性的问题。

中国省域贸易碳不公平性的分布特征主要受到经济发展及产业分工的影响:(1)贸易角色差异。中国各省份之间存在着贸易差异,部分省份在贸易中扮演着出口导向的角色,而另一些省份则更多承担着进口的角色。贸易差异导致了省域间碳不公平性的分布,出口导向的省份往往承担了较高的碳排放责任。(2)贸易结构差异。不同省份的贸易结构也是碳不公平性的成因之一。一些发达省份和特大城市的贸易结构更多涉及高碳排放的行业,如重工业、石油化工和电力等。这些省份在贸易中通常向其他省份出口高碳排放产品,从而导致碳不公平性的存在。(3)产业结构差异。不同省份的产业结构

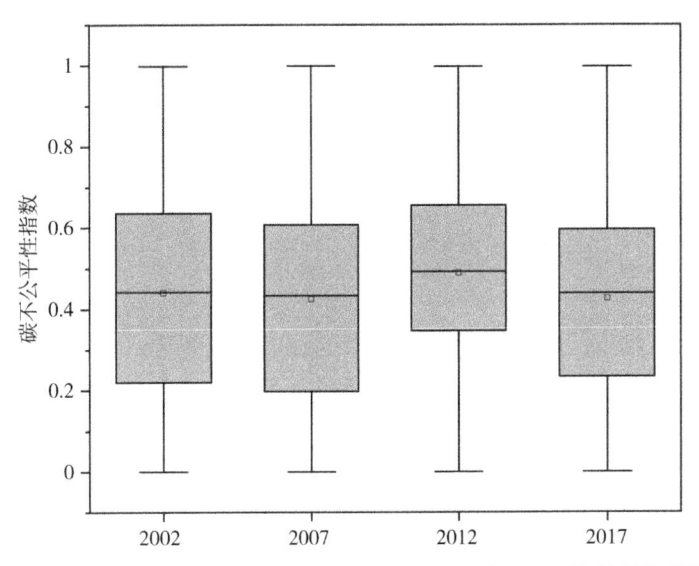

图 6.6 2002 年、2007 年、2012 年和 2015 年中国碳不公平指数的箱线图

差异也是碳不公平性的成因之一。一些发达省份和特大城市拥有高碳排放量的产业，而一些相对欠发达的省份主要依赖农业和轻工业，其碳排放量较低。贸易中涉及的产品和服务往往与各省份的产业结构密切相关，从而导致碳不公平性的分布。（4）区域经济发展不平衡。中国的区域经济发展不平衡也是导致贸易碳不公平性的一个因素。一些发达省份和特大城市经济发展水平相对较高，贸易规模较大，其贸易碳排放量较高。相比之下，一些相对欠发达的省份经济发展水平较低，贸易规模较小，其贸易碳排放量相对较低。

第七章
中国省际贸易碳排放责任分担研究

第七章
中国省际贸易碳排放责任分担研究

对贸易碳排放责任进行公平共担,可以使各地在贸易中实现责任与受益一致的公平性目标,并消除不同地区在对贸易碳排放责任认定方面的分歧,调动各地的减排积极性,为此,本章从责任与收益对等原则出发,同时考虑贸易中的经济收益与环境成本,对2002—2017年中国省际贸易碳排放进行责任分担,提出中国省际贸易碳排放责任分担研究方案,并对排放责任的时空特征及结构组成进行分析。

7.1 碳排放责任核算与时间特征

7.1.1 碳排放责任时间变化趋势

图7.1显示了2002—2017年中国七大区域省际贸易碳排放责任变化趋势。可以看出,七大区域的贸易碳排放责任在2002—2017年都经历了显著的增长,这主要归功于中国省际贸易碳排放量在该阶段的快速增长。不过,不同区域的碳排放责任增幅有所差异。华东地区的贸易碳排放责任增长最多,从3.2亿吨增长到14.6亿吨,累计增长了11.4亿吨(356%),其次是华北地区,在2002—2017年累计增长了6.4亿吨。其余五个区域(华中、东北、西南、西北、华南)的碳排放责任增幅相当,分别增长了4.1亿吨、3.7亿吨、3.4亿吨、3.6亿吨、3.3亿吨。总体而言,各区域碳排放责任的增加主要是由于经济的快速发展和工业化进程的加速,制造业、基础设施建设、能源消耗等活动

显著增加了碳排放。同时,随着中国经济一体化程度的提高,省际贸易日益频繁,不过,由于产业分工差异,不同地区承担的碳排放责任也有所不同。沿海发达地区位于价值链下游,产业结构以高新技术、服务业为主,通过省际贸易转移碳排放量并获得经济利益,从而在贸易中需要承担更多的碳排放责任,而且碳排放责任的增幅也更大;而内陆的工业地区煤炭、石油等矿产资源丰富,产业结构偏向于重工业,能源消费高且能源结构呈高碳特征,同时为其他地区产业发展贡献了大量的初级能源产品及工业品消费,承担了大量的隐含碳流入,但是却没有获得相当的经济回报,因此这些地区在贸易中的碳排放责任较小,增幅也较小。

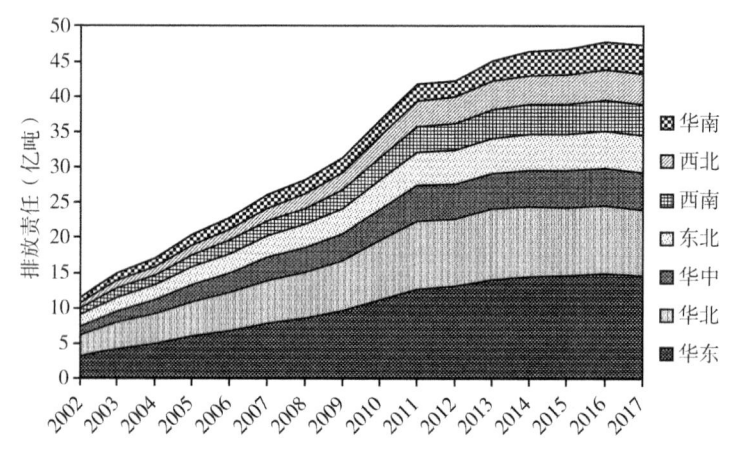

图7.1　2002—2017年中国七大区域省际贸易碳排放责任变化趋势

可以总结出,中国七大区域的碳排放责任特征主要受经济结构、能源消耗、人口分布和政策导向等因素的影响,具体而言:(1)经济结构和产业布局。不同区域的经济结构和产业布局对碳排放责任产生影响。华北和东北地区以重工业和能源密集型产业为主,因此它们在碳排放方面承担较大责任。华东地区有发达的制造业和出口导向型产业,同样贡献较高的碳排放量。而华中、华南、西南和西北地区则相对较少依赖于重工业,其碳排放责任相对较低。(2)能源消耗和能源结构。能源消耗和能源结构的差异也导致不同区域的碳排放责任不同。华北和东北地区依赖于大量的煤炭消耗,煤炭燃烧释放的二氧化碳是主要的排放源。相比之下,华东地区在能源结构上更加多样化,包括煤炭、油气和可再生能源。华中、华南、西南和西北地区在能源消耗和能源结构上也有所差异。(3)人口分布和城市化水平。人口分布和城市化水平对碳排放责任也会产生影响。人口密集的地区通常会有更多的能源消耗和碳排放,因为人们的生活、出行和生产活动会产生更多的温室气体排放。大城市的碳排放往往较高,因为城市通常集中了产业、交通和人口。(4)资源利用和环境政策。不同区域的资源利用和环境政策对碳排放责任的分布也产生一定影响。一些地区可能更注重环境保护和碳减排,推动可再生能源的发展和能源效率的提高,从而减少碳排放。然而,一些地区可能受到资源限制和发展压力的影响,碳排放责任较高。

7.1.2 排放责任比较验证

王文治[224]基于CEADs编制的中国MRIO模型和碳排放清单,考虑省际贸易隐含的利益因素与各省域的技术减排贡献,对中国省域贸易碳排放责任进行了分担。图7.2对比了本书中基于"责益对等原则"的贸易排放责任分担方案与王文治基于"受益原则"下的方案,可以看出,两个方案下的中国省域排放责任的分担结果基本一致(相关性显著,见表7.1)。不过,仍有一些省份如内蒙古、江苏、山东、广东的排放责任在两种方案下存在较大差异,这可能是由于两个研究所用的基础数据来源不同所导致的,王文治所用的MRIO表来自CEADs,而本书中所用的MRIO表源于李善同等[220]的研究成果。值得一提的是,虽然王文治已提出与本文类似的排放责任分担方案,但是并没有

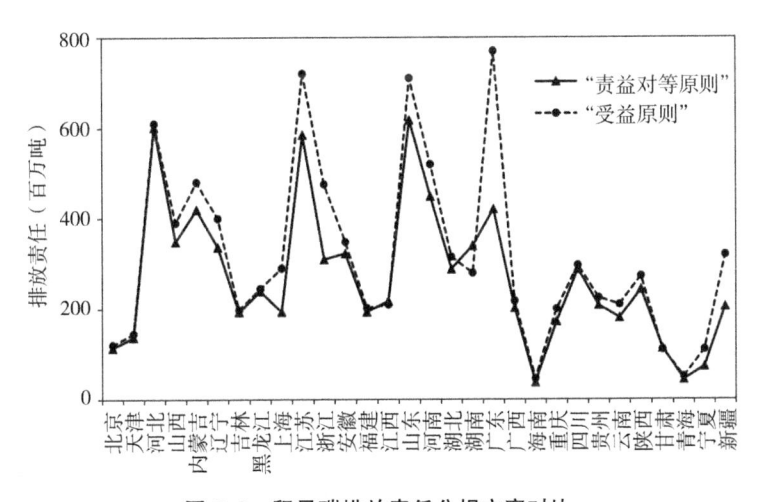

图7.2 贸易碳排放责任分担方案对比

表 7.1 排放责任分担方案相关性分析结果

		"责益对等原则"	"受益原则"
"责益对等原则"	皮尔逊相关性	1	0.937**
	显著性(双尾)		0
	个案数	30	30
"受益原则"	皮尔逊相关性	0.937**	1
	显著性(双尾)	0	
	个案数	30	30

注：** 在 0.01 级别(双尾)，相关性显著。

给出更具体的实施路径，不利于排放责任分担的实现，而本书在此基础上设计出中国省际贸易碳排放补偿机制，为贯彻落实责任分担方案提供了方法参考，并在补偿实践中激发协同减排效应，助力实现全国减排目标。

7.2 碳排放责任空间差异分析

7.2.1 碳排放责任区域分布特征

从碳排放责任来看，区域差异显著。如图 7.3 所示，山东、河北、江苏、河南、广东、内蒙古的贸易碳排放责任最大，比重分别达到 7.6%、7.4%、7.2%、5.5%、5.2%、5.2%，而最小的 5 个省份(北京、甘肃、宁夏、青海、海南)的贸易碳排放责任占比合计只有 4.7%，其中宁夏、青海、海南的占比更是小于 1%。造成贸易碳责任区域差异明显的原因，主要在于经济体量、产业结构、人口数量的差异，工业越发达以及人口越稠密的省份往往具有较高的贸易碳责任。作为中国的传统工业大省，山东和河北拥有大量的重工业，如钢铁、化工、水泥等，这些行业的碳排放量巨大，且这些省份的产品广泛出口到全国各地，导致它们承担了较大的贸易碳排放责任。内蒙古是中国重要的能源生产基地，尤其是煤炭、电力等能源密集型产业在全国占据重要位置，这些产业的产品出口到全国各地，使得内蒙古承担了较大的碳排放责任。江苏、广东是中国的经济强省，不仅制造业发达，而且消费水平高，在省际贸易中获得可观的经济收益，从而需要承担较高的碳排放责任。河南则是中国的人口大省，工业化进程迅速，生产端和消费端碳排放需求都较高。

第七章
中国省际贸易碳排放责任分担研究

从碳责任结构来看（图7.3），内蒙古、山东、辽宁、山西、宁夏的生产侧责任占比最高，分别达到70.0%、68.1%、61.0%、59.7%、59.3%，而北京、上海、广东、重庆、天津等17个省市的生产侧责任小于消费侧责任。生产侧责任较高的省份通常是能源密集型和重工业主导的地区，这些地区在为全国提供能源和工业产品的过程中，承担了大量的碳排放责任。内蒙古是中国的重要能源生产基地，尤其是煤炭、电力等能源产业占据主导地位。作为中国的工业大省，山东的经济结构以重工业和制造业为主，钢铁、化工、水泥等高耗能产业广泛分布。辽宁是中国东北的工业重镇，以钢铁、石化、机械制造等重工业为核心。山西是中国的煤炭大省，煤炭开采和利用是山西经济的支柱产业，但同时也给山西带来了巨大的碳排放压力。宁夏的经济依赖于能源和重工业，特别是煤化工、电力等行业，这些行业的碳排放量很大。相反，消费侧责任较高的省市多为经济发达、消费市场庞大的地区，它们通过消费外部产品和服务引发了较高的碳排放。作为中国的两大经济中心，北京和上海的经济结构以服务业和高附加值产业为主，这两个城市在生产中产生的碳排放较少，而由于其高度发达的消费市场，大量消费活动需要从其他省份引进产品和服务，从而导致消费侧责任高于生产侧责任。广东的经济结构虽然包括了大量的制造业，但随着经济转型升级，广东的消费能力大幅提升，其消费侧责任逐渐超过了生产侧责任。重庆和天津这两个直辖市也是中国重要的经济中心，随着城市化和消费水平的提升，它们的消费活动对碳排放的影响逐渐增加，导致消费侧责任超过了生产侧责任。

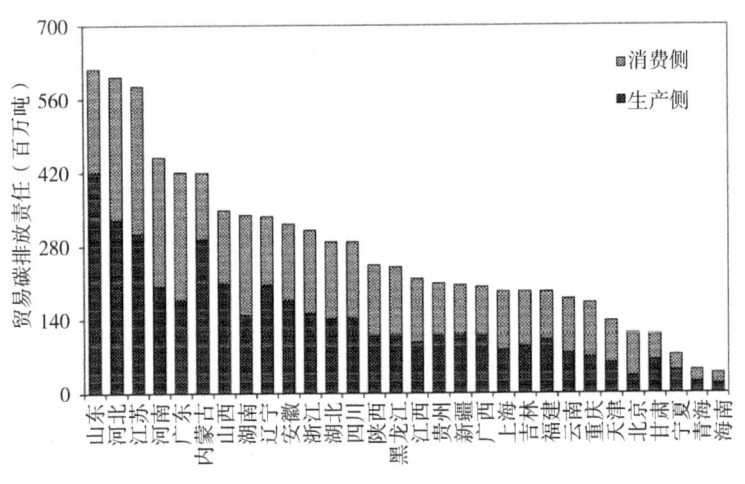

图7.3　2017年中国30个省份的贸易碳排放责任及结构组成

经济欠发达的内陆省份,产业结构以工业为主,具有较高的生产侧责任;而经济发达的沿海省份,人口稠密及生活水平较高,同时产业结构以服务业为主,位于生产价值链下游,从而具有较高的消费侧责任。由于沿海发达省份(如上海、广东等)人口密集,消费能力强,最终消费品的需求量大,因此这些省份在消费侧产生了较多的碳排放。根据"责任与收益对等"的原则,这些省份因消费带来的经济收益较高,理应承担更多的碳排放责任。内陆经济欠发达的省份,尽管在生产过程中产生了较高的碳排放,但由于这些地区的产品主要是供给其他省份或出口,而且这些产品的增加值较低,从贸易中获得的经济收益有限,因而承担的碳排放责任也较少。在遵循"责任与收益对等"原则的情况下,消费侧的省份将面临更严格的碳减排约束。由于这些省份的消费活动导致了较高的碳排放,并且它们从中获得了较多的经济利益,因此有责任采取更多的减排措施,包括推广绿色消费、减少高碳产品的使用、提高能源效率等。对于那些以生产为主但经济收益较低的省份,它们的碳排放责任可能会被适当减轻。这些地区可以通过优化产业结构、推动技术升级、发展清洁能源来降低碳排放,但在分配碳排放责任时,它们相对于消费侧省份的负担将较轻。

7.2.2 不同原则视角下对比分析

图 7.4 显示了生产者责任原则、消费者责任原则及公平共担原则下中国省域累积贸易碳排放责任。可以看出,在生产者责任原则下,河北、山东、内蒙古的贸易碳排放责任最大,这主要是因为这些地区煤炭、石油等矿产资源丰富,产业结构偏向于重工业为主,能源消费高且能源结构呈高碳特征,导致它们的生产端碳排放责任较大。在消费者责任原则下,广东、浙江、江苏、河南的贸易碳排放责任最大,这些地区均为经济、人口大省,消费需求旺盛,城市化进程快、水平高,大量基础设施建设导致大量的消费端碳排放,从而具有较大的消费端碳排放责任。

可以看出,中国省域的生产端和消费端碳排放责任存在显著差异,这些差异的成因可以归结为经济结构、能源结构、产业结构、消费行为、政策导向等因素的综合影响:(1) 产业结构和经济发展。碳密集型产业和能源密集型经济区域往往承担较大的碳排放责任,例如重工业区域和煤炭能源主导的地区。而消费者责任原则下,经济发展水平和消费需求更直接地影响碳排放责

第七章
中国省际贸易碳排放责任分担研究

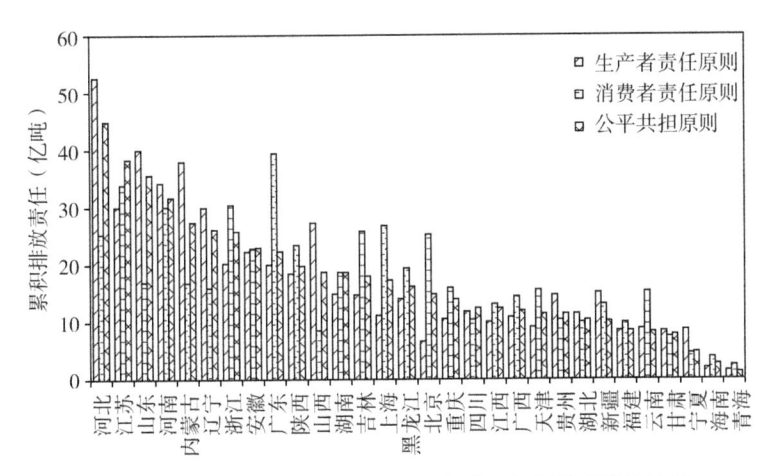

图 7.4　不同核算原则视角下中国省域累积贸易碳排放责任

任。经济较为发达和消费水平较高的省份往往有更高的消费导致的碳排放责任。(2) 供应链和贸易影响。生产者责任原则将贸易碳排放归因于生产地,而消费者责任原则将贸易碳排放归因于消费地。因此,在生产者责任原则下,省域的贸易活动可能导致碳排放在省际间的转移,贸易出口较多的省份可能承担更多的贸易碳排放责任。而在消费者责任原则下,省域的消费需求可能导致碳排放在省际间的转移,贸易进口较多的省份可能承担更多的消费导致的碳排放责任。(3) 环境政策和控制措施。在生产者责任和消费者责任原则下可能采取不同的环境政策和控制措施。在生产者责任原则下,政策可能更关注产业结构调整、能源效率提升和碳排放减少措施。而在消费者责任原则下,政策可能更关注能源消费行为的引导、低碳产品和服务的推广以及消费者行为的改变。

从公平共担原则来看,河北、江苏、山东、河南、内蒙古、辽宁、浙江、安徽、广东等 9 个省份的排放责任最大,它们各自在 2002—2017 年的累积贸易碳排放责任均大于 20 亿吨,合计碳排放责任为 275.0 亿吨,占全国累积贸易碳排放总量的 52%。而福建、云南、甘肃、宁夏、海南、青海的排放责任最小,它们各自在 2002—2017 年的累积贸易碳排放责任均小于 10 亿吨,合计只占全国碳排放总量的 6%。上述结果表明公平共担原则下的排放责任存在显著的区域差异特征,而且这主要是因为区域在经济水平、产业结构和人口密度等方面的差异。碳排放责任最大的 9 个省份承担了全国 52% 的累积贸易碳排放量,这些地区不仅是重要的经济贸易中心,也是碳排放的主要贡献者。公平共担原则要求这些省份承担更多的碳减排责任,以反映其经济收益与环境负担之间的对应关系。相反,碳排放责任最小的6个省份合计仅占全国碳排放总量的6%,这些地区由于经济发展水平较低,产业结构偏向于低碳排放,因而在全国碳排放责任中的占比较小。根据公平共担原则,这些省份的碳排放减排压力相对较轻。经济发达省份往往承担了较大的碳排放责任,这反映了它们在全国经济活动中的主导地位。然而,这也意味着这些地区在未来的碳减排中将面临更大的挑战。相对而言,经济欠发达的省份由于碳排放责任较小,在未来的低碳转型中承担的负担较小。对于大多数省份,公平共担原则下的排放责任介于生产者责任原则和消费者责任原则的排放责任之间,这主要是因为公平共担责任的分担方案是生产者与消费者原则的折中方案。

基于收益的碳排放责任分担方案是一种根据各方从碳排放活动中获取的经济收益程度来确定碳排放责任的分配方案。与其他责任分担方案相比,基于收益的方案更加关注经济效益和利益的分配,强调从碳排放活动中获得更多经济利益的一方负担更大的责任,更好地反映了碳排放活动对经济的影响。较高收益方负担更大的责任,促使其更积极地采取减排措施,从而实现经济和环境的双赢。通过基于收益的方案,将责任与经济利益挂钩,可以激励各方采取更多的减排措施。对于碳排放量较高、经济效益丰厚的行业或地区,分担更大的责任将鼓励它们加强技术创新和转型升级,降低碳排放量,促进低碳发展。基于收益的方案可以提供一定的公平性和透明度。责任分担的依据是经济收益,而非历史责任或能力水平等因素,更加客观和公正。各方的责任分担可以通过明确的指标和计算方法进行量化,提高透明度,减少争议和不公平的情况。

7.3 碳排放责任结构组成分析

7.3.1 排放责任区域组成

图7.5显示了生产者责任原则、消费者责任原则及公平共担原则下累积贸易碳排放责任的区域占比,其中图7.5(a)表示生产者责任原则,图7.5(b)表示消费者责任原则,图7.5(c)表示公平共担原则。可以看出,不同原则

第七章
中国省际贸易碳排放责任分担研究

下的中国省际贸易碳排放责任分担结果差异较大。生产者责任原则下,河北、山东、内蒙古占据主导地位,三者的占比分别为10%、8%、7%。河北、山东是中国的工业重镇,它们的经济发展高度依赖能源密集型产业,尤其是在钢铁、化工、水泥等高耗能行业,这些产业在生产过程中消耗大量的煤炭、电力等能源,产生了大量的碳排放。内蒙古是中国的主要能源生产基地之一,特别是煤炭和电力的生产,这些能源不仅满足了本地需求,还供应给全国其他地区。内蒙古的能源产业在生产过程中产生了大量的碳排放,因此在生产者责任下,内蒙古也承担了较高的碳排放责任。由于河北、山东、内蒙古的经济发展模式依赖于能源密集型产业,从而在"生产者原则"下,这些省份需要承担了更多的碳排放责任。

从图7.5(b)可以看出,消费者责任原则下,东南沿海地区(如广东、江苏、浙江)需要承担主要的碳排放责任(合计20%)。广东、江苏、浙江是中国经济最发达的地区之一,它们的GDP最高,人口稠密,城市化水平高,消费需求旺盛。这些地区通过消费大量工业产品来支持本地的经济和生活,尽管这些产品可能是在其他地区生产的,但在"消费者原则"下,最终的碳排放责任由消费地承担。东南沿海地区由于经济发达,消费能力强,通过省际贸易从其他地区购买了大量工业产品和服务,这些产品的生产过程虽然发生在其他省份,但消费行为最终发生在东南沿海地区,因此这些省份在"消费者原则"下承担了较大的碳排放责任。

从图7.5(c)可以看出,公平共担原则下,排放责任的区域分布更加均衡,既有传统工业高排放省份如河北、山东、内蒙古,也有消费水平高的发达省份如江苏、浙江、广东。因此,公平共担原则下的责任分配方案是一个更加易于接受的方案,避免了将大量的碳排放压力加到有限的几个省份,而是将减排压力分摊到更多的省份,从而有利于推动区域间合作减排。公平共担原则下的责任分配更加均衡,不会将大量的碳排放压力集中到少数几个省份,因此更容易被各省份接受,这种分配方式考虑了各地区的经济和社会状况,使得责任分配更加合理和公正。通过将减排压力分摊到更多省份,公平共担原则有助于减轻个别高排放省份的负担,避免让它们独自承担过多的减排责任。由于责任分配更加均衡,各省份之间更有可能进行合作,共同应对减排挑战。例如,高排放的工业省份可以与消费水平高的发达省份合作,通过技术转让、绿色金融等手段,共同推动低碳转型。

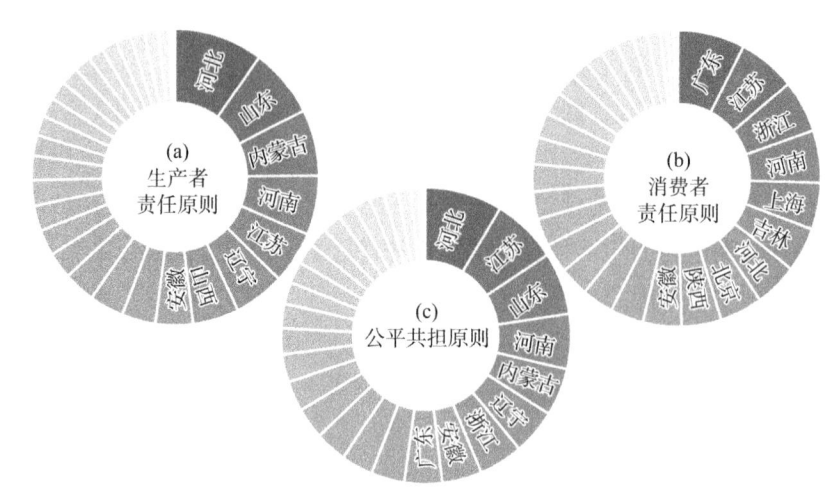

图 7.5　不同核算原则视角下中国省际贸易累积碳排放责任区域结构

7.3.2　排放责任结构特征

基于公平共担原则下的中国省际贸易碳排放责任分担模型,进一步可将各省域 2002—2017 年的累积碳排放责任分解为生产侧减排责任和消费侧减排责任占比,如图 7.6 所示。从图中可以看出,从左到右区域的生产侧责任占比逐渐下降,而消费侧责任占比逐渐上升。山西、山东、内蒙古、河北、宁夏、辽宁、贵州、湖北、河南、四川、甘肃、新疆、安徽、福建等 14 个省份的生产侧责任大于消费侧责任,其中,山西、山东、内蒙古、河北、宁夏的生产侧责任占比最高,分别达到 77%、72%、71%、69%、69%。江苏、广西、湖南、江西、陕西、黑龙江、浙江、重庆、云南、青海、天津、吉林、海南、广东、上海、北京等 16 个省份的消费侧责任大于生产侧责任,其中,北京、上海、广东、海南的消费侧责任最大,分别达到 77%、68%、64%、64%。经济欠发达的内陆省份,资源丰富、工业基础雄厚,能源密集型产业集中,这些地区通过大量的生产活动支撑了全国的经济发展,然而也因此承担了更高的碳排放负担,因而具有较高的生产侧责任;而经济发达的沿海省份,人口稠密、生活水平较高,同时产业结构以服务业为主,位于生产价值链下游,尽管本地生产活动产生的碳排放较少,但由于其强大的消费能力,间接引发了大量的碳排放,从而导致具有较高的消费侧责任。例如,沿海发达省份如广东、江苏、浙江等地区,消费侧责任较高,因为它们依赖于从其他地区进口工业产品和服务来满足本地的高消费需

第七章
中国省际贸易碳排放责任分担研究

求。同时一些欠发达地区的农业省份的消费侧责任也大于生产侧责任,这主要是因为它们自身的碳排放较小。

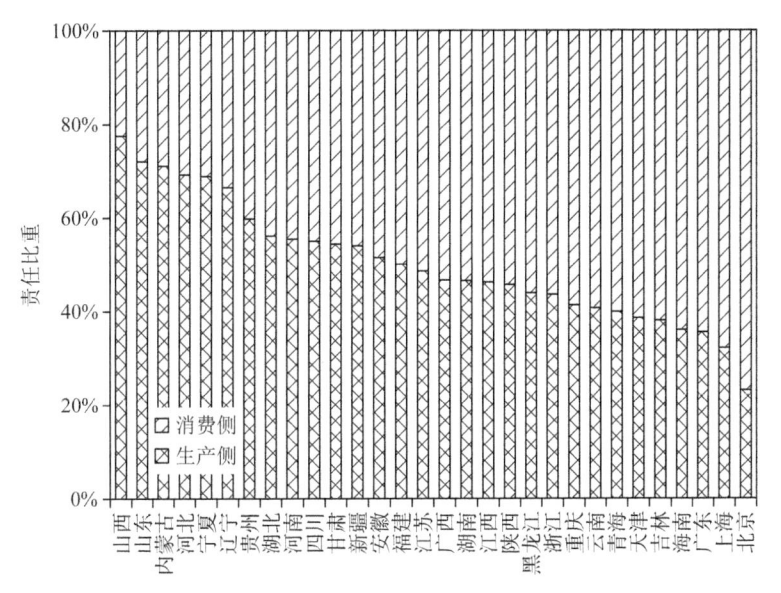

图 7.6　公平共担原则下的中国省际贸易累积碳排放责任结构

公平共担原则下的碳排放责任分配方案,能够有效促进中国省域之间的合作减排。通过合理分配减排责任、推动技术和资金跨区域合作、建立区域减排联盟,以及推动低碳产业和经济转型,各省份能够在公平的基础上共同努力,实现全国性的碳减排目标。(1) 公平共担原则下,发达省份需要承担更多的减排责任,这激励它们去投资清洁技术和可再生能源技术,这些技术可以通过区域合作的方式推广到欠发达地区,帮助这些地区减少碳排放。同时,欠发达地区可以通过引入这些技术,降低高能耗产业的碳足迹,实现绿色转型。(2) 发达省份和金融机构可以通过绿色金融工具,如绿色债券、碳基金等,为欠发达地区的减排项目提供资金支持,这些资金可以用于建设清洁能源项目、提升能效、发展低碳产业,促进全国范围内的减排合作。(3) 不同区域的省份可以根据各自的碳排放责任和减排目标,组建区域减排联盟。通过这种合作机制,省份之间可以共享减排技术、经验和资源,协调发展规划,统一减排标准,形成减排合力。(4) 公平共担原则下,建立跨区域碳交易市场是促进区域合作的重要手段。高排放省份可以通过购买低排放省份的碳配额来满足自身的减排要求,从而激励低排放省份进一步减少碳排放,实现双赢。(5) 公平共担原则下,发达省份将更有动力发展低碳经济,推动产业升级。资源型省份可以通过区域合作,引入低碳产业和绿色技术,减少对高碳产业的依赖,逐步实现经济转型。消费侧责任较大的省份需要推动绿色消费和生活方式转变,通过减少高碳产品的消费,减少对其他地区的碳排放压力。同时,这些地区还可以引导市场需求,推动低碳产品的普及,带动全国范围内的绿色消费潮流。

第八章
中国省际贸易碳排放补偿量化研究

第八章
中国省际贸易碳排放补偿量化研究

本章基于中国省际贸易碳排放责任公平共担方案,将排放责任与实际排放量比较,界定中国省际碳补偿关系,确定碳补偿量及补偿标准,进而量化碳补偿价值,提出公平共担原则下的中国省际贸易碳补偿方案,通过平衡资源环境利用主体间的利益关系,调动贸易双方的减排积极性,推动区域协同减排。

8.1 碳补偿关系及补偿量界定

8.1.1 碳补偿关系界定

本书通过将中国省际贸易碳排放分担责任与各省在贸易中的实际排放量进行比较,界定了各省份间的补偿关系,如图 8.1 所示。图 8.1 显示了 2002—2017 年中国省际贸易累积碳排放的补偿主客体关系,图中包含 435 个标有"＋"号的方格,其余 465 个为白色方格,每一个"＋"号方格表示对应的纵向省份需要对横向省份进行补偿,即省域间的补偿方向。

从补偿主体来看,北京需要向除自己以外的其余 29 个省份进行补偿,上海也有类似的情况,需要向除自己和北京以外的其余 28 个省份进行补偿。除此以外,天津、重庆、湖南、浙江等省份也是主要的补偿主体,表现为对外补偿状态。补偿主体在省际贸易中消费大量来自其他省份的产品和服务,导致自身碳排放量较少但向其他省份转嫁了碳排放责任。作为补偿主体,这些省份

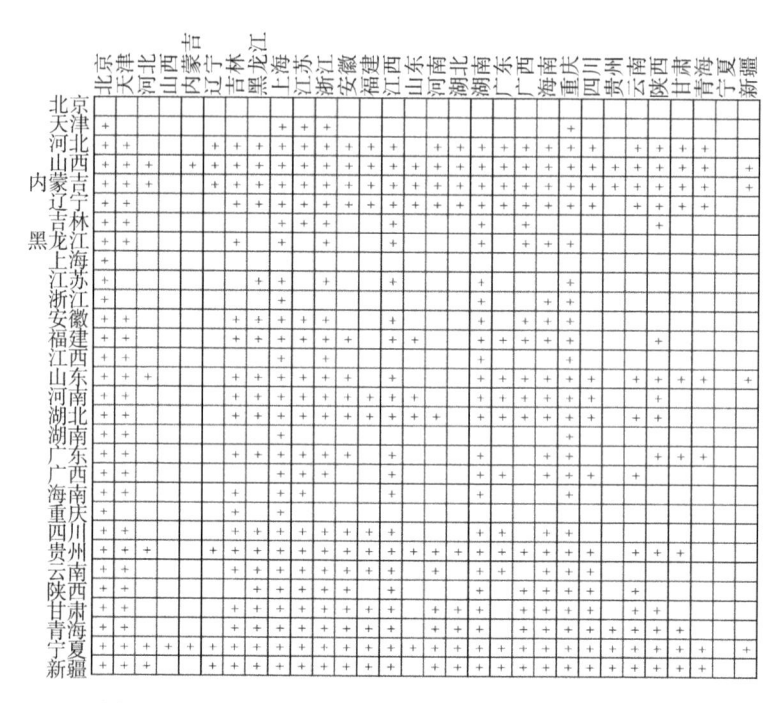

图 8.1　2002—2017 年中国省际贸易累积碳排放补偿关系

需要通过碳补偿机制,向其他省份承担相应的碳排放责任。北京是中国的政治、文化和科技中心,经济高度发达,但由于其地域和资源的限制,工业和能源生产相对较少。因此,北京依赖于从全国其他省份进口工业产品、能源和消费品。这些进口活动转移了大量的碳排放责任到生产地,因此,北京需要向除自己以外的其余 29 个省份进行碳补偿。上海是中国的经济和金融中心,消费水平高,服务业发达。与北京类似,上海也大量依赖外部省份提供的工业品和能源。因此,上海需要向除自己和北京以外的其余 28 个省份进行碳补偿。这意味着上海在全国范围内承担了广泛的碳排放责任。天津是北方重要的经济中心,虽然其工业基础较强,但与北京类似,天津的消费需求部分依赖于外部省份的供应,因此也成为一个主要的补偿主体。重庆作为西南地区的重要经济中心,工业和消费需求旺盛,虽然其部分工业需求本地生产,但仍需从外部省份进口大量能源和工业品,从而形成对外补偿的状态。浙江是东南沿海经济发达省份,尽管本地生产能力强,但消费需求庞大,尤其是对高科技和工业产品的需求,导致其需要向其他省份进行碳补偿。

第八章
中国省际贸易碳排放补偿量化研究

从补偿客体来看,宁夏需要受到除自己以外的其余29个省份的补偿,类似的情况还有新疆、内蒙古、山西、辽宁等省份,它们需要受到大部分省份的补偿,是主要的补偿客体,表现为受补偿状态。补偿客体在省际贸易中承担了大量生产活动并因此产生了较多碳排放,因而需要从其他省份获得碳补偿。这些省份通常是生产侧责任较高的地区,即它们为其他省份提供了能源、原材料或工业产品,因而在生产过程中产生了大量碳排放。作为中国的能源大省,宁夏的经济高度依赖于煤炭、电力等能源产业,这些产业在生产过程中产生了大量的碳排放。同时,宁夏的产品供应到全国各地,特别是经济发达的东部沿海省份。因此,宁夏成为主要的补偿客体,需要从除自己以外的其余29个省份获得碳补偿。新疆是中国的重要能源和矿产资源基地,尤其是在石油、天然气和煤炭的生产方面占有重要地位,为全国供应大量的能源和原材料,因此在生产过程中产生了大量碳排放,成为主要的补偿客体。内蒙古是中国最大的煤炭和电力生产基地之一,能源和重工业的集中使得其碳排放量巨大,为全国其他省份提供了大量能源,因而需要从大多数省份获得碳补偿。山西是中国的"煤炭之都",煤炭产业是山西经济的支柱,然而煤炭开采和利用过程中会产生大量的碳排放。由于山西的煤炭供应到全国各地,因此它需要从其他省份获得补偿。辽宁是中国东北地区的工业重镇,钢铁、石化等重工业发达,这些行业在生产中产生了大量的碳排放。而辽宁的工业产品供应全国,因此它也需要从多个省份获得碳补偿。

中国省域间的补偿关系受到贸易双方价值链分工的影响,发达省份(如北京、上海、天津)位于价值链下游,产业结构以高新技术产业和服务业为主,通过消费其他地区的重工业产品,将碳排放转移出去,从而需要对外补偿;而经济较为落后的资源型省份(如河北、内蒙古、山西),产业结构以能源工业为主,在贸易方面为发达省份提供工业品消费,承接了大量的碳排放,同时没有获得相当的经济收益回报,因而需要获得补偿。在补偿机制下,消费大省或服务业发达地区通过购买碳配额或以直接经济补偿等方式,为生产大省的高碳排放"买单"。这不仅平衡了各省份间的碳排放责任,也为高碳排放省份提供了资金和技术支持,帮助它们应对减排压力,改善环境质量。高碳排放省份,如能源生产大省,往往在经济发展过程中承担了大量的环境成本,通过碳排放补偿机制,这些省份可以获得来自低碳排放省份的经济补偿,从而在不损害经济发展的情况下减少碳排放,平衡经济增长与环境保护之间的关系。

因此，碳排放补偿可以作为一种减排手段，通过支持和投资减排项目，实现碳减排目标。通过购买碳减排单位或投资可再生能源项目等，可以抵消部分碳排放，促进减排行动的实施。

8.1.2 碳补偿量确定

本书通过将中国省际贸易碳排放分担责任与各省的实际排放量进行比较，确定需要进行补偿的碳排放量。图 8.2 显示了 2002—2017 年中国省际贸易累积碳排放补偿量，图中包含 435 个不同深浅的灰色方格，其余 465 个白色方格无数据，每一个灰色方格表示对应的纵向省份对横向省份的碳补偿量，灰色深浅表示补偿量的大小。从省域间的碳补偿量来看，江苏→内蒙古、北京→河北、江苏→河北、浙江→河北、浙江→内蒙古的贸易碳排放补偿量最大，分别达到 1.4 亿吨、1.3 亿吨、1.3 亿吨、0.9 亿吨及 0.8 亿吨。补偿量的大小主要受贸易双方产业结构差异的影响，碳补偿量大的省份之间通常在产业结构上具有互补性。内蒙古、河北等省份拥有丰富的能源资源和重工业基础，这些省份在全国范围内输出大量的高排放工业产品，支撑了江苏、北京、

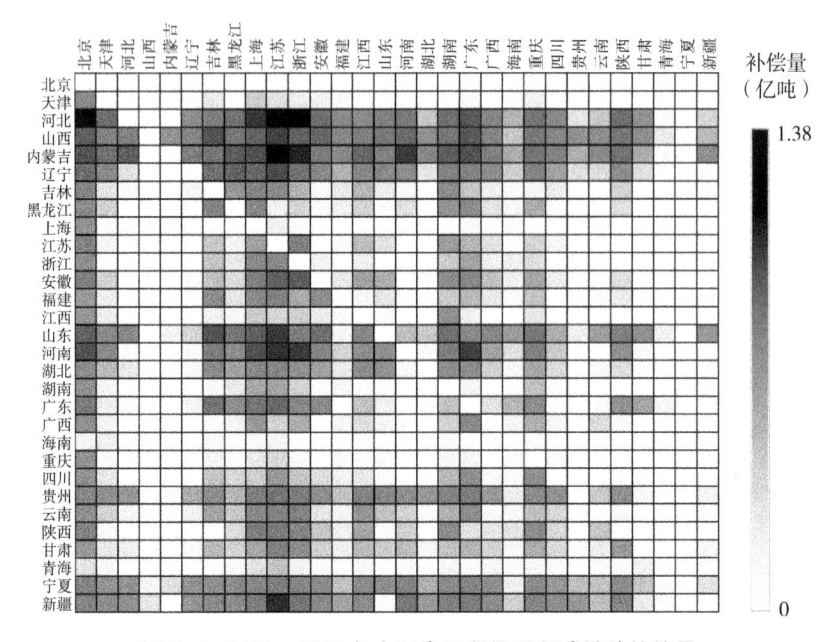

图 8.2　2002—2017 年中国省际贸易累积碳排放补偿量

浙江等地的经济发展;而这些经济发达省份的人口密集,消费水平高,通过省际贸易获取欠发达工业省份的工业产品,满足本地的消费和生产需求,从而推动了这些欠发达省份高排放产业的发展。然而这种产业互补,加剧了区域间的资源与消费的不平衡,导致碳排放责任转移增加,使得补偿量显著增加。

图8.3显示了中国省域的补偿主客体分布情况。从对外补偿的角度来看,江苏、北京、上海、浙江、广东等省份对外补偿的碳排放量最大,它们在2002—2017年累积贸易碳排放补偿量分别为8.8亿吨、8.2亿吨、6.2亿吨、5.9亿吨、4.2亿吨,而受到生态补偿的隐含碳量相对来说很小。江苏、北京、上海、浙江、广东等省份是中国的经济中心,GDP总量大,经济发展水平高,它们的产业结构以高附加值、低排放的产品为主,如高科技、金融、服务业等,这些行业本身碳排放较低,但对能源和原材料的需求很高。这些省份人口密集,消费需求庞大,为了满足消费需求,它们需要从其他省份进口大量的高排放、低附加值的产品,如能源、钢铁、化工产品等。这些产品的生产过程往往在中西部能源和工业大省进行,导致这些发达省份将碳排放转移出去。这种产业结构差异导致发达省份在贸易中对外补偿的隐含碳量很大,而自身应受的补偿相对较小。而从受补偿方的角度来看,内蒙古、河北、山西的受补偿量最大,分别为10.8亿吨、9.0亿吨、8.7亿吨,而对外补偿的碳排放量就小得多。类似的还有山东、辽宁、新疆、贵州、宁夏。这些受补偿省份的共同特点

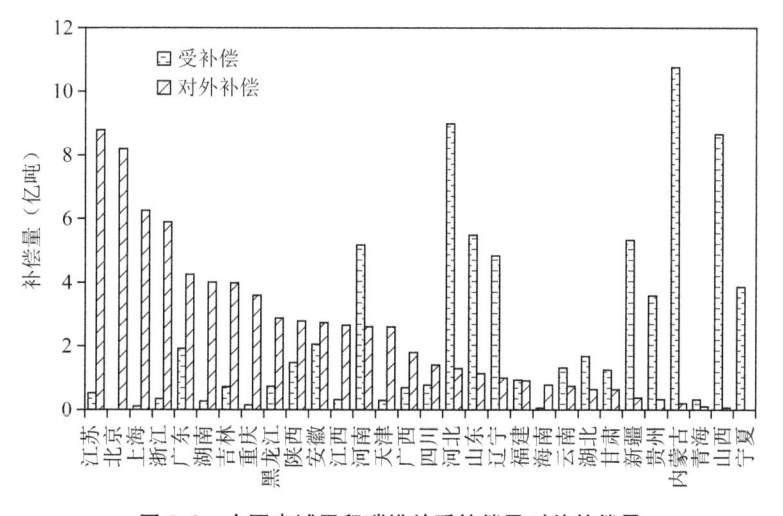

图8.3 中国省域累积碳排放受补偿及对外补偿量

是产业结构以高排放的重工业为主,如煤炭开采、钢铁制造、化工生产等,这些产业在经济产出上为全国其他省份提供了重要的能源和原材料支持,在生产过程中会产生非常高的碳排放,但是其附加值低,在贸易中获得的经济收益也较低。因此,在公平共担原则下,这些省份需要承担的碳排放责任较少,需要受到的补偿量则比较高。

中国各省份在经济发展中形成了不同的产业分工,这是导致中国省域间碳排放补偿的重要原因。省域间碳补偿量较大的省份,如内蒙古、山西、河北、辽宁等,通常集中着大量的高排放产业,这些省份承担了全国范围内的能源供应和重工业产品的生产,因此其碳排放量非常高。然而,这些它们生产的产品的大部分并未在本地消费,而是输出到经济发达、消费水平高的地区。因此,高排放省份在省际贸易中处于受补偿地位,其他消费地省份通过碳补偿机制向其支付补偿,以平衡碳排放责任。与高排放产业相对的是,经济发达省份,如北京、上海、江苏、浙江等,更多地集中于低排放、高附加值的服务业和制造业,这些省份本地碳排放相对较低,但由于它们从其他省份进口了大量高排放产品,将碳排放转移出去,因此需要进行对外碳补偿。

8.2 碳补偿标准确定

8.2.1 碳影子价格估计

碳影子价格是指在不影响产出水平的前提下,减少 1 单位碳排放所带来的经济成本或机会成本。它反映了某一地区为减少碳排放所需要支付的经济代价,通常与该地区的生产技术、经济发展水平和碳减排潜力相关。应用 MaxDEA 软件计算 2002—2017 年中国 30 个省份的碳影子价格,如图 8.4 所示。可以看出,发达省份的碳影子价格较高,如北京、上海、福建、江苏、浙江在 2017 年的碳影子价格分别为 6.10 万元/吨、2.33 万元/吨、2.07 万元/吨、1.90 万元/吨、1.84 万元/吨,这是因为发达省份的生产技术和效率较高,单位碳排放产生的经济价值较大。由于这些地区已经在技术和管理上达到了较高水平,进一步减少碳排放的边际成本较高,也就是说,每再减少 1 吨的碳排放需要支付更高的成本。

河北、山西、内蒙古、云南、甘肃、青海、宁夏、新疆等欠发达省份的碳影子价格较低,均低于 0.5 万元/吨,这是因为欠发达省份的生产技术和效率相对落后,单位碳排放所产生的经济价值较低。这些地区的产业结构以高能耗、低附加值的重工业为主,它们在碳减排方面仍有较大的空间。因此,减少碳排放的边际成本也较低,意味着它们在碳减排上的经济负担较小。例如,通过升级技术或优化能源使用,这些省份可以以相对较低的成本实现较大幅度的碳减排。

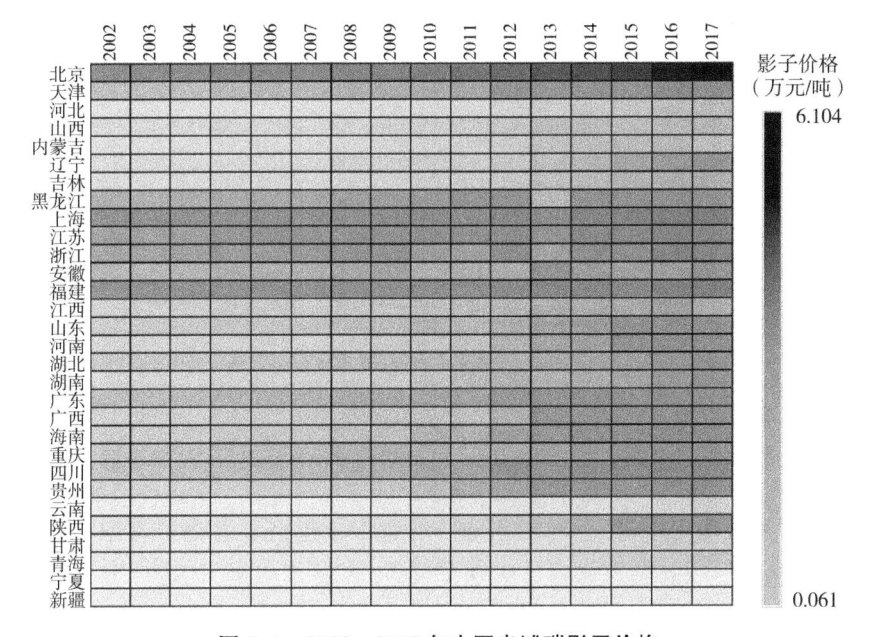

图 8.4　2002—2017 年中国省域碳影子价格

8.2.2　时空特征分析

为了考察 2002—2017 年不同省市的碳影子价格变化趋势,本节进一步绘制了中国七大区域碳影子价格随时间的变化趋势,如图 8.5 所示。可以看出,所有地区的碳影子价格均呈现波动上升的趋势,这主要是因为随着国家对碳减排工作的重视及减排技术和措施的推广实施,我国各地的碳排放强度实现了较大幅度的降低,进一步减排的空间减小了,后续的减排难度增大,因而碳边际减排成本逐渐增大,特别是对于发达地区(如华东、华北地区),它们的碳影子价格的增幅更大,这主要是因为这些地区的减排技术部署较为成熟、环境规制较为严格,进一步减排的难度更大、相应的减排成本也更高。碳影子价格的上升提示政策制定者需要考虑在不同地区采取差异化的减排政策。对于减排空间已经缩小、成本较高的发达地区，政策可能需要更加注重技术创新支持、鼓励企业开发和采用更高效的低碳技术，而对于仍有较大减排空间的欠发达地区，政策可以继续鼓励其进行基础设施改造和能源结构优化。

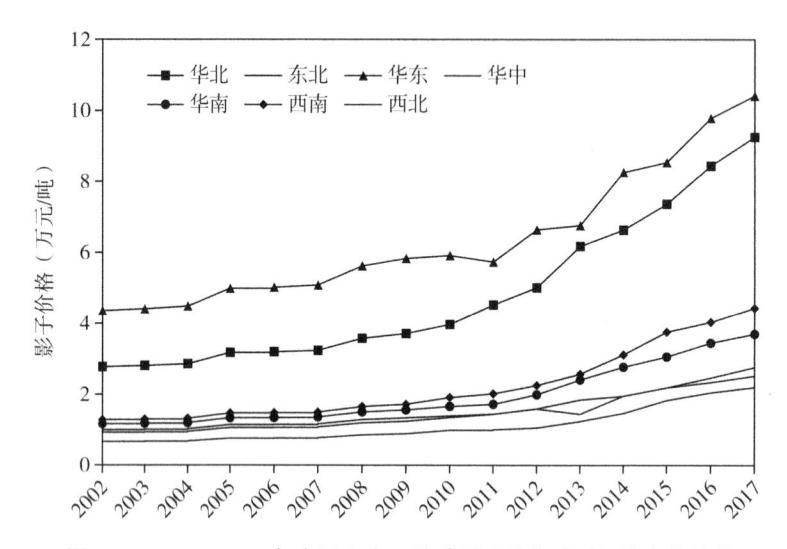

图 8.5　2002—2017 年中国七大区域碳影子价格随时间的变化趋势

从区域视角来看，华东和华北地区的碳影子价格显著高于其他地区。究其原因，是由于这些地区经济发展速度快，生产技术先进，环境规制对经济活动起到促进作用，从而实现了能源的高效和高质量利用。华东和华北地区是中国经济较发达的地区，拥有大量的高附加值产业和先进制造业。经济的快速发展使得这些地区在能源和资源利用上达到了较高的效率，这些地区的企业普遍采用了先进的生产技术，这些技术不仅提高了生产效率，还减少了单位产品的能耗和碳排放。然而，随着减排措施的逐步深入，进一步减少碳排放的成本不断增加，这反映在碳影子价格的上升上。同时，华东和华北地区的环境规制较为严格，这不仅确保了经济活动在环境可持续的前提下进行，还推动了能源的高效和高质量利用。然而，这也意味着在这些地区进一步减排的成本变得越来越昂贵，导致碳影子价格显著高于其他地区。

西南地区的碳影子价格也较高（排名第三），可能是由于该地区的支柱产业为旅游业和农业，这些产业不属于二氧化碳排放的主要来源，因此减少单位碳排放量所付出的经济成本也相对较高。西南地区以旅游业和农业为支柱产业,这些产业不涉及大量的工业生产或能源消耗,本身碳排放量较低。因此,西南地区的碳排放基数较小,进一步减排的边际成本较高。同时,旅游业和农业的碳排放更多是间接的,涉及农业生产中的土地利用变化和旅游活动中的交通排放等,减少这些排放需要更高的投入和更复杂的管理措施,因此减少单位碳排放的经济成本较高,这导致了西南地区的碳影子价格在全国范围内排名第三。

西北地区的碳影子价格最小,存在较大的减排空间,减排难度较小,因而减排成本也较低,该地区应学习并引进先进地区的生产管理技术,从而有效提高碳减排效率。西北地区是中国经济相对落后的地区,传统上依赖于资源密集型产业和低效的生产方式。这意味着该地区的碳排放强度较高,但也拥有较大的减排空间。由于其能源利用效率较低,通过基本的技术升级和管理改进,就可以实现显著的减排效果。西北地区的减排难度相对较小,原因在于可以通过较为简单的技术改进和管理优化,实现较大的碳排放减少。因此,减排成本较低,使得该地区的碳影子价格处于全国最低水平。西北地区应学习并引进华东、华北等地区先进的生产管理技术,通过引入先进的生产工艺和能源管理技术,进一步提高碳减排效率。这不仅有助于降低区域内的碳排放,还可以促进当地经济的可持续发展。

8.3 中国省际贸易碳排放补偿方案

8.3.1 碳补偿价值量化

本节在中国省际贸易碳排放补偿量的基础上,结合各省份的碳补偿标准(碳影子价格),计算 2002—2017 年中国省际贸易碳排放补偿额。图 8.6 显示了该阶段中国省际贸易累积碳排放补偿额,图中共有 435 个方格,表示 30 个省份之间的补偿额,颜色深浅表示省域间补偿金额大小,补偿方向为横向省份对纵向省份进行补偿。

从省域间的碳补偿额来看,江苏→内蒙古、江苏→山东、广东→河南、江苏→河南、北京→河北的贸易碳排放补偿最大,在 2002—2017 年的累积碳排放补偿额分别达到 5 200.6 亿元、4 427.5 亿元、4 205.1 亿元、4 162.2 亿元、4 009.7 亿元。碳排放补偿额的大小同时受到碳补偿量(即转移的碳排放

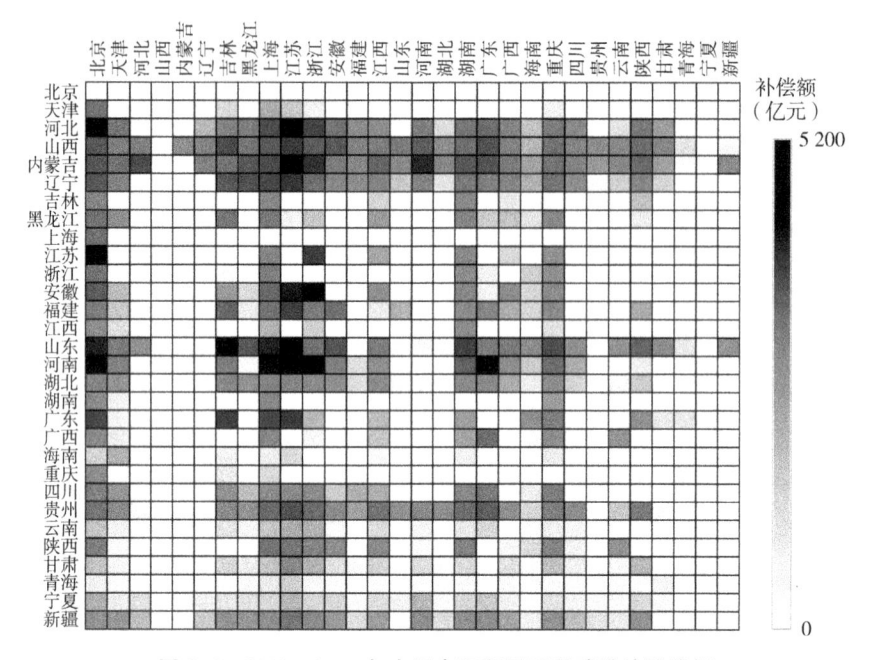

图 8.6　2002—2017 年中国省际贸易累积碳排放补偿额

量)和碳补偿标准(通常用碳影子价格来表示)的影响,碳补偿量越大,通常意味着碳补偿额也越大。例如,江苏→内蒙古和江苏→山东的碳补偿额很高,部分原因在于江苏从这两个省份进口的高排放产品数量庞大,转移了大量的碳排放责任。碳补偿额不仅取决于转移的碳排放量,还受到碳影子价格的影响,碳影子价格越高,每单位碳排放的补偿标准就越高。例如,虽然浙江→江苏的碳补偿量只有 0.3 亿吨,但是由于江苏的碳影子价格较高,从而导致浙江→江苏的碳补偿额也较为可观(2 641.0 亿元)。可以看出,该碳排放补偿方案通过平衡生产地与消费地之间的责益失衡问题,不仅可有效缓解"生产者责任原则"导致的"碳泄漏"问题,同时能够在一定程度上解决"消费者责任原则"导致的减排动力不足、难以实施的问题。

8.3.2　碳补偿结构分析

为了进一步明晰不同省份的补偿结构差异,本书进一步绘制了中国省份对外补偿额和受补偿额结构组成,结果如图 8.7 所示。从对外补偿的角度来看,北京、江苏、上海、浙江等省份对外碳补偿额最大,它们在 2002—2017 年间累积贸易碳排放补偿额分别为 43 193.6 亿元、39 494.9 亿元、32 772.9 亿元、26 800.2 亿元,而受到碳补偿额相对来说很小。北京、江苏、上海、浙江等省份经济高度发达,消费水平和生活质量较高,这些地区的居民和企业对能源、工业产品以及其他服务的需求非常大,然而这些需求大部分需要通过从其他省份进口来满足。同时,这些省份的产业结构以高附加值、低排放的服务业和高科技产业为主,它们从贸易中获得了较为可观的经济收益。因此,它们的碳排放责任在省际间被转移到生产地,导致对外碳补偿额巨大。另外,从受补偿方的角度来看,内蒙古、山东、山西、河北的受补偿额最大,分别为41 333.1 亿元、36 111.6 亿元、35 085.7 亿元、27 936.5 亿元,而对外补偿额就小得多。类似的还有河南、辽宁、新疆、贵州、宁夏。内蒙古、山东、山西、河北等省份的产业结构主要集中在高排放、低附加值的重工业领域,这些产业在生产过程中消耗大量的能源,产生大量碳排放。这些省份的产品被输送到经济发达、消费水平高的地区(如北京、上海、江苏、浙江等),因而承担了大量的碳排放责任。为了平衡这些碳排放,在贸易碳补偿机制下,这些省份可以获得大量的补偿额。

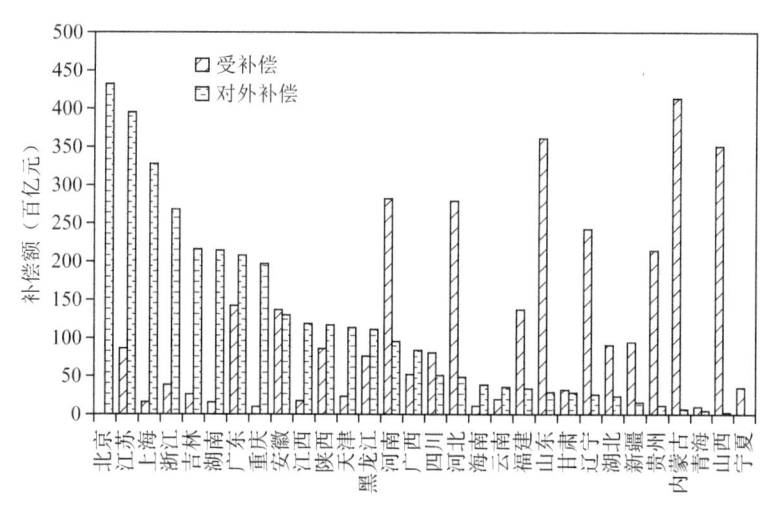

图 8.7 中国省域累积碳排放受补偿额及对外补偿额

除此以外,对比各省份的对外补偿额和受补偿额,可以看出,北京、上海、江苏、浙江等 15 个省份需要对外净补偿,而其余 15 个省份需要受到其他地区的净补偿。从补偿额结构来看,对外净补偿省份的对外补偿额显著大于受补偿额,而对于净受补偿省份来说情况正好相反,这些省市的受补偿额显著大于对外补偿额,这主要是因为不同省份的价值链分工差异。资源型省份在省际贸易中承担了大量的隐含碳排放,具有巨大的减排潜力,但目前减排能力有限。不同省份在全国价值链中的位置不同,经济发达的身份对外净补偿省份处于价值链的高端,主要从事高附加值的生产活动,而资源型省份则处于价值链的低端,从事高排放、低附加值的生产活动,这种分工导致了碳排放责任的不均衡分配。北京、上海、江苏、浙江等省份是中国经济最发达的地区,产业结构以高附加值、低排放的服务业和制造业为主。然而,它们对能源和高排放产品的需求巨大,主要通过进口这些产品来支持本地的消费和生产,使得它们的对外补偿额显著大于从外部获得的补偿额,呈现出对外净补偿状态。内蒙古、山西、河北等省份的经济依赖于资源开采和重工业,生产过程中产生了大量碳排放。然而,这些产品主要供给经济发达省份使用,它们承接了大量的碳排放,因此这些省份从外部获得的补偿额显著大于其支付的对外补偿额。因此,针对省域间碳补偿,需要结合当地补偿意愿及偏好,通过沟通协商,推动补偿主客体因地制宜采取合适方式(如资金补助、对口协作、产业转移、人才培训和共建园区)开展"造血式"组合生态补偿模式,充分发挥各自资源、生态、经济等优势,提高碳补偿效率,推动区域间合作减排。

第九章
中国省际贸易碳排放补偿运行与保障机制

第九章
中国省际贸易碳排放补偿运行与保障机制

中国省际贸易碳排放补偿的顺利实施,需要依靠科学完善的中国省际贸易碳排放补偿运行和保障机制,以确保实现碳生态补偿和协同减排目标。第八章已经对中国省际贸易碳排放补偿的补偿主客体判别、补偿标准确定、补偿价值计算等核心问题进行了研究。但也要认识到,由于中国省际贸易碳排放补偿的复杂性,其顺利运行不仅需要解决上述关键问题,更需要一套科学的运行和保障机制来为其顺利实施保驾护航。因此,有必要对中国省际贸易碳排放补偿机制构建的基本原则、框架结构与保障体系进行界定,助力其顺利落地实施。

9.1 中国省际贸易碳排放补偿机制基本原则

9.1.1 "责益平衡、公平共担"原则

中国省际贸易碳排放生态补偿中的"责益平衡、公平共担"原则,是为了公平分担碳排放的责任,促进各省份在实现经济发展的同时,减轻环境压力和碳排放的负担。这一原则与《关于健全生态保护补偿机制的意见》的"受益者付费、受损者获得补偿"原则保持一致,其核心在于确保那些从碳排放活动中获得更多经济利益的省份,承担更多的生态补偿责任;而那些因碳排放活动遭受环境影响或承担更多碳排放负担的省份,则应获得相应的经济补偿。

经济发达地区凭借优势的产业结构在贸易中获得了较高的经济收益,同时将大量的碳排放转移出去。这些省份由于享受了发展带来的经济红利,因此应对外部成本,即环境损害进行补偿。根据"受益者付费"原则,获得更多经济收益的省份(如北京、上海、江苏、浙江等)需要支付高额的碳排放补偿,以平衡碳排放的负面外部性。一方面发达省份对外进行碳补偿的额外支付可以通过碳市场交易、财政转移支付等形式来实现,这些支付不仅帮助了那些经济发展相对滞后,但承担了大量碳排放的省份,也为整体国家的低碳发展目标做出了贡献。另一方面,内蒙古、山西、河北等资源丰富的省份,虽然为其他省份提供了大量能源和工业产品,但也因此承担了较大的碳排放负担。这些省份的经济发展水平较低,且环境承载能力有限,因而需要通过补偿机制获得经济支持,以应对由此产生的环境压力。对这些受损省份的补偿可以通过资金支持、技术援助、产业协作等多种方式进行,补偿不仅可以帮助这些省份改善环境状况,也提升了它们在全国碳减排中的参与度和积极性。

9.1.2 "中央统筹、地方合作"原则

中国省际贸易碳排放生态补偿的"中央统筹、地方合作"原则是在国家层面确保碳减排目标顺利实现的重要机制。这一原则的核心在于,中央政府统筹规划与协调,而地方政府根据自身情况进行合作与实施,确保全国范围内碳生态补偿的公平与有效性。中央政府通过制定统一的政策和法规,明确碳排放和补偿的标准、框架和目标,确保各省在碳减排过程中遵循相同的规则和方向,避免各省各自为政,确保全国碳排放目标的实现。中央政府负责统筹全国的碳生态补偿资金,并根据各省的碳补偿情况进行合理分配。例如,中央政府可以收取对外补偿省份的补偿金支付给受补偿省份,鼓励地方政府采取积极的碳减排措施,从而确保了省域碳生态补偿过程中的公平性和有效性。同时,充分发挥市场机制在碳排放空间这一生态资源供求中的驱动作用,参考《碳排放权交易管理办法(试行)》等制定相关市场化管理法规与运作机制,积极探索省域碳生态补偿市场化的筹资渠道与补偿模式。各地方政府根据中央的统一规划,结合自身的经济发展水平、资源禀赋和碳排放状况,制定具体的实施方案。这种因地制宜的策略可以确保各地在碳减排和生态补偿中采取最适合自己的措施,从而提高整体减排效率。地方政府在实施碳生态补偿时,需要与其他省份合作,共同协商补偿标准、补偿方式等问题。通过区

域间的合作,地方政府可以更好地解决碳排放和补偿的跨区域问题,实现区域间的公平发展与利益共享。同时,在具体实施过程中要遵从"先易后难,循序渐进"的原则,有层次、有重点、有步骤地去推进和实施,可以考虑先在京津冀、长三角、珠三角等区域先进行试点,构建区域碳生态补偿机制,积累一定的经验之后再在全国范围内推广,构建全国范围的碳生态补偿机制。中国省际贸易碳排放生态补偿的"中央统筹、地方合作"原则,既保证了中央政府在全国碳减排中的主导作用,也发挥了地方政府在实施过程中的积极性。通过中央政府的统一规划与政策引导,结合地方政府的因地制宜与区域合作,中国能够更有效地推进碳生态补偿,实现全国范围内的碳减排目标和可持续发展。

9.2 中国省际贸易碳排放补偿机制框架结构

9.2.1 碳补偿机构及运作模式设置

中国省际贸易碳排放生态补偿机制的补偿机构及运作模式的设置是确保碳生态补偿机制有效实施的关键。建议在国家层面设立一个全国碳生态补偿管理委员会,作为最高管理机构,该委员会主要负责制定全国范围内碳生态补偿的总体规划与实施方案,并与生态环境部及国务院其他相关部门协调工作。这一机构的设立有助于统一管理、协调各省的碳生态补偿活动,避免省域之间因经济发展而对全国生态环境造成的破坏。为了有效管理碳生态补偿资金,建议设立全国碳生态补偿基金管理委员会,该机构负责管理和分配全国范围内的碳生态补偿资金,包括碳税收入、补偿保证金等资金来源。此外,该委员会还需对碳生态补偿资金的使用进行审计和绩效评价,确保资金的高效利用。为了避免碳生态补偿过程中的不公平现象,如补偿不足或补偿过度,建议设立全国碳生态补偿监管委员会,该机构的职责包括监督各省的补偿活动,确保资金的专款专用,并对补偿效果进行跟踪评估。这种监管机制有助于提高补偿效率,确保整个补偿机制的公平运行。在各省级行政区划内设立省级碳生态补偿管理委员会,具体执行上级管理机构的政策和指示,省级机构的职责包括碳收支核算、协商补偿事宜、管理本省的碳生态补偿资金,并推动本省的生态保护项目,同时确保政策的有效落实和省域间的协同合作。

在补偿机制的运作上,建议采用"政府主导、市场驱动"的模式。政府通过行政手段和政策法规引导碳生态补偿的实施,如制定碳排放权的产权制度,建立碳交易市场等。同时,通过市场机制调动资源,推动碳排放空间的合理配置和资源价值最大化。除了资金补偿外,建议引入多种"造血式"补偿方式,如税收优惠、金融信贷支持、技术转移、人才培训等。这些方式有助于提高碳盈余省份的自主发展能力,减少其对外部补偿的依赖,实现可持续发展。通过建立全国和省级的碳生态补偿管理机构,并运用政府主导与市场驱动相结合的运作模式,中国的省际碳生态补偿机制可以更有效地实施。完善的机构设置和科学的运作模式确保了碳补偿的公平性和效率,推动了区域间的合作与可持续发展。

9.2.2 碳补偿方式与融资渠道拓展

在中国省际贸易碳排放生态补偿机制的构建中,选择合适的碳补偿方式和多样化的融资渠道对于实现公平和可持续的碳补偿至关重要。财政转移支付是目前最常见的碳补偿方式,主要通过中央政府将财政资金转移到受补偿省份,以支持这些地区的经济发展和减排工作。财政转移支付可以分为纵向和横向两种,其中纵向转移支付由中央政府进行,而横向转移支付则在省级政府间进行。市场化补偿方式包括碳排放权交易、碳金融工具、碳标签制度等,通过市场机制配置碳排放资源,鼓励各省自主减排。例如,碳排放权交易允许受补偿省份将多余的碳配额出售给需要的对外补偿省份,从而实现经济收益。

目前生态补偿最主要的方式仍然是"输血式"的资金补偿,在碳生态补偿机制构建初期,市场的作用不容易被激发,资金补偿仍然是最重要的补偿方式。但必须充分意识到仅靠"输血式"补偿无法激励碳盈余省份持续性地进行生态环境保护和修复工作,必须尝试多样化的补偿方式,变"输血式"补偿为"造血式"补偿。根据政府主导市场驱动的补偿原则,可以先考虑其他"造血式"政府补偿方式,如通过税收优惠、投资优惠、金融信贷优惠等政策补偿,又如通过产业政策推动受补偿省份生态环保产业快速发展的产业补偿,以及通过技术补偿、人才补偿、项目补偿、智力补偿等。此外,在碳生态补偿发展较为成熟之后,还可以考虑碳生态补偿的市场化补偿方式,最为有效的途径就是结合我国全面开放的碳排放权交易市场,将省域碳排放权配额交易纳入碳排放权交易市场体系中。而在融资渠道的选择上,碳税、碳生态保护补偿金、全国性公募基金及多渠道筹资方式为碳补偿提供了充足的资金保障,这些措施共同构建了一个多元、灵活的碳补偿机制,为实现全国范围内的碳中和目标奠定了坚实的基础。

9.3 中国省际贸易碳排放补偿机制保障体系

9.3.1 碳补偿法律法规与制度体系

中国省际贸易碳排放生态补偿机制的碳补偿法律法规与制度体系建设是确保生态补偿工作有效实施的重要保障。第一,建议出台《中国省际贸易碳生态补偿管理办法》,从国家层面制定碳生态补偿的指导性文件,对中国省际贸易碳生态补偿的目标、基本原则、补偿主客体判别、补偿标准确定、补偿方式选择、补偿资金来源等内容做出明确规定,切实启动碳生态补偿工作。同时,各省在《中国省际贸易碳生态补偿管理办法》的指导下,可以开展具体的碳生态补偿工作,通过试点省份及区域的试点,总结经验教训并出台《中国省际贸易碳生态补偿条例》,夯实碳生态补偿的法律保障,进一步完善碳生态补偿的法律体系。第二,建议将碳生态补偿写入《中华人民共和国环境保护法》,并出台《中国省际贸易碳生态补偿法》。虽然新修订的《中华人民共和国环境保护法》第三十一条提出要"建立、健全生态保护补偿制度",已明确要搭建起生态补偿制度的基本框架,但并没有提及碳生态补偿,更没有碳生态补偿的专门法规。因此,在出台《中国省际贸易碳生态补偿条例》后,应在此基础上进一步将碳生态补偿写入《中华人民共和国环境保护法》并出台《中国省际贸易碳生态补偿法》,通过法律的形式明确碳生态补偿的目标、原则、补偿主客体、补偿标准、补偿方式等内容。同时,需要建立统一的碳生态补偿标准测算体系,以确保补偿标准的科学性和公正性。当前的测算方法如机会成本法、生态系统服务价值法等应进一步完善,并结合各省的具体情况,制定标准化的补偿标准。第三,为推动碳排放权的市场化交易,建议制定《碳排放权交易法》,明确碳排放权的法律地位及归属。该法案应规定碳排放权作为一种行政许可权的性质,并对省际交易、管理、纠纷处理等问题做出明确规定。这将为省域间碳排放权的合理流动和配置提供法律保障。在法律法规的支持下,应进一步明确碳排放权的产权归属,以便在碳排放权交易市场中发挥资源配置作用。这一机制的建立有助于将碳排放空间作为一种资源,通过市场化交易流向价值最大的省份,实现资源的最优配置。

9.3.2 碳补偿监督管理与保障机制

中国省际贸易碳排放生态补偿机制的碳补偿监督管理与保障机制对于确保补偿过程的透明、公正与有效运行至关重要。全国碳生态补偿监管委员会的主要职责包括对省级政府上报的碳排放和碳吸收数据进行核查,防止信息不对称问题,并确保碳补偿资金的合理使用。在实施过程中应发挥其重要作用对碳生态补偿机制的各个环节进行全面监督管理。为了避免省域虚报受补偿量或少报对外补偿量等道德风险,有必要对上报的信息进行严格监管,这种监管可以通过引入第三方审计机构对相关数据进行独立核查来进行,确保碳生态补偿的公平性与真实性。在碳生态补偿实施过程中,必须加强对资金使用的监督管理,确保补偿资金用于生态保护和减排项目。同时,吸取其他领域生态补偿中的经验教训,建立专门的资金监管制度,确保碳生态补偿资金专款专用,防止资金挪用和使用效率低下的问题。

为了评估碳补偿的实施效果,建议建立持续的跟踪评估体系,该体系不仅要监测补偿资金的使用情况,还要对碳盈余省份的生态恢复与碳减排效果进行定期评估,确保补偿达到了预期的生态和环境效益。为了增强碳生态补偿的透明度和社会公信力,建议建立信息公开制度。通过定期发布碳生态补偿的进展和决策信息,并通过新闻发布会、座谈会、听证会等形式广泛征求公众意见,确保碳生态补偿政策的民主化与科学化。为了更好地调动社会各界参与碳生态补偿的积极性,可以构建碳生态补偿公众参与平台,明确公众参与的方式和途径。通过这一平台,公众可以对碳补偿政策提出建议,监督政策的执行,从而推动碳生态补偿机制的顺利实施。政府可以通过降低环保企业的市场准入门槛,简化审批流程,以激励更多企业参与碳生态补偿。例如,为在生态补偿领域有突出贡献的企业提供绿色通道,鼓励更多企业投身绿色经济。政府可以为参与碳生态补偿的企业和组织提供财政支持和税收优惠,如减免所得税、提供低息贷款等,这些措施能够有效降低企业参与碳生态补偿的成本,增强其积极性。借鉴欧盟的做法,政府可以引入生态标记制度,即对生产过程中采用环保措施的产品赋予"绿色标志"或"碳足迹标签",这些标志不仅可以提升产品的市场价值,还能增强消费者的环保意识,从而促进碳减排。

参考文献

[1] 李霜,聂鑫,张安录.基于生态系统服务评估的农地生态补偿机制研究进展[J].资源科学,2020,42(11):2251-2260.

[2] 彭向刚,向俊杰.中国三种生态文明建设模式的反思与超越[J].中国人口·资源与环境,2015,25(3):12-18.

[3] 吴乐,孔德帅,靳乐山.中国生态保护补偿机制研究进展[J].生态学报,2019,39(1):1-8.

[4] LEONTIEF W. Quantitative input and output relations in the economic systems of the United States[J]. The Review of Economics and Statistics,1936,18(3):105-125.

[5] 国家信息中心.中国区域间投入产出表[M].北京:社会科学文献出版社,2005.

[6] 石敏俊,张卓颖.中国省区间投入产出模型与省区间经济联系[M].北京:科学出版社,2012.

[7] 刘卫东,陈杰,唐志鹏,等.中国2007年30省区市区域间投入产出表编制理论与实践[M].中国统计出版社,2012.

[8] MI Z F, MENG J, GUAN, D B, et al. Chinese CO_2 emission flows have reversed since the global financial crisis[J]. Nature Communications,2017(8):1712.

[9] WANG Y F, GESCHKE, A., LENZEN M. Constructing a time series of nested multiregion input-output tables[J]. International Regional Science Review,2017,40(5):476-499.

[10] LEONTIEF W. Environmental repercussions and the economic structure:an input-output approach[J]. The Review of Economics and Statistics,1970,52(3):262-271.

[11] MENG J, HUO J W, ZHANG Z K, et al. The narrowing gap in developed and developing country emission intensities reduces global trade's carbon leakage[J].

Nature Communications,2023,14(1):3775.

[12] ZHANG Z K,GUAN D B,WANG R,et al. Embodied carbon emissions in the supply chains of multinational enterprises[J]. Nature Climate Change,2020,10(12):1096-1101.

[13] MI Z F,ZHENG J L,MENG J,et al. Economic development and converging household carbon footprints in China[J]. Nature Sustainability, 2020, 3(7), 529-537.

[14] 刘竹,孟靖,邓铸,等.中美贸易中的隐含碳排放转移研究[J].中国科学:地球科学,2020,50(11):1633-1642.

[15] ZHENG H R,ZHANG Z Y,ZHANG Z K,et al. Mapping carbon and water networks in the north China urban agglomeration[J]. One Earth,2019,1(1):126-137.

[16] 韩梦瑶,姚秋蕙,劳浚铭,等.中国省域碳排放的国内外转移研究:基于嵌套网络视角[J].中国科学:地球科学,2020,50(6):748-764.

[17] LENZEN M,MORAN D,KANEMOTO K,et al. Building Eora:a global multi-region input-output database at high country and sector resolution[J]. Economic Systems Research,2013,25(1):20-49.

[18] WYCKOFF A W,ROOP J M. The embodiment of carbon in imports of manufactured products:implications for international agreements on greenhouse gas emissions[J]. Energy Policy,1994,22(3):187-194.

[19] TIWAREE R S,IMURA H. Input-output assessment of energy consumption and carbon dioxide emission in Asia[J]. Environmental Systems Research,1994,22:376-382.

[20] PETERS G P,HERTWICH E G. CO_2 embodied in international trade with implications for global climate policy[J]. Environmental Science & Technology,2008,42(5):1401-1407.

[21] ARCE G,LÓPEZ L A,GUAN D. Carbon emissions embodied in international trade:The post-China era[J]. Applied energy,2016,184:1063-1072.

[22] 丛晓男,王铮,郭晓飞.全球贸易隐含碳的核算及其地缘结构分析[J].财经研究,2013,39(1):112-121.

[23] 闫云凤,赵忠秀.消费碳排放与碳溢出效应:G7、BRIC和其他国家的比较[J].国际贸易问题,2014(1):99-107.

[24] 庞军,石媛昌,谢希,等.基于MRIO模型的中美欧日贸易隐含碳特点对比分析[J].气候变化研究进展,2015,11(03):212-219.

[25] PETERS G P,ANDREW R,LENNOX J. Constructing an environmentally-extended multi-regional input-output table using the GTAP database[J]. Economic Systems Research,2011,23(2):131-152.

[26] MENG J,MI Z F,GUAN D B,et al. The rise of South-South trade and its effect on

global CO_2 emissions[J]. Nature Communications,2018,9(1):1-7.

[27] ARTO I,RUEDA-CANTUCHE J M,PETERS G P. Comparing the GTAP-MRIO and WIOD databases for carbon footprint analysis[J]. Economic Systems Research, 2014,26(3):327-353.

[28] LENZEN M,PADE L L,Munksgaard J. CO_2 multipliers in multi-region input-output models[J]. Economic Systems Research,2004,16(4):391-412.

[29] WIEDMANN T, LENZEN M, TURNER K, et al. Examining the global environmental impact of regional consumption activities—Part 2: Review of input-output models for the assessment of environmental impacts embodied in trade[J]. Ecological economics,2007,61(1):15-26.

[30] TURNER K, LENZEN M, WIEDMANN T, et al. Examining the global environmental impact of regional consumption activities—Part 1: A technical note on combining input-output and ecological footprint analysis[J]. Ecological Economics, 2007,62(1):37-44.

[31] 杨帆,丑洁明,董文杰,等.关税变化对中国贸易碳排放的影响研究[J].气候与环境研究,2022,27(1):197-205.

[32] 刘宏笪,张济建,张茜.全球供应链视角下的中国碳排放责任与形象[J].资源科学, 2021,43(4):652-668.

[33] 范爱军,郑志强,马永健.贸易政策、全球价值链位置与中国二氧化碳排放[J].山东大学学报(哲学社会科学版),2021(6):138-149.

[34] 庞军,张浚哲.中欧贸易隐含碳排放及其影响因素——基于MRIO模型和LMDI方法的分析[J].国际经贸探索,2014,30(11):51-65.

[35] 潘安,魏龙.中国与其他金砖国家贸易隐含碳研究[J].数量经济技术经济研究, 2015,32(4):54-70.

[36] 闫云凤,赵忠秀,王苒.基于MRIO模型的中国对外贸易隐含碳及排放责任研究[J].世界经济研究,2013(6):54-58+88-89.

[37] JAYANTHAKUMARAN K, LIU Y. Bi-lateral CO_2 emissions embodied in Australia-China trade[J]. Energy Policy,2016,92:205-213.

[38] 陈红蕾,翟婷婷.中澳贸易隐含碳排放的测算及失衡度分析[J].国际经贸探索, 2013,29(7):61-69.

[39] 沈源,毛传新.加工贸易视角下中美工业贸易隐含碳研究:国别排放与全球效应[J]. 国际商务(对外经济贸易大学学报),2011(6):72-83.

[40] 吴英娜,姚静.中美进出口贸易中隐含碳的研究——基于贸易污染条件的分析[J]. 宏观经济研究,2012(12):86-92.

[41] 潘安.全球价值链视角下的中美贸易隐含碳研究[J].统计研究,2018,35(1):53-64.

[42] 王菲,李娟.中国对日本出口贸易中的隐含碳排放及结构分解分析[J].经济经纬,2012(4):61-65.

[43] 赵玉焕,王淞.基于技术异质性的中日贸易隐含碳测算及分析[J].北京理工大学学报(社会科学版),2014,16(1):12-18+26.

[44] 张兵兵,李祎雯.新附加值贸易视角下中日贸易隐含碳排放的再测算[J].资源科学,2018,40(2):250-261.

[45] 邓荣荣.南南贸易增加了中国的碳排放吗?——基于中印贸易的实证分析[J].财经论丛,2014(1):3-9.

[46] 李新闻.中印贸易隐含碳排放比较研究[D].上海:东华大学,2018.

[47] FENG K S,DAVIS S J,SUN L X,et al. Outsourcing CO_2 within China[J]. PNAS,2013,110(28):11654-11659.

[48] 潘文卿.碳税对中国产业与地区竞争力的影响:基于CO_2排放责任的视角[J].数量经济技术经济研究,2015,32(6):3-20.

[49] 孙立成,程发新,李群.区域碳排放空间转移特征及其经济溢出效应[J].中国人口·资源与环境,2014,24(8):17-23.

[50] 肖雁飞,万子捷,刘红光.我国区域产业转移中"碳排放转移"及"碳泄漏"实证研究——基于2002年、2007年区域间投入产出模型的分析[J].财经研究,2014,40(2):75-84.

[51] 王安静,冯宗宪,孟渤.中国30省份的碳排放测算以及碳转移研究[J].数量经济技术经济研究,2017,34(8):89-104.

[52] DUAN C C,CHEN B,FENG K S,et al. Interregional carbon flows of China[J]. Applied Energy,2018,227(C):342-352.

[53] MI Z F,MENG J,GUAN D B,et al. Chinese CO_2 emission flows have reversed since the global financial crisis[J]. Nature Communications,2017,8(1):1-10.

[54] 谭娟,陈鸣.基于多区域投入产出模型的中欧贸易隐含碳测算及分析[J].经济学家,2015(2):72-81.

[55] 闫云凤.消费碳排放责任与中国区域间碳转移——基于MRIO模型的评估[J].工业技术经济,2014,33(8):91-98.

[56] 赵玉焕,李洁超.基于技术异质性的中美贸易隐含碳问题研究[J].中国人口·资源与环境,2013,23(12):28-34.

[57] 马述忠,黄东升.基于MRIO模型的碳足迹跨国比较研究[J].浙江大学学报(人文社会科学版),2011,41(4):5-15.

[58] 刘俊伶,王克,邹骥.基于MRIO模型的全球贸易内涵碳流向分析[J].世界经济研

究,2014(6):43-48+88.

[59] 姚亮,刘晶茹. 中国八大区域间碳排放转移研究[J]. 中国人口·资源与环境,2010,20(12):16-19.

[60] WIEDMANN T,CHEN G W,OWEN A,et al. Three-scope carbon emission inventories of global cities[J]. Journal of Industrial Ecology,2021,25(3):735-750.

[61] MI Z F,ZHANG Y K,GUAN D B,et al. Consumption-based emission accounting for Chinese cities[J]. Applied energy,2016,184:1073-1081.

[62] BAI Y C,ZHENG H R,MENG J,et al. The consumption-based carbon emissions in the Jing-Jin-Ji urban agglomeration over China's economic transition[J]. Earth's Future,2021,9(9):15.

[63] QIAN Y K,ZHENG H R,MENG J,et al. Large inter-city inequality in consumption-based CO_2 emissions for China's pearl river basin cities[J]. Resources,Conservation and Recycling,2022,176:105923.

[64] ZHU M M,WANG J G,ZHANG J,et al. Urban low-carbon consumption performance assessment:A case study of Yangtze River Delta cities,China[J]. Sustainability,2022,14(16):10089.

[65] XING Z C,JIAO Z H,WANG H K. Carbon footprint and embodied carbon transfer at city level:A nested MRIO analysis of Central Plain urban agglomeration in China[J]. Sustainable Cities and Society,2022,83:103977.

[66] SHUE H. Global environment and international inequality[J]. International affairs,1999,75(3):531-545.

[67] HEIL M T,WODON Q T. Inequality in CO_2 emissions between poor and rich countries[J]. Journal of Environment and Development,1997,6(4):426-452.

[68] YANG T R,LIU W L. Inequality of household carbon emissions and its influencing factors:Case study of urban China[J]. Habitat International,2017,70:61-71.

[69] 卢俊宇,黄贤金,戴靓,等. 基于时空尺度的中国省级区域能源消费碳排放公平性分析[J]. 自然资源学报,2012,27(12):2006-2017.

[70] 王迪,聂锐,王胜洲. 中国二氧化碳排放区域不平等的测度与分解——基于人际公平的视角[J]. 科学学研究,2012,30(11):1662-1670+1661.

[71] LIU T,PAN W Q. The regional inequity of CO_2 emissions per capita in China[J]. International Journal of Economics & Finance,2017,9(7):228-241.

[72] PADILLA E,SERRANO A. Inequality in CO_2 emissions across countries and its relationship with income inequality:A distributive approach[J]. Energy Policy,2006,34(14):1762-1772.

[73] HEDENUS F, AZAR C. Estimates of trends in global income and resource inequalities[J]. Ecological Economics, 2005, 55(3):351-364.

[74] 查冬兰,周德群. 地区能源效率与二氧化碳排放的差异性——基于 Kaya 因素分解[J]. 系统工程,2007,25(11):65-71.

[75] GROOT L. Lorenz curves[J]. Resource Carbon and Energy Economics, 2010, 32(1):45-64.

[76] DURO J A, PADILLA E. International inequalities in per capita CO_2 emissions: A decomposition methodology by Kaya factors[J]. Energy Economics, 2006, 28(2):170-187.

[77] 丁仲礼,段晓男,葛全胜,等. 2050 年大气 CO2 浓度控制:各国排放权计算[J]. 中国科学(D 辑:地球科学),2009,39(8):1009-1027.

[78] 滕飞,何建坤,潘勋章,等. 碳公平的测度:基于人均历史累计排放的碳基尼系数[J]. 气候变化研究进展,2010,6(6):449-455.

[79] PAN T C, KAO J J. Inter-generational equity index for assessing environmental sustainability: An example on global warming[J]. Ecological Indicators, 2009, 9(4):725-731.

[80] 陈华,诸大建,邹丽. 全球主要国家的二氧化碳排放空间研究——基于生态—公平—效率模型[J]. 东北大学学报(社会科学版),2012,14(2):119-124.

[81] 邱俊永,钟定胜,俞俏翠,等. 基于基尼系数法的全球 CO_2 排放公平性分析[J]. 中国软科学,2011(4):14-21.

[82] 王直,魏尚进,祝坤福. 总贸易核算法:官方贸易统计与全球价值链的度量[J]. 中国社会科学,2015(09):108-127+205-206.

[83] WIEDMANN T, M LENZEN. Environmental and social footprints of international trade[J]. Nature Geoscience, 2018, 11(5):314-321.

[84] 邢贞成,王济干,冯奎双,等. 国际贸易中碳排放与增加值的虚拟转移及其不公平性研究[J]. 世界地理研究,2023,32(08):16-24+138.

[85] 任亚楠,田金平,陈吕军. 中国对外贸易的经济增加值——隐含碳排放失衡问题研究[J]. 中国环境管理,2022,14(5):49-59.

[86] 潘安,谢奇灼,戴岭. 中国出口贸易利益与环境成本的失衡[J]. 环境经济研究,2019,4(3):10-29.

[87] XIONG Y J, WU S M. Real economic benefits and environmental costs accounting of China-US trade[J]. Journal of Environmental Management, 2021, 279:111390.

[88] 姜鸿,高洁,张艺影. 基于碳排放权价值的中国省域绿色贸易利益测度[J]. 中国人口·资源与环境,2022,32(5):34-45.

[89] MORAN D D,LENZEN M,KANEMOTO K,et al. Does ecologically unequal exchange occur?[J]. Ecological Economics,2013,89(1):177-186.

[90] PRELL C,SUN L X. Unequal carbon exchanges:understanding pollution embodied in global trade[J]. Environmental Sociology,2015,1(4):256-267.

[91] PRELL C. Wealth and pollution inequalities of global trade:A network and input-output approach. Social Science Journal,2015,53(1):111-121.

[92] PRELL C,FENG K S. The evolution of global trade and impacts on countries' carbon trade imbalances[J]. Social Networks,2016,46:87-100.

[93] HUBACEK K,BAIOCCHI G,FENG K S,et al. Global carbon inequality[J]. Energy,Ecology and Environment,2017,2(6):361-369.

[94] 张伟. 中国贸易隐含大气污染转移与环境不公平研究[D]. 南京:南京大学,2018.

[95] 陈炜明. 全球贸易及其结构变化对各国经济和资源环境影响研究[D]. 北京:中国地质大学(北京),2019.

[96] PRELL C,FENG K S,SUN L X,et al. The economic gains and environmental losses of US consumption:A world-systems and input-output approach[J]. Social Forces,2014,93(1):405-428.

[97] PRELL C,SUN L X,FENG K S,et al. Inequalities in global trade:A cross-country comparison of Trade network position,economic wealth,pollution and mortality[J]. PLoS ONE,2015,10(12):e0144453.

[98] YU Y,FENG K S,HUBACEK K. China's unequal ecological exchange[J]. Ecological Indicators,2014,47(S1):156-163.

[99] 杨青林,赵荣钦,罗慧丽,等. 中国省际粮食贸易碳转移空间格局及其责任分担[J]. 农业工程学报,2022,38(16):1-10.

[100] 张洋,江亿,胡姗,等. 基于基准值的碳排放责任核算方法[J]. 中国人口·资源与环境,2020,30(11):43-53.

[101] 卫瑞,彭水军,张文城. 全球价值链中的碳排放责任分担:基于价值俘获视角[J]. 国际经贸探索,2022,38(10):37-51.

[102] 李慧明,李彦文."共同但有区别的责任"原则在《巴黎协定》中的演变及其影响[J]. 阅江学刊,2017,9(5):26-36+144-145.

[103] 王文举,陈真玲. 中国省级区域初始碳配额分配方案研究——基于责任与目标、公平与效率的视角[J]. 管理世界,2019,35(3):81-98.

[104] 王猛猛,刘红光. 碳排放责任核算研究进展[J]. 长江流域资源与环境,2021,30(10):2502-2511.

[105] GUPTA S,BHANDARI P M. An effective allocation criterion for CO_2 emissions

[J]. Energy Policy,1999,27(12):727-736.

[106] NEUMAYER E. In defence of historical accountability for greenhouse gas emissions [J]. Ecological economics,2000,33(1):185-192.

[107] CHEN Y S. Does a regional greenhouse gas policy make sense? A case study of carbon leakage and emissions spillover[J]. Energy Economics,2009,31(5):667-675.

[108] GUO J,ZOU L L,WEI Y M. Impact of inter-sectoral trade on national and global CO_2 emissions:An empirical analysis of China and US[J]. Energy Policy,2010, 38(3):1389-1397.

[109] ROTHMAN D S. Environmental Kuznets curves—real progress or passing the buck?:A case for consumption-based approaches[J]. Ecological economics,1998, 25(2):177-194.

[110] ALDY J E. An environmental Kuznets curve analysis of US state-level carbon dioxide emissions[J]. The Journal of Environment & Development,2005,14(1):48-72.

[111] PARIKH J K, PAINULY J P. Population, consumption patterns and climate change:A socioeconomic perspective from the south[J]. Ambio,1994,23(7): 434-437.

[112] HAMILTON C, TURTON H. Determinants of emissions growth in OECD countries[J]. Energy Policy,2002,30(1):63-71.

[113] 李丽平,任勇,田春秀. 国际贸易视角下的中国碳排放责任分析[J]. 环境保护,2008,36(6):62-64.

[114] 樊纲,苏铭,曹静. 最终消费与碳减排责任的经济学分析[J]. 经济研究,2010,45(1):4-14+64.

[115] 吴先华,郭际,郭雯倩. 基于商品贸易的中美间碳排放转移测算及启示[J]. 科学学研究,2011,29(9):1323-1330.

[116] PROOPS J L R,ATKINSON G,SCHLOTHEIM B F V,et al. International trade and the sustainability footprint:A practical criterion for its assessment[J]. Ecological Economics,1999,28(1):75-97.

[117] MUNKSGAARD J,PEDERSEN K A. CO_2 accounts for open economies:producer or consumer responsibility? [J]. Energy policy,2001,29(4):327-334.

[118] 钟章奇,姜磊,何凌云,等. 基于消费责任制的碳排放核算及全球环境压力[J]. 地理学报,2018,73(3):442-459.

[119] 韩中,陈耀辉,时云. 国际最终需求视角下消费碳排放的测算与分解[J]. 数量经济技术经济研究,2018,35(7):114-129.

[120] ANDREW R,FORGIE V. A three-perspective view of greenhouse gas emission

responsibilities in New Zealand[J]. Ecological Economics,2008,68(1-2):194-204.

[121] BASTIANONI S, PULSELLI F M, TIEZZI E. The problem of assigning responsibility for greenhouse gas emissions[J]. Ecological economics,2004,49(3):253-257.

[122] JAKOB M,MARSCHINSKI R. Interpreting trade-related CO_2 emission transfers [J]. Nature Climate Change,2013,3(1):19-23.

[123] 张同斌,孟令蝶,孙静. 碳排放共同责任的测度优化与国际比较研究[J]. 财贸研究,2018,29(10):19-31.

[124] MCKERLIE K, KNIGHT N, THORPE B. Advancing extended producer responsibility in Canada[J]. Journal of Cleaner Production,2006,14(6-7):616-628.

[125] 王育宝,何宇鹏. 增加值视角下中国省域净碳转移权责分配[J]. 中国人口·资源与环境,2021,31(1):15-25.

[126] 邓楚雄,张光杰,李科. 跨省贸易中水污染物与增加值的虚拟转移及其环境不平等测度[J]. 环境经济研究,2020,5(2):18-33.

[127] KONDO Y,MORIGUCHI Y,SHIMIZU H. CO_2 emissions in Japan:influences of imports and exports[J]. Applied energy,1998,59(2-3):163-174.

[128] FERNG J J. Allocating the responsibility of CO_2 over-emissions from the perspectives of benefit principle and ecological deficit[J]. Ecological economics,2003,46(1):121-141.

[129] PETERS G P. From production-based to consumption-based national emission inventories[J]. Ecological Economics,2008,65(1):13-23.

[130] LIANG S,QU S,ZHU Z Q,et al. Income-based greenhouse gas emissions of nations [J]. Environmental Science & Technology,2017,51(1):346-355.

[131] QIAN Y,BEHRENS P,TUKKER A,et al. Environmental responsibility for sulfur dioxide emissions and associated biodiversity loss across Chinese provinces[J]. Environmental Pollution,2019,245:898-908.

[132] PIÑERO P,BRUCKNER,WIELAND H,et al. The raw material basis of global value chains:allocating environmental responsibility based on value generation[J]. Economic Systems Research,2019,31(2):206-227.

[133] CSUTORA M, VETŐNÉMÓZNER Z. Proposing a beneficiary-based shared responsibility approach for calculating national carbon accounts during the post-Kyoto era[J]. Climate policy,2014,14(5):599-616.

[134] 王文治,杨爽,王怡. 全球贸易隐含碳的责任共担及其跨区域补偿[J]. 环境经济研究,2019,4(3):30-47.

[135] 彭水军,张文城,卫瑞. 碳排放的国家责任核算方案[J]. 经济研究,2016,51(3):137-150.

[136] JAKOB M,WARD H,STECKEL J C. Sharing responsibility for trade-related emissions based on economic benefits[J]. Global Environmental Change Part A: Human & Policy Dimensions,2021,66:102207.

[137] 汪燕,王文治,马淑琴. 中国省域间碳排放责任共担与碳减排合作[J]. 浙江社会科学,2020(1):40-51+156.

[138] 杨军,杨泽,丛建辉,等. 责任和收益匹配原则下中国省域碳排放责任共担方案优化[J]. 资源科学,2022,44(09):1745-1758.

[139] 王喜莲,金青. 碳中和背景下中国贸易隐含碳排放及责任分担[J]. 环境科学与技术,2021,44(11):205-210.

[140] ZHEN W,LI J S. The formation and transmission of upstream and downstream sectoral carbon emission responsibilities:Evidence from China[J]. Sustainable Production and Consumption,2021,25:563-576.

[141] 赵定涛,杨树. 共同责任视角下贸易碳排放分摊机制[J]. 中国人口·资源与环境,2013,23(11):1-6.

[142] 徐盈之,吕璐. 基于投入产出分析的我国碳减排责任分配优化研究[J]. 东南大学学报(哲学社会科学版),2014(3):15-22+134.

[143] 陈楠,刘学敏,长谷部勇一. 公平视角下的中日两国碳排放责任研究[J]. 国际贸易问题,2016(7):84-96.

[144] 张为付,杜运苏. 中国对外贸易中隐含碳排放失衡度研究[J]. 中国工业经济,2011(4):138-147.

[145] 尹显萍,程茗. 中美商品贸易中的内涵碳分析及其政策含义[J]. 中国工业经济,2010(8):45-55.

[146] 王文举,向其凤. 国际贸易中的隐含碳排放核算及责任分配[J]. 中国工业经济,2011(10):56-64.

[147] 史亚东. 各国二氧化碳排放责任的实证分析[J]. 统计研究,2012(7):61-67.

[148] 徐盈之,郭进. 开放经济条件下国家碳排放责任比较研究[J]. 中国人口·资源与环境,2014(1):55-63.

[149] 许冬兰,王运慈. "生产—消费"双重负责制下的贸易碳损失核算及碳排放责任界定研究[J]. 青岛科技大学学报(社会科学版),2015,31(3):33-38.

[150] 余丽丽,彭水军. 新发展格局下产业升级、国内贸易与绿色增长[J/OL]. 系统工程理论与实践,1-27[2023-12-14]http://kns.cnki.net/kcms/detail/11.2267.N.20231211.1611.031.html.

[151] 赵荣钦,刘英,李宇翔,等. 区域碳补偿研究综述:机制,模式及政策建议[J]. 地域研究与开发,2015,34(5):116-120.

[152] 曹改改. 基于碳收支核算的中国省域碳补偿问题研究[D]. 成都:西南财经大学,2022.

[153] 李青青,龚梦祎,顾庆平. 总量控制与交易机制中的碳补偿制度研究[J]. 环境科学与管理,2013,38(8):51-55.

[154] 武曙红,张小全,宋维明. 国际自愿碳汇市场的补偿标准[J]. 林业科学,2009,45(3):134-139.

[155] 邢贞成. 中国省际贸易隐含碳排放测算及跨区域补偿机制[J]. 环境经济研究,2023,8(1):84-99.

[156] KOLLMUSS A,ZINK H,POLYCARP C. Making sense of the voluntary carbon market:A comparison of carbon offset standards[R]. WWF Germany,2008:1-23.

[157] JACK B K,KOUSKY C,SIMS K R E. Designing payments for ecosystem services:Lessons from previous experience with incentive-based mechanisms[J]. Proceedings of the national Academy of Sciences,2008,105(28):9465-9470.

[158] BUMPUS A G,LIVERMAN D M. Accumulation by decarbonization and the governance of carbon offsets[J]. Economic Geography,2008,84(2):127-155.

[159] BIENABE E,HEARNE R R. Public preferences for biodiversity conservation and scenic beauty within a framework of environmental services payments[J]. Forest Policy and Economics,2006,9(4):335-348.

[160] MCKERCHER B, PRIDEAUX B, CHEUNG C, et al. Achieving voluntary reductions in the carbon footprint of tourism and climate change[J]. Journal of sustainable tourism,2010,18(3):297-317.

[161] SOTO J R,ADAMS D C,ESCOBEDO F J. Landowner attitudes and willingness to accept compensation from forest carbon offsets:Application of best-worst choice modeling in Florida USA[J]. Forest Policy and Economics,2016,63:35-42.

[162] 韩超跃,赵先超,胡艺觉,等. 湖南省县域农业碳收支时空差异及碳补偿潜力[J]. 水土保持通报,2023,43(05):343-354.

[163] 刘照,王立国,程时雨,等. 基于BRT的森林旅游地游客碳补偿意愿及其影响因素分析——以明月山国家森林公园为例[J]. 西北林学院学报,2019,34(02):267-272.

[164] WANG W X,WANG W J,XIE P C,et al. Spatial and temporal disparities of carbon emissions and interregional carbon compensation in major function-oriented zones:A case study of Guangdong province [J]. Journal of Cleaner Production, 2020, 245:118873.

[165] KNOKE T,STEINBEIS O E,BÖSCH M,et al. Cost-effective compensation to avoid carbon emissions from forest loss:An approach to consider price-quantity effects and risk-aversion[J]. Ecological Economics,2011,70(6):1139-1153.

[166] 余光辉,耿军军,周佩纯,等.基于碳平衡的区域生态补偿量化研究——以长株潭绿心昭山示范区为例[J].长江流域资源与环境,2012,21(4):454-458.

[167] YU J N,YAO S B,ZHANG B S. Designing afforestation subsidies that account for the benefits of carbon sequestration:A case study using data from China's Loess Plateau[J]. Journal of forest economics,2014,20(1):65-76.

[168] FOLEY T G,RICHTER D B,GALIK C S. Extending rotation age for carbon sequestration:a cross-protocol comparison of North American forest offsets[J]. Forest Ecology and Management,2009,259(2):201-209.

[169] 费芩芳.旅游者碳补偿支付意愿及碳补偿模式研究——以杭州西湖风景区为例[J].江苏商论,2012(12):89-91.

[170] 赵秦龙,袁丽萍,周顺福,等.论碳补偿视角下云南林业可持续发展模式[J].林业科技情报,2016,48(4):48-49.

[171] 伍国勇,刘金丹,杨丽莎.中国农业碳排放强度动态演进及碳补偿潜力[J].中国人口·资源与环境,2021,31(10):69-78.

[172] 李颖,葛颜祥,刘爱华,等.基于粮食作物碳汇功能的农业生态补偿机制研究[J].农业经济问题,2014,35(10):33-40.

[173] 陈儒,姜志德.中国省域低碳农业横向空间生态补偿研究[J].中国人口·资源与环境,2018,28(4):87-97.

[174] MIAO Y,KONG C C,WANG L L,et al. A provincial lateral carbon emissions compensation plan in China based on carbon budget perspective[J]. Science of the Total Environment,2019,692:1086-1096.

[175] 张珊珊,刘思琪,李姝萌.江苏省工业终端能源消费及企业碳补偿措施研究[J].管理观察,2017(4):162-165.

[176] AROWOLO A O,DENG X Z,OLATUNJI O A,et al. Assessing changes in the value of ecosystem services in response to land-use/land-cover dynamics in Nigeria [J]. Science of the total Environment,2018,636:597-609.

[177] LU J L,WANG C Y. Investigating the impacts of air travellers' environmental knowledge on attitudes toward carbon offsetting and willingness to mitigate the environmental impacts of aviation[J]. Transportation Research Part D:Transport and Environment,2018,59:96-107.

[178] 王政强,覃盟琳,唐世斌,等.北部湾城市群土地利用碳收支时空分异及碳补偿分区

[J].水土保持通报,2022,42(5):348-359.

[179] 杨浩,曾圣丰,曾维忠,等.基于希克斯分析法的中国森林碳汇造林生态补偿——以"放牧地-碳汇林地"土地用途转变为例[J].科技管理研究,2016,36(9):221-227.

[180] 陈儒,姜志德.农户低碳农业生产生态补偿标准研究[J].干旱区资源与环境,2018,32(9):63-70.

[181] 丁晨希,王立国.自愿机制下森林旅游地经营者碳补偿意愿的影响因素研究——基于江西省10个森林公园464份样本的调查分析[J].华中师范大学学报(自然科学版),2020,54(1):104-113.

[182] 康宝怡,朱明芳.生态旅游视域下旅游者碳补偿支付意愿影响因素研究——以中国大熊猫国家公园为例[J].干旱区资源与环境,2022,36(7):16-22.

[183] 于金娜,姚顺波.基于碳汇效益视角的最优退耕还林补贴标准研究[J].中国人口·资源与环境,2012,22(7):34-39.

[184] 王正淑,王继军,刘佳.基于碳汇的县南沟流域退耕林地补偿标准研究[J].自然资源学报,2016,31(5):779-788.

[185] 张巍.区域碳补偿标准及额度研究[J].统计与决策,2019,35(24):55-58.

[186] MARCHI M,JØRGENSEN S E,PULSELLI F M,et al. Modelling the carbon cycle of Siena Province (Tuscany,central Italy)[J]. Ecological Modelling,2012,225:40-60.

[187] BULLOCK S H,ESCOTO-RODRÍGUEZ M,SMITH S V,et al. Carbon flux of an urban system in México[J]. Journal of Industrial Ecology,2011,15(4):512-526.

[188] 杨静媛,张明,多玲花,等.江西省土地利用碳排放空间格局及碳平衡分区[J].环境科学研究 2022,35(10):2312-2321.

[189] ESCOBEDO F,VARELA S,ZHAO M,et al. Analyzing the efficacy of subtropical urban forests in offsetting carbon emissions from cities[J]. Environmental Science & Policy,2010,13(5):362-372.

[190] 公衍照,吴宗杰.论温室气体减排中的碳补偿[J].山东理工大学学报(社会科学版),2012,28(1):5-10.

[191] 赵荣钦,刘英,马林,等.基于碳收支核算的河南省县域空间横向碳补偿研究[J].自然资源学报,2016,31(10):1675-1687.

[192] CHEN S Q,CHEN B. Network environ perspective for urban metabolism and carbon emissions:A case study of Vienna,Austria[J]. Environmental Science & Technology,2012,46(8):4498-4506.

[193] 夏四友,杨宇.基于主体功能区的京津冀城市群碳收支时空分异与碳补偿分区[J].地理学报,2022,77(3):679-696.

[194] YANG G C,SHANG P P,HE L C,et al. Interregional carbon compensation cost

forecast and priority index calculation based on the theoretical carbon deficit:China as a case[J]. Science of the Total Environment,2019,654(1):786-800.

[195] 周嘉,王钰萱,刘学荣,等.基于土地利用变化的中国省域碳排放时空差异及碳补偿研究[J].地理科学,2019,39(12):1955-1961.

[196] 魁奈.经济表的分析[M].重农学派,1846.

[197] LEONITIEF W . Quantitative input-output relations in the economics system of the United States[J]. Review of Economics and Statistics,1936,18:105-125.

[198] LEONITIEF W. Input-output economics [M]. Oxford:Oxford University Press, 1986.

[199] LEONITIEF W. Srtucture of the world economy:outline of a simple input-output formulation[J]. The American Economic Review,1974(6):823-834.

[200] LEONITIEF W. Environmental repercussions and the economic structure:an input-output approach[J]. The Review of Economics and Statistics,1970,52(3):262-271.

[201] MILLER R E,BLAIR P D. Input-output analysis:foundations and extensions[M]. Cambridge :Cambridge university press,2009.

[202] WALTER I. The pollution content of American trade [J]. Economic Inquiry,1973, 11(1):61-70.

[203] FIELEKE N. The energy trade:the United States in deficit [J]. New England Economic Review,1975:525-534.

[204] LEE K S. A generalized input-output model of an economy with environmental protection[J]. The Review of Economics and Statistics,1982,64(3):466-473.

[205] TAMURA H, ISHIDA T. Environmental-economic models for total emission control of regional environmental pollution—input-output approach[J]. Ecological modelling,1985,30(3-4):163-173.

[206] SCHÄFER D,STAHMER C. Input-output model for the analysis of environmental protection activities[J]. Economic Systems Research,1989,1(2):203-228.

[207] OHLIN B. Interregional and International Trade [M], Cambridge: Harvard University Press,1933.

[208] SAMUELSON P A. The pure theory of public expenditure[J]. The Review of Economics and Statistics,1954,36(4):387-389.

[209] 沈满洪,谢慧明.公共物品问题及其解决思路——公共物品理论文献综述[J].浙江大学学报(人文社会科学版),2009,39(6):133-144.

[210] PIGOU A C. The Economics of Welfare[M]. London:Macmillan,1920.

[211] 丁宋涛,刘厚俊.垂直分工演变、价值链重构与"低端锁定"突破——基于全球价值

链治理的视角[J]. 审计与经济研究,2013(5):105-112.

[212] MI Z F, MENG J, GREEN F, et al. China's "exported carbon" peak: patterns, drivers, and implications[J]. Geophysical Research Letters,2018,45(9):4309-4318.

[213] ZHOU P, ANG B W, ZHOU D Q. Measuring economy-wide energy efficiency performance: A parametric frontier approach[J]. Applied Energy, 2012, 90(1): 196-200.

[214] FÄRE R, GROSSKOPF S, LOVELL C A K, et al. Derivation of shadow prices for undesirable outputs: a distance function approach[J]. The Review of Economics and Statistics,1993,75(2):374-380.

[215] CHAMBERS R G, CHUNG Y H, FÄRE R. Profit, directional distance functions, and Nerlovian efficiency[J]. Journal of Optimization Theory and Applications,1998, 98(2):351-364.

[216] 陈诗一. 工业二氧化碳的影子价格:参数化和非参数化方法[J]. 世界经济,2010, 33(8):93-111.

[217] 石敏俊,张卓颖. 中国省区间投入产出模型与省区间经济联系[M]. 北京:科学出版社,2012.

[218] PAN C, PETERS G P, ANDREW R M, et al. Structural changes in provincial emission transfers within China[J]. Environmental Science & Technology, 2018, 52(22):12958-12967.

[219] ZHENG H R, BAI Y C, WEI W, et al. Chinese provincial multi-regional input-output database for 2012,2015, and 2017[J]. Scientific Data,2021,8(1):244.

[220] 李善同,潘晨,何建武,等. 2017年中国省际间投入产出表:编制与应用[M]. 北京:经济科学出版社,2022.

[221] GUAN Y R, SHAN Y L, HUANG Q, et al. Assessment to China's recent emission pattern shifts[J]. Earth's Future,2021,9(11):e2021EF002241.

[222] 张军,吴桂英,张吉鹏. 中国省际物质资本存量估算:1952—2000[J]. 经济研究, 2004,39(10):35-44.

[223] ZHANG H Y, ZHANG W, LU Y L, et al. Worsening Carbon Inequality Embodied in Trade within China[J]. Environmental Science & Technology, 2023, 57(2): 863-873.

[224] 王文治. 我国省域消费侧碳排放责任分配的再测算——基于责任共担和技术补偿的视角[J]. 统计研究,2022,39(6):3-16.

附录

附录 A 地区与行业名称

表 A1 地区与行业的名称列表

省份序号	省份名称	行业序号	行业名称
1	北京	1	农林牧渔业
2	天津	2	煤炭开采和洗选业
3	河北	3	石油和天然气开采业
4	山西	4	金属矿采选业
5	内蒙古	5	非金属矿及其他矿采选业
6	辽宁	6	食品制造及烟草加工业
7	吉林	7	纺织业
8	黑龙江	8	纺织服装鞋帽皮革羽绒及其制品业
9	上海	9	木材加工及家具制造业
10	江苏	10	造纸印刷及文教体育用品制造业
11	浙江	11	石油加工、炼焦及核燃料加工业
12	安徽	12	化学工业
13	福建	13	非金属矿物制品业
14	江西	14	金属冶炼及压延加工业
15	山东	15	金属制品业
16	河南	16	通用、专用设备制造业
17	湖北	17	交通运输设备制造业
18	湖南	18	电气机械及器材制造业
19	广东	19	通信设备、计算机及其他电子设备制造业

续表

省份序号	省份名称	行业序号	行业名称
20	广西	20	仪器仪表及文化办公用机械制造业
21	海南	21	其他制造业
22	重庆	22	电力、热力的生产和供应业
23	四川	23	燃气及水的生产与供应业
24	贵州	24	建筑业
25	云南	25	交通运输及仓储业
26	陕西	26	批发零售业
27	甘肃	27	其他服务业
28	青海		
29	宁夏		
30	新疆		

附录 B 中国省域间贸易碳转移

表 B1 2002 年中国 30 个省市自

	北京	天津	河北	山西	内蒙古	辽宁	吉林	黑龙江	上海	江苏	浙江	安徽	福建	江西
北京	0.00	2.26	3.24	0.41	0.47	0.73	1.15	1.27	0.78	1.73	1.61	1.35	0.85	0.6
天津	3.40	0.00	1.93	0.46	0.42	0.80	1.05	0.95	0.70	1.53	1.44	1.19	0.67	0.6
河北	12.24	3.57	0.00	1.72	2.35	3.59	7.22	3.60	5.17	6.91	11.08	5.50	3.27	2.1
山西	7.08	1.57	6.67	0.00	0.99	4.17	1.81	2.12	2.44	5.55	5.16	1.68	0.93	1.0
内蒙古	8.62	1.72	4.19	0.62	0.00	4.93	2.50	2.63	2.64	6.14	6.39	2.10	1.08	0.9
辽宁	5.03	1.79	7.18	0.77	1.03	0.00	5.18	5.09	1.90	3.58	7.74	3.01	1.99	1.3
吉林	3.80	1.41	2.88	0.53	0.68	3.07	0.00	4.33	1.49	2.86	3.48	2.06	1.04	0.9
黑龙江	2.03	0.81	2.22	0.44	0.52	3.31	2.66	0.00	1.26	2.11	2.65	1.32	1.05	0.8
上海	2.31	0.95	2.04	0.46	0.41	0.84	0.94	1.05	0.00	2.93	3.37	1.81	1.17	1.0
江苏	3.62	1.74	2.83	0.62	0.73	1.39	1.52	1.45	1.76	0.00	4.46	3.68	1.34	1.1
浙江	2.69	1.23	2.34	0.63	0.74	1.26	1.62	1.56	2.36	3.40	0.00	2.71	1.99	1.2
安徽	3.77	1.24	3.29	0.54	0.84	1.83	2.31	1.59	3.26	5.75	6.95	0.00	1.58	1.7
福建	0.96	0.32	0.84	0.12	0.17	0.48	0.41	0.40	0.45	0.83	0.93	0.50	0.00	0.3
江西	0.97	0.52	1.13	0.18	0.28	0.36	0.59	0.60	0.92	1.14	1.85	1.50	0.84	0.0
山东	2.72	2.02	3.43	0.92	1.29	2.33	1.60	0.67	2.73	2.47	3.79	3.08	1.41	1.1
河南	3.45	1.35	5.80	0.67	0.96	1.26	1.81	1.60	2.32	4.32	4.88	2.90	1.89	1.4
湖北	2.83	0.88	2.34	0.51	0.56	1.42	1.00	1.27	1.12	2.34	2.84	1.61	1.16	1.5
湖南	1.48	0.71	1.76	0.31	0.53	0.56	1.32	0.80	1.60	1.39	3.24	1.30	1.13	1.1
广东	1.95	0.66	1.73	0.39	0.48	0.73	0.96	0.88	1.17	2.02	2.99	1.40	0.79	0.7
广西	1.52	0.87	1.36	0.27	0.45	0.47	1.06	0.66	1.48	1.11	2.23	1.01	0.80	0.5
海南	0.01	0.01	0.01	0.00	0.00	0.01	0.00	0.01	0.00	0.01	0.01	0.01	0.00	0.0
重庆	3.09	2.55	2.05	0.47	0.65	0.89	1.83	0.98	1.48	2.59	2.29	1.40	1.05	0.8
四川	1.44	0.58	1.19	0.28	0.29	0.78	0.64	0.56	0.72	1.23	1.25	0.71	0.36	0.4
贵州	2.33	0.75	1.88	0.30	0.37	1.22	0.80	0.98	1.14	2.10	3.47	1.21	0.68	0.7
云南	1.06	0.46	1.09	0.21	0.29	0.63	0.43	0.54	0.69	0.96	1.62	0.81	0.37	0.4
陕西	1.69	0.75	1.61	0.43	0.58	0.72	0.99	0.85	1.08	1.71	1.73	1.21	0.74	0.8
甘肃	0.78	0.42	1.14	0.17	0.42	0.30	0.41	0.57	0.51	1.09	1.05	0.72	0.42	0.3
青海	0.51	0.34	0.21	0.09	0.08	0.19	0.16	0.17	0.15	0.35	0.25	0.10	0.08	0.1
宁夏	0.01	0.01	0.01	0.00	0.02	0.01	0.00	0.01	0.00	0.01	0.01	0.01	0.01	0.0
新疆	1.02	0.48	1.97	0.23	0.29	0.76	0.73	0.53	0.91	1.58	2.28	0.90	0.58	0.5

附录

转移(百万吨)

湖北	湖南	广东	广西	海南	重庆	四川	贵州	云南	陕西	甘肃	青海	宁夏	新疆
0.73	0.70	1.57	1.52	0.38	1.16	0.71	0.63	0.64	0.98	0.43	0.34	0.39	0.90
0.74	0.59	1.39	1.00	0.28	0.71	0.74	0.42	0.56	0.63	0.34	0.20	0.28	0.64
2.38	2.98	8.16	2.15	0.80	3.73	2.51	1.27	1.78	6.90	1.43	0.53	0.80	1.78
1.93	1.81	5.84	1.89	0.48	2.11	2.49	0.58	1.51	2.11	0.89	0.48	0.64	1.10
1.54	2.14	6.37	2.13	0.50	2.49	1.47	0.57	0.96	2.37	0.99	0.43	0.81	1.01
1.58	1.58	4.16	1.38	0.50	2.04	1.43	0.79	1.00	1.74	0.77	0.31	0.51	1.18
1.01	0.96	4.36	1.34	0.34	1.41	1.00	0.53	0.78	1.23	0.44	0.38	0.34	0.77
1.29	0.92	2.15	0.71	0.30	1.08	0.82	0.38	0.62	0.69	0.42	0.26	0.25	0.54
0.94	0.77	3.31	1.06	0.33	1.42	1.07	0.68	0.68	0.77	0.44	0.30	0.30	0.95
0.90	1.29	3.01	1.07	0.43	1.93	1.22	0.77	0.85	1.26	0.80	0.23	0.42	0.85
0.85	1.37	4.29	1.10	0.36	1.73	1.23	0.72	0.81	0.93	0.52	0.21	0.31	0.82
1.23	1.60	3.84	1.13	0.42	1.63	1.12	0.56	0.87	2.13	0.66	0.22	0.36	0.81
0.22	0.49	0.86	0.32	0.12	0.57	0.30	0.16	0.21	0.31	0.15	0.08	0.10	0.23
0.97	1.49	1.24	0.44	0.28	0.59	0.46	0.32	0.51	0.68	0.30	0.15	0.18	0.39
1.73	0.98	3.42	1.22	0.42	1.36	0.88	0.59	1.26	1.02	0.57	0.27	0.29	0.66
3.21	1.98	3.46	0.96	0.50	1.74	1.30	0.67	0.94	3.02	0.91	0.25	0.47	1.01
0.00	2.72	3.15	1.33	0.48	1.34	1.08	0.59	0.92	1.34	0.58	0.26	0.35	0.82
1.28	0.00	2.12	0.65	0.41	1.00	0.63	0.50	0.71	1.69	0.42	0.11	0.22	0.48
0.79	1.32	0.00	0.82	0.34	1.50	0.89	0.69	0.72	0.84	0.39	0.16	0.20	0.52
0.60	1.05	1.99	0.00	0.87	0.99	0.62	0.51	0.72	1.49	0.34	0.15	0.20	0.50
0.01	0.01	0.01	0.03	0.00	0.00	0.01	0.02	0.02	0.00	0.01	0.00	0.01	0.01
1.21	1.13	2.42	1.69	0.60	0.00	1.98	1.15	1.31	1.90	0.65	0.24	0.42	0.73
0.63	0.69	1.37	0.62	0.26	1.10	0.00	0.31	0.74	0.87	0.44	0.20	0.26	0.51
1.19	1.54	3.09	1.22	0.46	1.64	0.96	0.00	1.35	0.91	0.45	0.21	0.27	0.61
0.54	0.74	1.47	0.50	0.23	0.76	0.59	0.25	0.00	0.61	0.30	0.14	0.17	0.39
1.22	1.04	1.58	0.72	0.30	0.91	1.46	0.35	0.76	0.00	0.72	0.22	0.35	0.59
0.55	0.57	0.76	0.32	0.19	0.49	0.55	0.20	0.41	0.98	0.00	0.35	0.50	0.57
0.14	0.13	0.23	0.23	0.08	0.16	0.19	0.06	0.11	0.15	0.28	0.00	0.17	0.12
0.01	0.01	0.01	0.01	0.01	0.00	0.02	0.01	0.02	0.01	0.05	0.01	0.00	0.03
1.05	0.85	1.14	0.43	0.20	0.60	0.69	0.22	0.42	0.57	0.44	0.18	0.18	0.00

表 B2 2003 年中国 30 个省市自

	北京	天津	河北	山西	内蒙古	辽宁	吉林	黑龙江	上海	江苏	浙江	安徽	福建	江西
北京	0.00	2.57	3.66	0.47	0.68	0.89	1.32	1.32	1.01	2.03	1.81	1.62	1.10	0.7
天津	3.22	0.00	2.26	0.51	0.65	1.04	1.30	1.03	0.85	1.61	1.50	1.37	0.78	0.7
河北	13.79	5.60	0.00	2.42	3.70	5.58	8.73	4.88	6.96	11.13	17.61	7.69	4.18	2.6
山西	6.74	1.93	8.45	0.00	1.27	4.14	3.08	2.26	2.87	5.89	6.31	2.36	1.19	2.1
内蒙古	7.53	2.22	5.33	0.81	0.00	4.81	3.85	2.87	3.07	6.35	7.15	2.74	1.42	2.0
辽宁	5.09	2.32	8.01	0.96	1.57	0.00	6.79	5.51	2.51	4.58	8.41	3.62	2.10	1.9
吉林	4.56	1.92	4.24	0.80	1.11	4.78	0.00	5.79	2.39	3.89	4.41	2.79	1.48	1.4
黑龙江	2.12	1.06	2.99	0.56	0.75	3.52	3.90	0.00	1.64	2.55	3.01	1.64	1.18	1.4
上海	2.31	1.21	2.84	0.52	0.64	1.05	1.20	1.14	0.00	3.16	3.56	2.22	1.52	1.0
江苏	3.71	2.18	4.26	0.78	1.71	1.97	3.11	1.91	2.39	0.00	5.35	5.51	1.73	1.6
浙江	2.66	1.51	3.25	0.68	1.38	1.38	2.60	1.62	2.79	3.47	0.00	3.66	2.05	1.4
安徽	4.99	2.11	5.23	0.91	1.54	2.80	3.89	2.41	4.80	8.40	10.13	0.00	2.53	3.0
福建	1.00	0.48	1.06	0.20	0.39	0.58	0.77	0.52	0.61	0.95	1.08	0.85	0.00	0.5
江西	1.00	0.58	1.21	0.23	0.43	0.47	0.74	0.66	0.95	1.16	1.79	1.69	1.01	0.0
山东	3.50	3.00	6.53	1.34	2.19	3.52	3.48	1.72	3.14	3.74	5.41	4.59	1.85	1.9
河南	3.95	2.05	6.81	1.02	1.84	2.22	3.30	2.12	3.00	5.81	7.44	4.27	2.18	1.9
湖北	2.73	1.19	2.94	0.60	0.89	1.50	2.01	1.43	1.55	2.60	3.07	2.04	1.35	2.4
湖南	1.53	0.86	2.11	0.42	0.78	0.84	1.56	0.94	1.62	1.74	3.16	1.68	1.23	1.1
广东	2.52	1.08	3.59	0.56	1.07	1.18	2.10	1.22	1.84	2.75	4.29	2.40	1.28	1.1
广西	1.49	0.93	1.64	0.31	0.58	0.67	1.34	0.77	1.52	1.44	2.42	1.27	0.90	0.8
海南	0.13	0.13	0.21	0.05	0.09	0.07	0.11	0.06	0.13	0.16	0.15	0.15	0.14	0.1
重庆	2.47	2.03	1.82	0.46	0.66	0.75	1.61	0.85	1.32	2.09	1.86	1.31	0.88	0.7
四川	1.77	0.86	1.84	0.46	0.67	1.16	1.31	0.92	1.04	1.72	1.72	1.26	0.64	0.7
贵州	2.85	1.24	3.07	0.52	0.75	1.80	2.14	1.56	1.88	3.05	4.64	1.95	1.10	1.8
云南	1.31	0.75	1.81	0.33	0.54	1.00	1.25	0.87	1.05	1.77	2.92	1.29	0.62	0.9
陕西	2.06	1.13	2.64	0.61	0.93	1.09	1.45	1.05	1.73	2.38	2.41	1.88	1.12	1.0
甘肃	0.99	0.58	1.56	0.24	0.56	0.60	0.89	0.80	0.70	1.51	1.56	1.03	0.54	0.6
青海	0.50	0.34	0.25	0.10	0.11	0.19	0.18	0.18	0.16	0.36	0.26	0.13	0.11	0.1
宁夏	0.80	0.67	1.24	0.39	0.91	0.72	1.46	0.96	0.76	0.88	0.91	0.89	0.55	1.2
新疆	1.28	0.65	2.42	0.34	0.48	0.99	1.02	0.68	1.15	1.96	2.57	1.26	0.82	0.7

附录

转移(百万吨)

湖北	湖南	广东	广西	海南	重庆	四川	贵州	云南	陕西	甘肃	青海	宁夏	新疆
0.71	0.79	1.82	1.62	0.37	1.21	0.74	0.72	0.76	1.18	0.43	0.33	0.44	1.00
0.70	0.76	1.61	0.96	0.23	0.71	0.76	0.46	0.64	0.78	0.33	0.17	0.28	0.69
2.63	4.31	11.53	3.08	0.75	4.03	3.43	1.88	2.56	8.73	1.58	0.57	1.06	2.63
2.27	2.27	6.42	2.02	0.43	2.24	2.59	0.73	1.66	2.36	0.98	0.45	0.64	1.17
1.74	2.43	6.78	2.06	0.39	2.43	1.69	0.78	1.21	2.83	1.03	0.37	0.77	1.30
1.68	2.12	5.42	1.61	0.42	2.07	1.79	1.00	1.37	2.29	0.83	0.31	0.55	1.47
1.39	1.50	6.46	1.70	0.37	1.79	1.38	0.77	1.20	1.87	0.62	0.41	0.44	1.10
1.46	1.26	2.93	0.89	0.26	1.21	1.02	0.50	0.83	1.03	0.51	0.24	0.29	0.66
0.87	0.93	3.64	1.20	0.31	1.34	1.16	0.74	0.88	0.93	0.43	0.27	0.31	1.06
1.07	2.48	4.59	1.53	0.35	1.82	1.63	1.12	1.13	1.99	0.81	0.24	0.47	1.20
0.87	2.04	4.72	1.34	0.30	1.57	1.41	0.92	1.00	1.44	0.54	0.20	0.33	0.98
2.00	2.69	6.14	1.84	0.50	2.32	1.79	0.99	1.47	3.22	1.00	0.30	0.53	1.39
0.30	0.80	1.34	0.48	0.12	0.64	0.50	0.30	0.38	0.58	0.21	0.09	0.15	0.37
1.07	1.67	1.34	0.58	0.25	0.68	0.60	0.43	0.61	0.79	0.34	0.15	0.21	0.50
2.00	2.28	4.42	1.83	0.37	1.74	2.18	1.09	1.76	2.41	0.82	0.30	0.48	1.31
3.11	3.06	4.86	1.50	0.41	2.01	2.02	1.08	1.38	4.24	1.03	0.27	0.56	1.41
0.00	3.06	3.51	1.46	0.43	1.54	1.24	0.76	1.06	1.65	0.69	0.26	0.40	0.97
1.30	0.00	2.72	0.93	0.33	1.04	0.86	0.73	0.93	1.78	0.44	0.12	0.25	0.66
0.87	2.33	0.00	1.35	0.31	1.54	1.38	0.96	1.09	1.57	0.46	0.18	0.26	0.77
0.65	1.23	2.62	0.00	0.71	1.09	0.80	0.64	0.94	1.53	0.36	0.15	0.21	0.60
0.11	0.10	0.21	0.23	0.00	0.10	0.11	0.14	0.17	0.09	0.06	0.02	0.05	0.11
1.02	1.03	2.29	1.42	0.47	0.00	1.63	1.07	1.28	1.61	0.56	0.21	0.36	0.66
0.86	1.17	2.02	0.97	0.27	1.74	0.00	0.67	1.25	1.45	0.61	0.23	0.36	0.83
1.74	2.28	4.22	1.81	0.50	2.52	1.62	0.00	2.06	1.57	0.69	0.26	0.38	1.00
0.74	1.07	2.44	0.78	0.22	1.00	0.86	0.52	0.00	0.98	0.39	0.15	0.23	0.62
1.25	1.46	2.45	1.08	0.30	1.25	1.75	0.62	1.06	0.00	0.85	0.25	0.46	0.87
0.65	0.74	1.19	0.42	0.18	0.62	0.72	0.30	0.53	1.21	0.00	0.35	0.53	0.75
0.17	0.15	0.25	0.24	0.08	0.19	0.22	0.09	0.14	0.18	0.40	0.00	0.21	0.16
0.67	0.79	1.09	0.55	0.09	0.78	0.85	0.55	0.68	0.97	1.01	0.25	0.00	1.08
1.12	1.03	1.73	0.61	0.19	0.72	0.84	0.34	0.62	0.79	0.52	0.17	0.22	0.00

表 B3 2004 年中国 30 个省市自

	北京	天津	河北	山西	内蒙古	辽宁	吉林	黑龙江	上海	江苏	浙江	安徽	福建	江西
北京	0.00	2.75	3.88	0.51	0.87	1.01	1.43	1.29	1.20	2.24	1.92	1.81	1.31	0.77
天津	3.47	0.00	2.89	0.63	0.96	1.41	1.70	1.24	1.10	1.91	1.75	1.72	0.98	0.89
河北	14.49	7.28	0.00	2.96	4.81	7.23	9.69	5.85	8.32	14.66	23.07	9.40	4.84	2.92
山西	5.60	2.07	9.30	0.00	1.41	3.62	4.03	2.15	2.98	5.54	6.75	2.79	1.33	2.96
内蒙古	8.18	3.19	7.64	1.17	0.00	5.76	6.02	3.74	4.16	7.97	9.48	3.97	2.07	3.45
辽宁	4.96	2.72	8.46	1.10	1.99	0.00	8.00	5.69	2.97	5.32	8.70	4.04	2.13	2.46
吉林	3.12	1.47	3.46	0.66	0.97	4.06	0.00	4.39	2.07	2.99	3.19	2.14	1.17	1.28
黑龙江	2.12	1.25	3.61	0.64	0.93	3.57	4.93	0.00	1.93	2.87	3.22	1.88	1.26	2.00
上海	2.27	1.47	3.63	0.57	0.86	1.25	1.44	1.23	0.00	3.36	3.72	2.60	1.86	1.06
江苏	4.19	2.83	6.08	1.02	2.83	2.73	4.96	2.57	3.25	0.00	6.77	7.86	2.29	2.23
浙江	2.85	1.90	4.38	0.78	2.09	1.61	3.73	1.80	3.43	3.82	0.00	4.86	2.27	1.73
安徽	3.87	2.02	4.76	0.86	1.54	2.48	3.70	2.11	4.12	7.16	8.61	0.00	2.32	3.00
福建	1.02	0.62	1.25	0.27	0.59	0.66	1.11	0.63	0.76	1.05	1.21	1.17	0.00	0.72
江西	0.95	0.61	1.19	0.27	0.54	0.55	0.84	0.68	0.90	1.10	1.60	1.76	1.10	0.00
山东	4.26	3.95	9.46	1.75	3.04	4.67	5.25	2.70	3.57	4.97	6.97	6.05	2.29	2.60
河南	4.94	3.01	8.68	1.49	2.93	3.43	5.17	2.90	4.05	8.01	10.89	6.15	2.74	2.72
湖北	2.55	1.45	3.42	0.68	1.18	1.53	2.95	1.55	1.93	2.78	3.19	2.40	1.50	3.20
湖南	1.65	1.03	2.51	0.53	1.04	1.13	1.85	1.11	1.72	2.12	3.24	2.09	1.38	1.20
广东	3.01	1.47	5.35	0.71	1.64	1.59	3.17	1.52	2.46	3.40	5.47	3.34	1.73	1.44
广西	1.62	1.08	2.10	0.39	0.76	0.94	1.77	0.97	1.73	1.93	2.87	1.67	1.10	1.11
海南	0.14	0.14	0.25	0.06	0.11	0.08	0.12	0.07	0.16	0.18	0.17	0.17	0.16	0.11
重庆	1.86	1.53	1.57	0.42	0.64	0.60	1.37	0.70	1.14	1.61	1.44	1.20	0.72	0.69
四川	1.76	1.01	2.20	0.58	0.96	1.35	1.80	1.13	1.18	1.91	1.88	1.62	0.83	0.98
贵州	2.74	1.50	3.69	0.65	1.01	2.03	3.17	1.83	2.27	3.40	4.84	2.33	1.31	2.71
云南	0.82	0.55	1.34	0.24	0.42	0.73	1.11	0.63	0.74	1.36	2.24	0.94	0.46	0.84
陕西	2.55	1.59	3.88	0.83	1.35	1.54	2.02	1.33	2.51	3.21	3.27	2.68	1.58	1.29
甘肃	1.14	0.72	1.92	0.30	0.68	0.90	1.36	0.99	0.86	1.87	2.03	1.30	0.62	0.94
青海	0.38	0.26	0.23	0.10	0.12	0.15	0.17	0.15	0.14	0.28	0.21	0.13	0.11	0.14
宁夏	0.96	0.81	1.51	0.48	1.08	0.87	1.79	1.16	0.93	1.06	1.11	1.07	0.67	1.40
新疆	1.48	0.79	2.74	0.43	0.65	1.16	1.26	0.79	1.33	2.23	2.70	1.56	1.01	0.84

附录

转移(百万吨)

湖北	湖南	广东	广西	海南	重庆	四川	贵州	云南	陕西	甘肃	青海	宁夏	新疆
0.65	0.84	1.97	1.62	0.33	1.19	0.73	0.77	0.84	1.33	0.40	0.29	0.47	1.05
0.76	1.02	2.04	1.05	0.21	0.79	0.89	0.56	0.81	1.02	0.36	0.17	0.31	0.82
2.72	5.37	14.20	3.81	0.66	4.08	4.14	2.38	3.19	10.01	1.63	0.57	1.25	3.32
2.35	2.47	6.27	1.92	0.34	2.12	2.39	0.80	1.63	2.34	0.95	0.37	0.56	1.10
2.32	3.26	8.69	2.45	0.37	2.91	2.28	1.16	1.71	3.92	1.31	0.39	0.92	1.86
1.71	2.52	6.36	1.76	0.33	2.02	2.05	1.16	1.65	2.69	0.84	0.29	0.57	1.67
1.08	1.27	5.31	1.23	0.23	1.29	1.07	0.62	1.01	1.57	0.49	0.25	0.32	0.88
1.56	1.53	3.54	1.02	0.21	1.28	1.17	0.60	1.01	1.31	0.58	0.22	0.31	0.74
0.78	1.07	3.95	1.33	0.28	1.25	1.23	0.79	1.08	1.08	0.41	0.24	0.33	1.15
1.34	3.87	6.59	2.14	0.31	1.92	2.19	1.58	1.52	2.90	0.91	0.29	0.56	1.67
0.95	2.83	5.52	1.68	0.27	1.55	1.69	1.19	1.26	2.03	0.60	0.22	0.38	1.22
1.86	2.56	5.63	1.71	0.34	1.93	1.65	0.96	1.39	2.82	0.87	0.25	0.46	1.34
0.38	1.08	1.78	0.63	0.12	0.70	0.69	0.43	0.53	0.84	0.27	0.10	0.19	0.50
1.08	1.72	1.34	0.68	0.21	0.73	0.70	0.52	0.66	0.84	0.36	0.15	0.22	0.58
2.27	3.51	5.41	2.42	0.33	2.13	3.39	1.56	2.24	3.72	1.06	0.32	0.65	1.93
3.42	4.50	6.83	2.22	0.37	2.53	2.98	1.61	1.99	5.97	1.29	0.34	0.72	1.98
0.00	3.29	3.74	1.54	0.36	1.68	1.35	0.91	1.16	1.89	0.77	0.26	0.43	1.08
1.38	0.00	3.38	1.22	0.28	1.12	1.09	0.97	1.17	1.95	0.47	0.14	0.29	0.85
0.94	3.27	0.00	1.83	0.27	1.53	1.83	1.20	1.41	2.26	0.52	0.19	0.30	1.00
0.76	1.54	3.52	0.00	0.62	1.30	1.06	0.85	1.28	1.74	0.42	0.15	0.24	0.77
0.11	0.11	0.22	0.23	0.00	0.12	0.11	0.15	0.17	0.11	0.06	0.02	0.05	0.11
0.83	0.91	2.09	1.15	0.34	0.00	1.28	0.97	1.21	1.30	0.46	0.17	0.30	0.57
0.95	1.47	2.33	1.16	0.23	2.11	0.00	0.94	1.59	1.80	0.66	0.22	0.41	1.02
1.94	2.56	4.48	2.04	0.42	2.91	1.98	0.00	2.36	1.94	0.80	0.25	0.42	1.20
0.49	0.74	1.80	0.56	0.11	0.65	0.59	0.42	0.00	0.71	0.25	0.09	0.15	0.44
1.36	1.98	3.49	1.51	0.31	1.67	2.15	0.95	1.43	0.00	1.04	0.28	0.60	1.21
0.71	0.88	1.59	0.51	0.15	0.73	0.87	0.39	0.63	1.39	0.00	0.32	0.52	0.90
0.17	0.15	0.22	0.20	0.06	0.18	0.20	0.10	0.14	0.16	0.45	0.00	0.20	0.16
0.80	0.95	1.32	0.67	0.09	0.95	1.00	0.65	0.80	1.18	1.13	0.28	0.00	1.27
1.12	1.16	2.25	0.77	0.17	0.80	0.95	0.45	0.79	0.96	0.57	0.16	0.26	0.00

表 B4 2005 年中国 30 个省市自

	北京	天津	河北	山西	内蒙古	辽宁	吉林	黑龙江	上海	江苏	浙江	安徽	福建	江西
北京	0.00	2.85	4.01	0.53	1.03	1.11	1.50	1.23	1.35	2.39	1.98	1.96	1.49	0.7
天津	3.63	0.00	3.47	0.73	1.27	1.76	2.09	1.42	1.34	2.18	1.97	2.05	1.17	1.04
河北	16.66	9.76	0.00	3.83	6.46	9.66	11.67	7.45	10.57	19.80	31.04	12.13	6.00	3.5
山西	4.67	2.26	10.33	0.00	1.58	3.23	5.03	2.09	3.15	5.36	7.35	3.27	1.49	3.8
内蒙古	7.77	3.78	9.03	1.40	0.00	5.99	7.48	4.16	4.76	8.61	10.67	4.73	2.48	4.5
辽宁	5.17	3.28	9.44	1.30	2.52	0.00	9.65	6.24	3.59	6.36	9.55	4.71	2.29	3.1
吉林	3.34	1.76	4.35	0.83	1.27	5.24	0.00	5.19	2.70	3.57	3.61	2.56	1.44	1.7
黑龙江	2.24	1.50	4.41	0.76	1.16	3.80	6.20	0.00	2.32	3.33	3.60	2.21	1.40	2.6
上海	2.21	1.71	4.38	0.62	1.07	1.44	1.68	1.30	0.00	3.53	3.84	2.97	2.18	1.0
江苏	4.95	3.72	8.43	1.34	4.23	3.73	7.29	3.43	4.37	0.00	8.71	10.89	3.04	3.0
浙江	3.01	2.28	5.48	0.87	2.80	1.82	4.84	1.97	4.05	4.14	0.00	6.02	2.47	2.0
安徽	3.40	2.12	4.83	0.90	1.66	2.46	3.87	2.08	3.98	6.88	8.25	0.00	2.37	3.2
福建	1.10	0.81	1.52	0.36	0.83	0.78	1.52	0.78	0.96	1.21	1.41	1.57	0.00	0.9
江西	0.85	0.60	1.12	0.29	0.61	0.59	0.89	0.65	0.81	0.99	1.34	1.73	1.13	0.0
山东	5.94	5.77	14.56	2.54	4.58	6.85	8.25	4.32	4.75	7.30	10.08	8.84	3.22	3.8
河南	5.87	3.94	10.43	1.95	4.01	4.63	7.03	3.65	5.06	10.15	14.27	7.99	3.27	3.4
湖北	2.26	1.62	3.71	0.71	1.39	1.48	3.67	1.59	2.18	2.81	3.15	2.62	1.57	3.8
湖南	2.18	1.47	3.57	0.78	1.58	1.72	2.62	1.57	2.23	3.07	4.10	3.06	1.88	1.6
广东	3.60	1.90	7.29	0.89	2.25	2.05	4.35	1.87	3.16	4.17	6.84	4.39	2.24	1.8
广西	1.59	1.14	2.37	0.43	0.88	1.14	2.04	1.08	1.78	2.25	3.06	1.92	1.20	1.3
海南	0.14	0.14	0.24	0.06	0.10	0.08	0.12	0.06	0.15	0.17	0.17	0.16	0.16	0.1
重庆	1.62	1.33	1.63	0.48	0.76	0.57	1.40	0.70	1.20	1.44	1.31	1.32	0.70	0.7
四川	1.56	1.01	2.25	0.61	1.10	1.35	2.01	1.19	1.17	1.86	1.81	1.74	0.89	1.0
贵州	2.63	1.73	4.25	0.77	1.25	2.24	4.11	2.09	2.63	3.71	5.02	2.67	1.50	3.4
云南	1.77	1.32	3.26	0.56	1.05	1.74	2.93	1.52	1.75	3.38	5.55	2.26	1.12	2.0
陕西	2.89	1.96	4.89	1.00	1.69	1.90	2.47	1.52	3.15	3.86	3.93	3.32	1.94	1.4
甘肃	1.24	0.82	2.17	0.34	0.76	1.14	1.75	1.13	0.97	2.13	2.37	1.50	0.67	1.1
青海	0.27	0.19	0.21	0.09	0.12	0.12	0.15	0.12	0.12	0.22	0.17	0.13	0.11	0.1
宁夏	0.76	0.63	1.19	0.38	0.85	0.68	1.42	0.91	0.74	0.84	0.88	0.84	0.53	1.1
新疆	1.63	0.91	3.00	0.52	0.81	1.30	1.47	0.88	1.47	2.45	2.78	1.82	1.17	0.9

附录

转移(百万吨)

湖北	湖南	广东	广西	海南	重庆	四川	贵州	云南	陕西	甘肃	青海	宁夏	新疆
0.57	0.86	2.08	1.58	0.29	1.14	0.71	0.80	0.90	1.45	0.36	0.24	0.48	1.06
0.79	1.28	2.44	1.12	0.18	0.86	1.00	0.66	0.96	1.26	0.38	0.16	0.34	0.94
3.09	7.02	18.39	4.96	0.63	4.54	5.30	3.13	4.16	12.35	1.85	0.63	1.58	4.37
2.49	2.72	6.29	1.87	0.26	2.05	2.27	0.88	1.64	2.38	0.95	0.30	0.50	1.06
2.61	3.69	9.54	2.53	0.31	3.03	2.59	1.40	2.01	4.53	1.43	0.36	0.94	2.20
1.85	3.06	7.66	2.01	0.28	2.11	2.42	1.38	2.02	3.24	0.92	0.29	0.62	1.96
1.29	1.65	6.69	1.40	0.22	1.46	1.29	0.77	1.29	2.00	0.61	0.24	0.37	1.08
1.74	1.88	4.34	1.20	0.17	1.42	1.38	0.72	1.23	1.65	0.68	0.21	0.35	0.86
0.69	1.20	4.21	1.45	0.25	1.14	1.30	0.84	1.27	1.23	0.39	0.20	0.33	1.24
1.71	5.64	9.17	2.93	0.28	2.12	2.94	2.17	2.04	4.08	1.06	0.35	0.70	2.27
1.03	3.61	6.26	2.00	0.24	1.50	1.96	1.45	1.52	2.62	0.65	0.23	0.43	1.44
1.91	2.68	5.73	1.76	0.26	1.81	1.68	1.02	1.46	2.77	0.86	0.23	0.44	1.41
0.48	1.42	2.33	0.82	0.12	0.79	0.92	0.59	0.72	1.15	0.35	0.12	0.25	0.66
1.04	1.67	1.27	0.74	0.16	0.73	0.76	0.57	0.68	0.84	0.36	0.14	0.22	0.62
3.02	5.56	7.56	3.55	0.34	2.96	5.41	2.39	3.21	5.90	1.54	0.42	0.97	2.99
3.66	5.92	8.76	2.93	0.32	3.02	3.92	2.13	2.59	7.66	1.53	0.39	0.87	2.54
0.00	3.35	3.78	1.54	0.28	1.73	1.39	1.00	1.20	2.02	0.82	0.24	0.43	1.13
1.81	0.00	4.94	1.85	0.28	1.48	1.62	1.47	1.72	2.60	0.62	0.19	0.40	1.27
1.03	4.32	0.00	2.38	0.24	1.57	2.34	1.48	1.79	3.03	0.60	0.21	0.35	1.26
0.80	1.71	4.13	0.00	0.47	1.39	1.23	0.98	1.50	1.78	0.44	0.15	0.25	0.88
0.10	0.10	0.21	0.21	0.00	0.12	0.10	0.14	0.16	0.11	0.06	0.02	0.05	0.11
0.81	0.97	2.32	1.10	0.28	0.00	1.18	1.05	1.38	1.26	0.46	0.17	0.30	0.60
0.91	1.55	2.33	1.19	0.17	2.19	0.00	1.06	1.68	1.89	0.64	0.19	0.40	1.06
2.12	2.82	4.72	2.25	0.35	3.26	2.31	0.00	2.64	2.28	0.89	0.25	0.45	1.39
1.11	1.73	4.38	1.34	0.19	1.45	1.39	1.06	0.00	1.72	0.55	0.17	0.34	1.06
1.37	2.38	4.34	1.85	0.31	2.00	2.41	1.22	1.72	0.00	1.16	0.30	0.71	1.48
0.74	0.97	1.88	0.57	0.11	0.79	0.96	0.46	0.70	1.49	0.00	0.28	0.49	1.00
0.17	0.14	0.19	0.16	0.04	0.17	0.18	0.11	0.14	0.15	0.48	0.00	0.18	0.16
0.63	0.75	1.04	0.53	0.06	0.76	0.78	0.51	0.63	0.94	0.87	0.22	0.00	1.00
1.09	1.26	2.71	0.90	0.15	0.86	1.04	0.55	0.95	1.11	0.60	0.14	0.28	0.00

表 B5　2006 年中国 30 个省市自

	北京	天津	河北	山西	内蒙古	辽宁	吉林	黑龙江	上海	江苏	浙江	安徽	福建	江西
北京	0.00	2.98	4.16	0.56	1.20	1.20	1.57	1.18	1.51	2.55	2.05	2.11	1.67	0.80
天津	3.62	0.00	3.89	0.80	1.52	2.03	2.38	1.54	1.51	2.34	2.10	2.28	1.31	1.14
河北	16.76	11.02	0.00	4.22	7.29	10.89	12.18	8.12	11.50	22.48	35.15	13.34	6.41	3.71
山西	3.89	2.51	11.65	0.00	1.79	2.93	6.16	2.10	3.42	5.34	8.14	3.83	1.69	4.79
内蒙古	7.94	4.65	11.06	1.72	0.00	6.66	9.47	4.88	5.70	9.87	12.61	5.82	3.06	5.86
辽宁	5.54	3.94	10.73	1.55	3.14	0.00	11.63	6.98	4.34	7.61	10.71	5.52	2.52	3.84
吉林	3.16	1.86	4.75	0.91	1.44	5.85	0.00	5.40	3.05	3.76	3.60	2.69	1.55	2.01
黑龙江	2.39	1.79	5.31	0.90	1.41	4.10	7.62	0.00	2.76	3.87	4.04	2.59	1.57	3.31
上海	2.11	1.90	5.01	0.65	1.25	1.60	1.86	1.34	0.00	3.61	3.87	3.25	2.44	1.03
江苏	5.19	4.23	9.98	1.53	5.24	4.36	8.93	3.96	5.08	0.00	9.78	12.88	3.49	3.60
浙江	3.13	2.62	6.51	0.95	3.46	2.01	5.89	2.11	4.60	4.40	0.00	7.11	2.63	2.30
安徽	3.33	2.44	5.41	1.03	1.95	2.69	4.44	2.27	4.27	7.35	8.80	0.00	2.67	3.75
福建	1.08	0.91	1.64	0.42	0.99	0.83	1.78	0.86	1.06	1.26	1.48	1.81	0.00	1.10
江西	0.82	0.62	1.12	0.32	0.72	0.67	0.98	0.67	0.79	0.95	1.19	1.81	1.22	0.00
山东	6.45	6.47	16.86	2.83	5.24	7.71	9.67	5.11	4.98	8.21	11.21	9.92	3.52	4.40
河南	6.53	4.69	11.70	2.32	4.90	5.62	8.56	4.22	5.83	11.80	16.98	9.45	3.64	4.06
湖北	2.31	2.05	4.56	0.85	1.82	1.66	4.95	1.86	2.76	3.27	3.60	3.23	1.88	5.04
湖南	2.34	1.68	4.06	0.91	1.88	2.05	2.97	1.77	2.37	3.53	4.25	3.56	2.07	1.81
广东	4.08	2.27	9.00	1.04	2.80	2.45	5.40	2.16	3.77	4.80	7.99	5.30	2.68	2.11
广西	1.61	1.23	2.68	0.48	1.02	1.35	2.35	1.21	1.86	2.61	3.31	2.20	1.32	1.57
海南	0.16	0.16	0.28	0.07	0.12	0.09	0.14	0.07	0.18	0.20	0.20	0.19	0.18	0.12
重庆	1.22	1.01	1.57	0.50	0.82	0.50	1.32	0.63	1.16	1.14	1.05	1.35	0.62	0.76
四川	1.60	1.16	2.61	0.72	1.37	1.55	2.48	1.40	1.32	2.07	2.00	2.09	1.06	1.27
贵州	2.67	2.05	5.02	0.92	1.55	2.56	5.24	2.45	3.12	4.21	5.45	3.15	1.77	4.41
云南	1.94	1.56	3.86	0.65	1.26	2.04	3.66	1.78	2.04	4.05	6.65	2.65	1.33	2.56
陕西	3.03	2.19	5.53	1.10	1.91	2.12	2.73	1.60	3.55	4.22	4.31	3.72	2.17	1.54
甘肃	1.31	0.90	2.38	0.37	0.83	1.35	2.09	1.25	1.06	2.34	2.66	1.67	0.72	1.36
青海	0.20	0.15	0.22	0.10	0.14	0.10	0.16	0.11	0.12	0.19	0.16	0.15	0.14	0.16
宁夏	0.87	0.72	1.36	0.43	0.97	0.78	1.63	1.04	0.85	0.95	1.01	0.96	0.60	1.33
新疆	1.82	1.05	3.32	0.61	0.97	1.47	1.71	0.98	1.64	2.72	2.93	2.12	1.36	1.03

转移(百万吨)

湖北	湖南	广东	广西	海南	重庆	四川	贵州	云南	陕西	甘肃	青海	宁夏	新疆
0.50	0.89	2.20	1.55	0.25	1.10	0.69	0.83	0.96	1.57	0.33	0.20	0.50	1.09
0.79	1.47	2.72	1.13	0.15	0.89	1.06	0.72	1.06	1.43	0.39	0.14	0.35	1.02
3.06	7.79	20.28	5.49	0.51	4.43	5.79	3.50	4.61	13.15	1.83	0.62	1.71	4.88
2.70	3.04	6.49	1.88	0.18	2.05	2.21	0.99	1.69	2.49	0.98	0.25	0.46	1.05
3.10	4.38	11.07	2.80	0.26	3.36	3.09	1.75	2.45	5.47	1.65	0.37	1.04	2.70
2.05	3.71	9.22	2.34	0.22	2.26	2.88	1.65	2.46	3.91	1.02	0.30	0.69	2.33
1.37	1.84	7.34	1.40	0.18	1.46	1.37	0.83	1.43	2.22	0.65	0.19	0.38	1.17
1.96	2.28	5.23	1.40	0.14	1.59	1.63	0.86	1.48	2.04	0.79	0.20	0.40	1.00
0.59	1.31	4.37	1.53	0.22	1.01	1.33	0.86	1.42	1.34	0.36	0.16	0.34	1.29
1.91	6.88	10.88	3.43	0.22	2.10	3.41	2.55	2.36	4.86	1.11	0.38	0.77	2.66
1.09	4.34	6.93	2.30	0.20	1.44	2.21	1.69	1.75	3.17	0.70	0.24	0.47	1.64
2.16	3.07	6.44	1.99	0.21	1.89	1.89	1.19	1.67	3.03	0.94	0.24	0.48	1.63
0.54	1.63	2.65	0.93	0.11	0.81	1.06	0.69	0.83	1.35	0.39	0.13	0.28	0.75
1.06	1.74	1.29	0.83	0.12	0.77	0.85	0.65	0.73	0.90	0.38	0.14	0.23	0.69
3.17	6.55	8.22	3.98	0.28	3.22	6.39	2.76	3.55	6.95	1.72	0.43	1.11	3.48
3.73	7.06	10.28	3.49	0.26	3.36	4.68	2.56	3.06	8.99	1.69	0.43	0.97	2.98
0.00	3.92	4.40	1.77	0.24	2.05	1.64	1.24	1.43	2.46	0.98	0.25	0.51	1.35
1.92	0.00	5.72	2.19	0.23	1.59	1.89	1.74	2.00	2.82	0.67	0.22	0.44	1.50
1.09	5.23	0.00	2.85	0.21	1.57	2.78	1.72	2.11	3.70	0.66	0.22	0.40	1.48
0.86	1.92	4.80	0.00	0.33	1.51	1.42	1.12	1.74	1.87	0.47	0.14	0.27	0.99
0.12	0.12	0.25	0.23	0.00	0.14	0.12	0.15	0.19	0.13	0.07	0.02	0.05	0.12
0.72	0.96	2.38	0.96	0.19	0.00	0.98	1.06	1.46	1.11	0.42	0.16	0.28	0.58
1.01	1.84	2.65	1.39	0.13	2.56	0.00	1.31	2.01	2.23	0.71	0.19	0.44	1.25
2.41	3.22	5.19	2.58	0.30	3.78	2.75	0.00	3.05	2.73	1.03	0.25	0.51	1.64
1.26	1.99	5.18	1.57	0.16	1.62	1.60	1.30	0.00	2.03	0.61	0.18	0.38	1.24
1.31	2.62	4.86	2.06	0.28	2.18	2.51	1.39	1.89	0.00	1.20	0.30	0.76	1.64
0.76	1.04	2.14	0.63	0.08	0.84	1.04	0.52	0.75	1.57	0.00	0.23	0.46	1.08
0.20	0.15	0.20	0.15	0.03	0.18	0.19	0.13	0.16	0.16	0.59	0.00	0.20	0.19
0.72	0.86	1.19	0.60	0.07	0.87	0.88	0.58	0.71	1.07	0.98	0.24	0.00	1.13
1.10	1.38	3.21	1.06	0.13	0.94	1.15	0.66	1.12	1.28	0.65	0.13	0.32	0.00

表 B6　2007 年中国 30 个省市自治

	北京	天津	河北	山西	内蒙古	辽宁	吉林	黑龙江	上海	江苏	浙江	安徽	福建	江西
北京	0.00	3.02	4.21	0.57	1.33	1.27	1.61	1.11	1.63	2.64	2.08	2.21	1.80	0.80
天津	3.82	0.00	4.53	0.92	1.85	2.42	2.80	1.75	1.77	2.63	2.35	2.64	1.52	1.31
河北	17.73	12.78	0.00	4.80	8.46	12.61	13.31	9.17	12.97	26.15	40.83	15.18	7.14	4.08
山西	2.98	2.68	12.59	0.00	1.94	2.54	7.09	2.04	3.57	5.14	8.67	4.27	1.84	5.60
内蒙古	8.31	5.70	13.54	2.11	0.00	7.55	11.87	5.78	6.85	11.48	15.04	7.15	3.76	7.49
辽宁	6.25	4.89	12.75	1.90	4.00	0.00	14.47	8.18	5.41	9.42	12.58	6.74	2.92	4.87
吉林	3.32	2.15	5.69	1.09	1.78	7.12	0.00	6.20	3.73	4.35	3.99	3.11	1.82	2.51
黑龙江	2.43	1.99	5.97	1.00	1.60	4.21	8.70	0.00	3.08	4.22	4.31	2.85	1.66	3.84
上海	2.07	2.15	5.77	0.69	1.46	1.79	2.10	1.42	0.00	3.80	4.01	3.63	2.77	1.04
江苏	5.52	4.80	11.65	1.74	6.30	5.05	10.68	4.54	5.85	0.00	11.00	15.03	3.99	4.18
浙江	3.47	3.17	8.04	1.10	4.40	2.35	7.40	2.41	5.51	4.97	0.00	8.74	2.99	2.74
安徽	3.35	2.84	6.15	1.19	2.31	3.02	5.15	2.53	4.69	8.05	9.62	0.00	3.04	4.41
福建	1.18	1.12	1.96	0.52	1.26	0.97	2.24	1.03	1.45	1.71	2.26	0.00	1.37	
江西	0.87	0.72	1.24	0.39	0.90	0.82	1.18	0.76	0.84	1.00	1.15	2.07	1.45	0.00
山东	7.59	7.78	20.75	3.40	6.39	9.29	11.98	6.38	5.69	9.91	13.41	11.94	4.15	5.34
河南	7.64	5.77	13.78	2.85	6.14	7.00	10.69	5.10	7.00	14.29	20.89	11.59	4.27	4.92
湖北	2.19	2.35	5.14	0.94	2.14	1.73	5.95	2.02	3.19	3.52	3.80	3.65	2.07	5.94
湖南	2.50	1.88	4.54	1.03	2.17	2.38	3.31	1.97	2.51	3.98	4.40	4.04	2.26	1.94
广东	4.60	2.67	10.81	1.20	3.38	2.88	6.50	2.48	4.41	5.49	9.23	6.27	3.15	2.44
广西	1.68	1.36	3.10	0.55	1.20	1.61	2.75	1.39	2.03	3.08	3.69	2.57	1.50	1.82
海南	0.19	0.18	0.32	0.08	0.14	0.10	0.16	0.08	0.21	0.23	0.23	0.22	0.21	0.14
重庆	0.84	0.69	1.56	0.54	0.92	0.44	1.29	0.59	1.16	0.86	0.82	1.44	0.55	0.81
四川	1.61	1.29	2.92	0.82	1.62	1.71	2.90	1.59	1.45	2.24	2.15	2.40	1.22	1.46
贵州	2.35	2.06	5.06	0.94	1.61	2.51	5.56	2.45	3.14	4.10	5.13	3.16	1.77	4.62
云南	2.07	1.77	4.39	0.74	1.45	2.30	4.31	2.02	2.29	4.66	7.63	3.00	1.51	2.99
陕西	3.51	2.65	6.78	1.31	2.33	2.57	3.30	1.87	4.34	5.06	5.16	4.52	2.63	1.79
甘肃	1.42	1.01	2.65	0.41	0.92	1.59	2.48	1.39	1.18	2.62	3.02	1.88	0.78	1.58
青海	0.10	0.09	0.20	0.10	0.14	0.07	0.14	0.09	0.09	0.13	0.12	0.14	0.13	0.10
宁夏	1.02	0.84	1.59	0.50	1.13	0.91	1.91	1.22	0.99	1.11	1.18	1.12	0.70	1.55
新疆	1.98	1.16	3.57	0.69	1.12	1.61	1.91	1.07	1.78	2.93	3.02	2.37	1.52	1.12

转移(百万吨)

湖北	湖南	广东	广西	海南	重庆	四川	贵州	云南	陕西	甘肃	青海	宁夏	新疆
0.42	0.90	2.26	1.50	0.20	1.03	0.66	0.85	1.00	1.65	0.29	0.15	0.50	1.09
0.83	1.75	3.16	1.21	0.12	0.97	1.18	0.82	1.23	1.69	0.41	0.14	0.39	1.15
3.21	8.91	23.12	6.27	0.44	4.56	6.56	4.02	5.28	14.58	1.91	0.63	1.92	5.60
2.82	3.27	6.48	1.83	0.10	1.98	2.08	1.07	1.69	2.52	0.98	0.18	0.40	1.01
3.70	5.25	13.01	3.16	0.22	3.81	3.71	2.16	2.99	6.62	1.93	0.38	1.17	3.31
2.38	4.63	11.46	2.82	0.18	2.55	3.55	2.04	3.08	4.86	1.19	0.33	0.81	2.86
1.59	2.25	8.80	1.55	0.16	1.61	1.60	0.99	1.74	2.68	0.77	0.16	0.43	1.38
2.09	2.57	5.89	1.55	0.09	1.68	1.79	0.96	1.66	2.33	0.86	0.18	0.43	1.09
0.50	1.45	4.66	1.66	0.20	0.91	1.40	0.91	1.61	1.49	0.34	0.13	0.35	1.38
2.14	8.20	12.72	3.99	0.16	2.12	3.92	2.96	2.71	5.70	1.17	0.41	0.85	3.09
1.23	5.41	8.11	2.78	0.18	1.48	2.62	2.06	2.11	3.97	0.79	0.26	0.55	1.97
2.48	3.56	7.34	2.28	0.16	2.04	2.16	1.39	1.94	3.37	1.04	0.25	0.53	1.90
0.65	2.03	3.28	1.14	0.12	0.93	1.32	0.86	1.04	1.70	0.48	0.15	0.34	0.94
1.19	1.98	1.44	1.02	0.09	0.90	1.04	0.80	0.86	1.05	0.44	0.15	0.26	0.84
3.63	8.15	9.68	4.79	0.26	3.79	7.97	3.39	4.24	8.64	2.06	0.48	1.35	4.29
4.06	8.69	12.52	4.31	0.21	3.94	5.76	3.16	3.75	10.95	1.97	0.50	1.15	3.62
0.00	4.23	4.73	1.89	0.18	2.23	1.78	1.41	1.56	2.75	1.09	0.25	0.55	1.49
2.04	0.00	6.48	2.53	0.17	1.70	2.16	2.01	2.27	3.03	0.71	0.24	0.48	1.72
1.16	6.21	0.00	3.35	0.17	1.58	3.24	1.97	2.46	4.41	0.72	0.23	0.45	1.71
0.96	2.21	5.67	0.00	0.21	1.70	1.67	1.32	2.06	2.03	0.52	0.14	0.29	1.15
0.14	0.13	0.28	0.26	0.00	0.16	0.13	0.17	0.21	0.15	0.07	0.02	0.06	0.14
0.64	0.98	2.54	0.85	0.11	0.00	0.80	1.12	1.59	0.99	0.39	0.15	0.26	0.58
1.09	2.10	2.93	1.56	0.10	2.88	0.00	1.53	2.29	2.53	0.76	0.18	0.48	1.42
2.35	3.16	4.94	2.53	0.21	3.75	2.78	0.00	3.01	2.78	1.02	0.23	0.49	1.65
1.39	2.22	5.89	1.77	0.14	1.76	1.78	1.50	0.00	2.30	0.66	0.18	0.41	1.40
1.39	3.14	5.91	2.49	0.29	2.60	2.89	1.72	2.26	0.00	1.38	0.33	0.90	1.99
0.80	1.15	2.45	0.69	0.05	0.92	1.14	0.59	0.82	1.69	0.00	0.20	0.45	1.19
0.19	0.14	0.17	0.12	0.02	0.17	0.17	0.14	0.15	0.14	0.60	0.00	0.19	0.18
0.84	1.00	1.39	0.70	0.08	1.01	1.03	0.68	0.83	1.25	1.14	0.28	0.00	1.32
1.08	1.48	3.65	1.19	0.11	1.00	1.23	0.75	1.26	1.43	0.68	0.12	0.34	0.00

表 B7　2008年中国30个省市自

	北京	天津	河北	山西	内蒙古	辽宁	吉林	黑龙江	上海	江苏	浙江	安徽	福建	江西
北京	0.00	2.77	3.78	0.60	1.37	1.27	1.70	1.10	1.73	2.51	2.04	2.31	1.59	0.81
天津	4.00	0.00	3.78	0.97	2.02	2.26	2.97	1.85	2.30	2.98	2.43	2.66	1.41	1.17
河北	19.60	12.11	0.00	5.37	9.96	12.21	14.35	10.27	15.52	26.36	36.28	15.69	7.07	4.02
山西	5.87	3.91	12.21	0.00	4.53	3.76	9.35	3.51	6.66	8.17	9.34	6.15	2.38	5.18
内蒙古	10.44	6.68	13.01	2.83	0.00	8.39	11.06	7.04	9.72	14.88	16.59	7.98	4.44	7.14
辽宁	7.73	5.38	10.82	2.33	5.24	0.00	14.28	8.56	7.38	10.22	11.61	7.04	3.02	4.15
吉林	3.29	2.20	4.49	1.25	1.86	5.84	0.00	6.10	4.09	4.19	3.74	2.56	1.88	2.08
黑龙江	2.99	2.22	5.06	1.10	2.03	4.03	7.63	0.00	3.99	4.31	4.25	2.82	1.75	3.19
上海	2.42	2.12	5.08	0.88	1.82	1.86	2.46	1.59	0.00	3.79	3.81	3.74	2.46	1.05
江苏	5.76	6.18	11.12	2.40	7.57	5.76	9.92	5.32	6.89	0.00	9.64	12.27	3.74	3.65
浙江	4.62	3.40	7.04	1.45	4.90	2.74	7.76	3.01	6.74	5.92	0.00	8.50	2.78	2.47
安徽	4.59	3.67	5.99	1.80	3.37	3.58	5.42	3.39	6.38	9.17	9.62	0.00	3.13	4.15
福建	2.06	1.25	1.85	0.69	1.73	1.18	2.95	1.39	2.41	2.28	1.95	2.79	0.00	1.27
江西	1.58	1.10	1.47	0.53	1.39	1.12	1.79	1.18	1.72	2.03	1.71	2.53	1.37	0.00
山东	11.00	7.59	17.31	4.08	8.13	8.85	13.87	7.49	9.65	12.12	13.08	13.13	4.32	4.82
河南	9.27	6.43	12.11	3.13	7.08	6.97	10.91	5.93	9.13	15.09	18.73	11.32	4.19	4.43
湖北	2.46	2.57	4.73	0.94	2.65	1.94	5.69	2.19	3.41	3.92	3.40	3.62	1.84	4.63
湖南	3.32	2.16	4.12	1.33	2.82	2.52	3.93	2.47	3.78	4.80	4.61	4.33	2.24	1.83
广东	6.10	2.95	9.25	1.55	4.36	3.18	7.83	3.21	6.39	6.84	8.67	7.33	3.08	2.38
广西	1.73	1.28	2.53	0.64	1.21	1.48	2.24	1.31	2.07	2.90	3.32	2.22	1.31	1.52
海南	0.31	0.27	0.39	0.10	0.23	0.19	0.23	0.18	0.37	0.32	0.32	0.31	0.22	0.16
重庆	1.45	1.35	2.13	1.03	1.93	1.07	1.72	1.05	2.00	1.75	1.43	1.75	0.80	1.06
四川	2.28	2.01	3.39	0.95	2.51	2.16	3.63	2.04	2.39	3.41	2.56	2.79	1.37	1.41
贵州	2.51	2.03	4.28	0.95	1.64	2.39	4.48	2.45	3.25	4.16	4.72	2.85	1.61	3.78
云南	2.25	1.77	3.80	0.76	1.54	2.19	3.63	2.01	2.57	4.53	6.69	2.83	1.46	2.44
陕西	4.09	2.66	6.02	1.44	2.71	2.82	3.11	2.41	5.59	6.00	5.83	4.59	2.73	1.81
甘肃	1.80	1.19	2.50	0.52	1.28	1.66	2.32	1.49	1.79	2.90	3.11	1.95	0.84	1.39
青海	0.25	0.14	0.27	0.14	0.21	0.18	0.17	0.22	0.33	0.39	0.33	0.22	0.22	0.19
宁夏	1.47	1.10	1.72	0.63	1.36	1.15	1.76	1.33	1.51	1.76	1.66	1.27	0.78	1.32
新疆	2.53	1.34	3.24	0.83	1.49	1.98	1.70	1.81	3.16	3.87	3.70	2.38	1.73	1.10

转移(百万吨)

湖北	湖南	广东	广西	海南	重庆	四川	贵州	云南	陕西	甘肃	青海	宁夏	新疆
0.51	0.90	2.44	1.42	0.22	0.99	0.65	0.79	1.01	1.63	0.32	0.16	0.45	1.13
0.86	1.61	3.50	1.24	0.20	1.07	1.10	0.83	1.27	1.85	0.58	0.19	0.38	1.21
3.51	8.86	25.07	6.56	1.09	5.86	6.37	4.34	6.16	14.73	3.05	0.92	1.99	6.55
3.57	4.23	9.62	2.93	0.55	3.20	2.34	1.76	2.78	4.59	2.09	0.53	0.75	2.10
4.87	6.07	16.76	4.05	0.70	4.82	3.94	2.40	3.73	7.29	2.28	0.49	1.36	4.06
2.44	4.69	12.19	3.21	0.53	3.13	3.33	2.26	3.58	5.55	1.82	0.51	0.91	3.49
1.50	2.01	7.61	1.51	0.23	1.55	1.45	0.89	1.64	2.34	0.74	0.17	0.41	1.22
1.95	2.37	6.04	1.58	0.21	1.66	1.65	0.96	1.65	2.35	0.88	0.22	0.41	1.17
0.59	1.49	4.90	1.75	0.28	0.97	1.35	0.94	1.72	1.73	0.48	0.17	0.35	1.55
2.04	7.87	13.97	4.51	0.57	2.32	3.80	2.93	3.82	6.20	1.41	0.47	0.79	3.52
1.49	4.86	8.49	3.01	0.43	2.03	2.44	2.16	2.61	4.56	1.39	0.43	0.64	2.42
2.79	3.87	9.30	2.79	0.48	2.53	2.40	1.68	2.75	4.15	1.41	0.37	0.60	2.39
0.83	1.89	3.70	1.31	0.25	1.26	1.24	1.01	1.32	2.15	0.86	0.25	0.40	1.20
1.12	2.00	2.42	1.16	0.24	1.14	1.00	0.86	1.13	1.53	0.64	0.20	0.29	0.99
3.88	7.64	13.09	5.27	0.76	4.76	7.13	3.86	5.16	9.73	3.26	0.88	1.58	5.34
4.13	8.34	14.04	4.59	0.71	4.86	5.18	3.33	4.54	11.06	2.71	0.71	1.29	4.46
0.00	3.82	4.80	1.99	0.33	2.20	1.52	1.38	1.70	3.00	1.20	0.30	0.52	1.56
1.99	0.00	7.32	2.57	0.41	2.18	2.09	2.08	2.57	3.58	1.12	0.35	0.56	2.03
1.60	5.66	0.00	3.70	0.55	2.60	3.04	2.42	3.14	5.33	1.70	0.52	0.68	2.52
0.86	1.99	5.46	0.00	0.34	1.59	1.44	1.16	2.02	1.86	0.50	0.14	0.26	1.05
0.15	0.20	0.55	0.30	0.00	0.18	0.15	0.18	0.27	0.24	0.08	0.03	0.05	0.18
0.96	1.57	4.34	1.52	0.29	0.00	1.12	1.30	2.35	1.65	0.62	0.21	0.31	0.99
1.27	2.53	4.12	1.99	0.34	3.25	0.00	1.68	2.69	3.24	1.16	0.30	0.54	1.80
2.38	2.85	5.70	2.40	0.32	3.44	2.30	0.00	2.70	2.63	0.92	0.21	0.42	1.45
1.30	2.07	6.12	1.64	0.26	1.78	1.59	1.32	0.00	2.27	0.63	0.17	0.34	1.31
1.86	3.34	7.45	2.71	0.48	2.65	2.77	1.70	2.45	0.00	1.30	0.34	0.86	1.97
0.88	1.31	3.27	0.82	0.16	1.14	1.14	0.64	0.99	1.83	0.00	0.26	0.41	1.21
0.23	0.22	0.48	0.21	0.06	0.22	0.21	0.16	0.20	0.21	0.58	0.00	0.19	0.21
0.97	1.21	2.61	0.85	0.18	1.12	1.03	0.68	0.97	1.45	1.00	0.24	0.00	1.20
1.27	1.72	4.96	1.50	0.32	1.20	1.33	0.83	1.43	1.59	0.70	0.15	0.40	0.00

表 B8　2009 年中国 30 个省市自治

	北京	天津	河北	山西	内蒙古	辽宁	吉林	黑龙江	上海	江苏	浙江	安徽	福建	江西
北京	0.00	2.51	3.33	0.63	1.42	1.28	1.81	1.09	1.86	2.39	2.01	2.43	1.37	0.81
天津	4.52	0.00	3.37	1.10	2.35	2.29	3.39	2.11	3.02	3.58	2.72	2.92	1.43	1.13
河北	21.66	11.66	0.00	5.97	11.51	12.00	15.55	11.45	18.16	26.93	32.50	16.40	7.10	4.03
山西	8.21	4.81	11.02	0.00	6.68	4.66	10.87	4.66	9.14	10.48	9.34	7.51	2.73	4.44
内蒙古	11.92	7.26	11.73	3.37	0.00	8.72	9.63	7.87	11.96	17.35	17.15	8.33	4.85	6.39
辽宁	10.05	6.48	10.14	3.02	7.05	0.00	15.70	9.90	10.15	12.15	11.96	8.13	3.46	3.90
吉林	3.60	2.46	3.85	1.53	2.12	5.28	0.00	6.61	4.82	4.47	3.90	2.32	2.12	1.90
黑龙江	3.51	2.44	4.23	1.20	2.43	3.88	6.68	0.00	4.85	4.40	4.22	2.80	1.84	2.59
上海	2.77	2.08	4.36	1.05	2.16	1.92	2.79	1.75	0.00	3.76	3.58	3.83	2.14	1.06
江苏	6.16	7.66	10.97	3.10	8.99	6.59	9.51	6.22	8.07	0.00	8.66	10.07	3.63	3.26
浙江	6.05	3.88	6.59	1.88	5.72	3.31	8.66	3.81	8.40	7.25	0.00	8.90	2.78	2.38
安徽	5.88	4.54	5.87	2.43	4.47	4.17	5.72	4.30	8.14	10.38	9.68	0.00	3.24	3.92
福建	3.16	1.51	1.96	0.95	2.39	1.52	4.00	1.91	3.80	3.36	2.42	3.63	0.00	1.31
江西	2.46	1.61	1.87	0.74	2.03	1.55	2.60	1.72	2.78	3.27	2.47	3.27	1.46	0.00
山东	14.75	7.80	14.94	4.93	10.17	8.88	16.33	8.91	13.85	14.79	13.42	14.91	4.69	4.57
河南	11.42	7.46	11.27	3.61	8.43	7.38	11.79	7.10	11.74	16.81	17.84	11.77	4.38	4.24
湖北	2.87	2.92	4.61	1.00	3.28	2.25	5.76	2.47	3.82	4.52	3.22	3.81	1.73	3.66
湖南	4.31	2.56	3.96	1.70	3.61	2.80	4.76	3.10	5.23	5.88	5.09	4.87	2.35	1.84
广东	7.86	3.35	8.11	1.96	5.52	3.62	9.50	4.07	8.64	8.49	8.51	8.70	3.15	2.42
广西	1.99	1.37	2.31	0.80	1.37	1.54	2.05	1.40	2.39	3.11	3.40	2.18	1.29	1.38
海南	0.42	0.35	0.45	0.12	0.32	0.27	0.29	0.27	0.51	0.39	0.40	0.39	0.23	0.17
重庆	1.87	1.84	2.42	1.41	2.71	1.58	1.92	1.39	2.60	2.44	1.88	1.84	0.95	1.17
四川	3.07	2.85	4.01	1.13	3.55	2.70	4.52	2.59	3.47	4.75	3.07	3.28	1.58	1.40
贵州	3.07	2.32	4.23	1.12	1.94	2.65	4.15	2.85	3.89	4.89	5.10	3.00	1.71	3.54
云南	2.76	2.04	3.76	0.89	1.87	2.40	3.46	2.31	3.24	5.08	6.73	3.07	1.61	2.23
陕西	4.78	2.74	5.47	1.60	3.16	3.14	3.02	3.01	6.97	7.10	6.66	4.81	2.91	1.88
甘肃	2.00	1.26	2.18	0.58	1.49	1.60	2.01	1.46	2.18	2.92	2.95	1.86	0.83	1.11
青海	0.36	0.18	0.30	0.15	0.24	0.26	0.17	0.33	0.51	0.60	0.50	0.27	0.27	0.19
宁夏	1.84	1.30	1.80	0.72	1.54	1.34	1.62	1.41	1.93	2.28	2.04	1.37	0.82	1.11
新疆	3.18	1.58	3.14	1.00	1.92	2.44	1.62	2.58	4.58	4.95	4.53	2.54	2.03	1.15

附录

转移（百万吨）

湖北	湖南	广东	广西	海南	重庆	四川	贵州	云南	陕西	甘肃	青海	宁夏	新疆
0.60	0.90	2.66	1.35	0.24	0.94	0.65	0.74	1.02	1.62	0.36	0.17	0.39	1.19
0.96	1.61	4.12	1.37	0.30	1.26	1.11	0.91	1.42	2.16	0.80	0.26	0.41	1.37
3.85	8.93	27.27	6.94	1.73	7.16	6.28	4.70	7.08	15.08	4.17	1.22	2.09	7.53
4.04	4.86	11.95	3.79	0.95	4.14	2.44	2.30	3.63	6.24	3.00	0.82	1.03	3.00
5.73	6.53	19.46	4.69	1.13	5.52	3.94	2.49	4.24	7.53	2.49	0.58	1.47	4.57
2.78	5.28	14.29	3.95	0.94	4.05	3.49	2.73	4.48	6.84	2.64	0.75	1.12	4.50
1.56	2.00	7.30	1.62	0.32	1.66	1.45	0.88	1.71	2.27	0.79	0.19	0.43	1.20
1.82	2.19	6.20	1.61	0.32	1.65	1.52	0.97	1.64	2.37	0.90	0.25	0.40	1.25
0.68	1.53	5.10	1.83	0.35	1.02	1.29	0.96	1.82	1.96	0.62	0.22	0.34	1.71
2.01	7.81	15.57	5.14	0.97	2.57	3.80	2.98	4.97	6.85	1.67	0.53	0.76	4.04
1.84	4.69	9.48	3.46	0.71	2.70	2.44	2.42	3.27	5.46	2.06	0.62	0.78	3.02
3.12	4.21	11.35	3.32	0.80	3.04	2.65	1.99	3.60	4.97	1.80	0.49	0.68	2.90
1.10	1.96	4.54	1.62	0.41	1.73	1.30	1.28	1.75	2.83	1.33	0.39	0.51	1.59
1.18	2.24	3.67	1.44	0.41	1.51	1.08	1.01	1.52	2.18	0.90	0.26	0.34	1.25
4.30	7.55	16.94	5.98	1.27	5.91	6.70	4.50	6.28	11.23	4.56	1.29	1.88	6.59
4.46	8.54	16.38	5.14	1.23	6.04	4.95	3.70	5.58	11.85	3.59	0.95	1.50	5.54
0.00	3.64	5.14	2.19	0.49	2.29	1.36	1.43	1.94	3.41	1.38	0.35	0.52	1.71
2.06	0.00	8.57	2.76	0.67	2.78	2.15	2.27	3.02	4.32	1.57	0.48	0.67	2.44
2.10	5.38	0.00	4.21	0.94	3.73	2.98	2.98	3.96	6.49	2.75	0.83	0.94	3.44
0.88	2.05	5.98	0.00	0.50	1.69	1.40	1.17	2.25	1.94	0.55	0.15	0.26	1.08
0.16	0.27	0.80	0.32	0.00	0.20	0.16	0.19	0.31	0.33	0.09	0.03	0.05	0.22
1.16	1.96	5.62	2.01	0.43	0.00	1.29	1.31	2.81	2.11	0.78	0.25	0.31	1.28
1.49	3.07	5.52	2.51	0.61	3.75	0.00	1.89	3.20	4.10	1.61	0.44	0.63	2.26
2.79	3.02	7.38	2.67	0.48	3.69	2.21	0.00	2.84	2.93	0.97	0.23	0.42	1.48
1.41	2.23	7.28	1.76	0.43	2.06	1.63	1.32	0.00	2.58	0.70	0.19	0.32	1.42
2.38	3.64	9.17	3.01	0.68	2.78	2.74	1.74	2.72	0.00	1.27	0.36	0.84	2.02
0.88	1.34	3.72	0.88	0.24	1.25	1.06	0.63	1.07	1.81	0.00	0.29	0.35	1.14
0.24	0.26	0.73	0.27	0.08	0.24	0.22	0.16	0.22	0.25	0.45	0.00	0.17	0.19
1.06	1.38	3.61	0.97	0.26	1.20	1.01	0.67	1.07	1.60	0.87	0.21	0.00	1.08
1.51	2.04	6.44	1.88	0.53	1.45	1.49	0.94	1.67	1.82	0.76	0.20	0.47	0.00

表 B9 2010 年中国 30 个省市自

	北京	天津	河北	山西	内蒙古	辽宁	吉林	黑龙江	上海	江苏	浙江	安徽	福建	江西
北京	0.00	2.30	2.93	0.69	1.52	1.33	1.99	1.12	2.07	2.33	2.04	2.66	1.17	0.85
天津	5.22	0.00	3.02	1.27	2.79	2.39	3.95	2.46	3.88	4.33	3.11	3.28	1.49	1.12
河北	26.84	12.75	0.00	7.45	14.78	13.41	18.96	14.29	23.50	31.21	32.80	19.40	8.11	4.59
山西	12.02	6.55	11.64	0.00	10.03	6.37	14.27	6.64	13.23	14.64	10.91	10.19	3.56	4.41
内蒙古	13.68	8.03	10.85	3.98	0.00	9.30	8.56	8.88	14.44	20.20	18.19	8.91	5.38	5.86
辽宁	12.98	7.90	9.66	3.89	9.31	0.00	17.76	11.70	13.58	14.68	12.69	9.59	4.05	3.72
吉林	4.12	2.87	3.39	1.90	2.51	4.96	0.00	7.52	5.86	5.00	4.27	2.19	2.49	1.82
黑龙江	4.32	2.85	3.74	1.39	3.02	4.04	6.24	0.00	6.09	4.83	4.52	2.99	2.08	2.19
上海	3.38	2.22	3.96	1.33	2.71	2.15	3.40	2.07	0.00	4.06	3.65	4.26	1.98	1.17
江苏	7.24	10.03	11.95	4.17	11.44	8.17	10.07	7.82	10.17	0.00	8.53	8.77	3.88	3.18
浙江	7.83	4.54	6.38	2.42	6.84	4.05	9.98	4.81	10.51	8.98	0.00	9.68	2.89	2.39
安徽	7.02	5.30	5.59	3.00	5.45	4.65	5.87	5.09	9.70	11.32	9.50	0.00	3.27	3.58
福建	4.16	1.71	1.96	1.16	2.96	1.79	4.89	2.36	5.07	4.33	2.77	4.33	0.00	1.28
江西	3.36	2.11	2.27	0.94	2.68	1.98	3.41	2.26	3.87	4.54	3.23	3.99	1.51	0.00
山东	19.90	8.62	13.59	6.21	13.15	9.61	20.22	11.12	19.41	18.81	14.83	17.97	5.45	4.66
河南	15.00	9.38	11.47	4.50	10.81	8.60	13.99	9.13	15.87	20.46	18.65	13.48	5.03	4.45
湖北	3.72	3.73	5.11	1.20	4.45	2.92	6.65	3.14	4.81	5.83	3.46	4.54	1.84	3.07
湖南	5.54	3.09	3.95	2.16	4.61	3.22	5.84	3.90	7.00	7.27	5.80	5.64	2.56	1.92
广东	10.06	3.91	7.21	2.49	6.99	4.23	11.67	5.15	11.39	10.60	8.67	10.51	3.36	2.57
广西	2.32	1.49	2.11	1.00	1.58	1.63	1.86	1.52	2.77	3.38	3.53	2.16	1.30	1.26
海南	0.52	0.43	0.50	0.13	0.40	0.34	0.35	0.35	0.65	0.45	0.48	0.46	0.23	0.18
重庆	2.36	2.39	2.81	1.82	3.58	2.14	2.19	1.77	3.28	2.38	2.00	3.20	1.14	1.33
四川	4.00	3.83	4.76	1.34	4.76	3.36	5.59	3.24	4.73	6.32	3.70	3.89	1.83	1.41
贵州	3.42	2.45	3.84	1.21	2.10	2.72	3.47	3.05	4.25	5.27	5.09	2.93	1.69	2.99
云南	3.12	2.18	3.42	0.97	2.09	2.45	3.01	2.46	5.28	6.23	3.73	3.10	1.66	1.82
陕西	5.96	3.09	5.36	1.93	3.94	3.79	3.20	3.94	9.12	8.94	8.17	5.48	3.37	2.13
甘肃	2.78	1.70	2.49	0.81	2.14	2.00	2.27	1.86	3.22	3.80	3.64	2.30	1.07	1.15
青海	0.42	0.19	0.30	0.15	0.24	0.31	0.16	0.39	0.62	0.72	0.59	0.28	0.29	0.17
宁夏	2.50	1.71	2.19	0.94	1.98	1.76	1.75	1.72	2.66	3.18	2.75	1.69	1.01	1.09
新疆	3.67	1.75	2.94	1.13	2.25	2.77	1.48	3.20	5.78	5.14	2.59	2.23	1.16	

转移(百万吨)

湖北	湖南	广东	广西	海南	重庆	四川	贵州	云南	陕西	甘肃	青海	宁夏	新疆
0.72	0.94	2.98	1.32	0.27	0.93	0.67	0.70	1.08	1.66	0.41	0.19	0.34	1.29
1.10	1.66	4.92	1.56	0.42	1.50	1.16	1.02	1.62	2.56	1.06	0.34	0.45	1.59
4.74	10.22	33.38	8.28	2.65	9.56	7.04	5.74	9.05	17.51	5.95	1.70	2.48	9.63
5.21	6.32	16.36	5.30	1.51	5.80	2.95	3.25	5.12	9.00	4.45	1.26	1.49	4.43
6.72	7.15	22.60	5.44	1.58	6.35	4.06	2.65	4.85	7.98	2.77	0.68	1.62	5.18
3.25	6.10	17.08	4.90	1.42	5.22	3.77	3.34	5.63	8.51	3.66	1.04	1.38	5.78
1.72	2.10	7.37	1.82	0.43	1.86	1.54	0.92	1.88	2.31	0.89	0.23	0.47	1.24
1.84	2.18	6.84	1.76	0.45	1.77	1.51	1.05	1.77	2.58	0.99	0.30	0.42	1.43
0.84	1.71	5.77	2.07	0.47	1.16	1.34	1.07	2.08	2.38	0.82	0.29	0.37	2.03
2.19	8.55	18.90	6.35	1.50	3.11	4.21	3.35	6.72	8.26	2.13	0.66	0.81	5.01
2.30	4.70	10.92	4.07	1.03	3.54	2.53	2.79	4.11	6.64	2.87	0.85	0.96	3.78
3.37	4.44	13.10	3.77	1.10	3.48	2.84	2.24	4.35	5.66	2.14	0.60	0.74	3.34
1.33	1.94	5.18	1.87	0.56	2.14	1.30	1.49	2.10	3.41	1.76	0.51	0.59	1.92
1.21	2.46	4.94	1.71	0.59	1.87	1.13	1.16	1.90	2.84	1.17	0.33	0.40	1.50
5.09	8.04	22.38	7.20	1.91	7.61	6.76	5.53	7.97	13.71	6.29	1.83	2.34	8.44
5.29	9.62	20.69	6.29	1.94	7.98	5.19	4.49	7.32	13.94	4.94	1.33	1.89	7.33
0.00	3.95	6.24	2.73	0.75	2.72	1.37	1.69	2.47	4.35	1.77	0.47	0.60	2.12
2.22	0.00	10.25	3.08	0.97	3.54	2.29	2.56	3.62	5.29	2.13	0.63	0.81	2.99
2.72	5.29	0.00	4.92	1.41	5.08	3.03	3.70	4.99	7.98	3.98	1.19	1.26	4.55
0.91	2.13	6.64	0.00	0.69	1.82	1.38	1.19	2.53	2.06	0.61	0.17	0.26	1.13
0.17	0.32	1.03	0.35	0.00	0.22	0.16	0.19	0.35	0.40	0.10	0.04	0.04	0.25
1.40	2.43	7.08	2.57	0.59	0.00	1.51	1.38	3.37	2.64	0.97	0.30	0.32	1.62
1.77	3.73	7.18	3.14	0.92	4.37	0.00	2.15	3.82	5.13	2.15	0.60	0.73	2.81
3.01	2.96	8.56	2.73	0.61	3.67	1.93	0.00	2.76	3.00	0.95	0.23	0.38	1.39
1.41	2.23	7.97	1.74	0.59	2.21	1.55	1.22	0.00	2.72	0.72	0.19	0.28	1.42
3.16	4.29	11.89	3.60	0.96	3.17	2.96	1.93	3.25	0.00	1.35	0.41	0.90	2.25
1.13	1.77	5.28	1.18	0.40	1.73	1.27	0.81	1.45	2.32	0.00	0.40	0.38	1.40
0.22	0.26	0.87	0.30	0.10	0.23	0.21	0.14	0.22	0.25	0.30	0.00	0.13	0.17
1.33	1.77	5.19	1.24	0.38	1.47	1.16	0.78	1.35	2.02	0.89	0.21	0.00	1.15
1.68	2.27	7.58	2.16	0.70	1.64	1.59	1.02	1.84	1.98	0.78	0.23	0.52	0.00

表 B10　2011 年中国 30 个省市自

	北京	天津	河北	山西	内蒙古	辽宁	吉林	黑龙江	上海	江苏	浙江	安徽	福建	江西
北京	0.00	1.77	2.12	0.66	1.42	1.20	1.90	1.00	1.99	1.95	1.80	2.52	0.80	0.77
天津	5.87	0.00	2.57	1.43	3.20	2.45	4.46	2.78	4.75	5.05	3.46	3.60	1.52	1.09
河北	31.23	13.22	0.00	8.71	17.68	14.22	21.77	16.73	28.29	34.27	31.06	21.70	8.78	4.95
山西	15.06	7.84	11.19	0.00	12.76	7.65	16.64	8.19	16.48	17.82	11.59	12.16	4.13	3.95
内蒙古	17.74	10.12	11.52	5.28	0.00	11.36	8.64	11.39	19.45	26.50	22.12	10.93	6.80	6.16
辽宁	14.89	8.68	8.24	4.45	10.85	0.00	18.30	12.53	15.98	16.02	12.29	10.26	4.31	3.19
吉林	4.98	3.53	3.03	2.45	3.13	4.87	0.00	9.03	7.43	5.93	4.96	2.16	3.07	1.82
黑龙江	5.32	3.37	3.28	1.64	3.75	4.31	5.92	0.00	7.62	5.44	4.97	3.29	2.39	1.81
上海	3.84	2.23	3.27	1.55	3.15	2.27	3.85	2.29	0.00	4.13	3.50	4.47	1.68	1.21
江苏	8.00	12.08	12.32	5.10	13.48	9.44	10.09	9.13	11.90	0.00	7.86	6.79	3.93	2.91
浙江	9.72	5.23	6.09	2.99	8.02	4.84	11.35	5.88	12.76	10.80	0.00	10.45	2.99	2.38
安徽	8.21	6.10	5.38	3.60	6.48	5.18	6.09	5.92	11.33	12.37	9.42	0.00	3.33	3.29
福建	5.74	2.13	2.19	1.54	3.92	2.30	6.43	3.12	7.06	5.89	3.48	5.58	0.00	1.39
江西	4.39	2.71	2.74	1.18	3.43	2.48	4.35	2.90	5.12	5.99	4.11	4.85	1.60	0.00
山东	24.26	8.99	11.28	7.22	15.57	9.80	23.21	12.83	24.25	22.00	15.44	20.19	5.94	4.48
河南	18.30	11.07	11.00	5.28	12.95	9.50	15.72	10.97	19.76	23.50	18.45	14.66	5.50	4.42
湖北	4.43	4.39	5.29	1.35	5.49	3.47	7.16	3.67	5.60	6.91	3.45	5.05	1.82	2.05
湖南	7.01	3.74	3.99	2.71	5.80	3.74	7.15	4.85	9.09	8.95	6.69	6.59	2.84	2.03
广东	12.66	4.59	6.26	3.10	8.73	4.97	14.25	6.44	14.63	13.10	8.94	12.68	3.62	2.73
广西	2.61	1.59	1.83	1.18	1.76	1.69	1.61	1.62	3.12	3.60	3.59	2.09	1.27	1.08
海南	0.70	0.56	0.62	0.17	0.53	0.47	0.46	0.49	0.88	0.59	0.62	0.60	0.27	0.22
重庆	3.01	3.11	3.37	2.36	4.69	2.85	2.60	2.28	4.18	4.18	3.05	2.28	1.39	1.52
四川	4.44	4.35	4.93	1.39	5.39	3.60	5.98	3.50	5.42	7.13	3.87	4.03	1.86	1.26
贵州	3.99	2.73	3.66	1.38	2.40	2.96	2.98	3.45	4.89	6.01	5.40	3.04	1.76	2.61
云南	3.47	2.32	3.07	1.04	2.30	2.49	2.54	2.61	4.23	5.48	5.72	3.12	1.71	1.40
陕西	6.71	3.18	4.74	2.11	4.43	4.14	3.10	4.59	10.62	10.13	9.07	5.70	3.56	2.20
甘肃	3.29	1.97	2.48	0.96	2.59	2.18	2.24	2.05	3.97	4.27	3.92	2.49	1.19	1.02
青海	0.56	0.24	0.35	0.19	0.29	0.41	0.18	0.51	0.84	0.96	0.79	0.34	0.37	0.18
宁夏	3.85	2.58	3.10	1.39	2.93	2.63	2.23	2.45	8.13	4.97	4.21	2.44	1.44	1.26
新疆	4.69	2.16	3.15	1.42	2.90	3.51	1.55	4.30	7.75	7.44	6.50	3.02	2.75	1.33

转移(百万吨)

湖北	湖南	广东	广西	海南	重庆	四川	贵州	云南	陕西	甘肃	青海	宁夏	新疆
0.75	0.85	2.91	1.10	0.27	0.78	0.60	0.57	0.98	1.48	0.41	0.19	0.24	1.22
1.22	1.67	5.68	1.72	0.54	1.73	1.18	1.12	1.81	2.94	1.32	0.43	0.49	1.78
5.48	11.09	38.44	9.34	3.57	11.77	7.49	6.60	10.79	19.26	7.67	2.16	2.78	11.48
5.99	7.33	19.65	6.47	1.99	7.08	3.23	3.98	6.26	11.18	5.62	1.62	1.85	5.58
8.86	8.95	29.59	7.11	2.32	8.26	4.80	3.23	6.28	9.69	3.51	0.89	2.03	6.66
3.44	6.40	18.46	5.45	1.81	5.97	3.71	3.68	6.32	9.50	4.40	1.25	1.54	6.60
2.00	2.34	7.88	2.17	0.59	2.21	1.73	1.03	2.20	2.50	1.05	0.29	0.55	1.36
1.91	2.23	7.74	1.99	0.61	1.95	1.55	1.16	1.95	2.87	1.12	0.37	0.45	1.66
0.96	1.80	6.14	2.21	0.57	1.24	1.31	1.13	2.24	2.70	0.99	0.34	0.38	2.25
2.26	8.87	21.48	7.31	1.99	3.53	4.40	3.56	8.26	9.34	2.51	0.77	0.81	5.79
2.78	4.66	12.41	4.72	1.38	4.42	2.62	3.18	5.00	7.88	3.73	1.10	1.16	4.59
3.65	4.71	14.98	4.25	1.40	3.95	3.06	2.52	5.13	6.40	2.49	0.71	0.81	3.81
1.73	2.13	6.47	2.35	0.78	2.84	1.44	1.89	2.73	4.43	2.44	0.70	0.76	2.51
1.27	2.74	6.41	2.03	0.80	2.30	1.22	1.34	2.36	3.60	1.48	0.41	0.46	1.80
5.63	8.07	26.90	8.08	2.49	8.97	6.40	6.30	9.32	15.56	7.79	2.31	2.70	9.93
5.94	10.30	24.48	7.25	2.66	9.78	5.16	5.15	8.93	15.55	6.23	1.68	2.23	8.98
0.00	3.98	7.04	3.14	0.99	3.00	1.26	1.86	2.91	5.12	2.10	0.56	0.64	2.44
2.42	0.00	12.28	3.48	1.32	4.44	2.49	2.92	4.34	6.46	2.78	0.82	0.98	3.65
3.45	5.23	0.00	5.77	1.95	6.67	3.12	4.55	6.22	9.76	5.42	1.62	1.64	5.87
0.92	2.18	7.18	0.00	0.88	1.93	1.33	1.19	2.78	2.14	0.66	0.18	0.26	1.16
0.20	0.43	1.41	0.42	0.00	0.27	0.20	0.22	0.45	0.54	0.12	0.05	0.04	0.32
1.73	3.05	9.02	3.30	0.80	0.00	1.82	1.52	4.15	3.35	1.22	0.37	0.36	2.06
1.84	3.93	7.96	3.38	1.12	4.46	0.00	2.16	3.98	5.54	2.43	0.68	0.74	3.02
3.42	3.07	10.33	2.98	0.78	3.87	1.76	0.00	2.85	3.27	0.99	0.25	0.37	1.39
1.42	2.23	8.68	1.73	0.74	2.37	1.46	1.12	0.00	2.86	0.74	0.19	0.23	1.43
3.71	4.61	13.76	3.92	1.18	3.31	2.92	1.97	3.53	0.00	1.31	0.43	0.88	2.30
1.27	2.02	6.35	1.37	0.52	2.04	1.34	0.90	1.70	2.57	0.00	0.48	0.37	1.49
0.25	0.32	1.15	0.38	0.13	0.27	0.24	0.15	0.25	0.31	0.23	0.00	0.12	0.17
1.94	2.62	8.27	1.84	0.61	2.10	1.57	1.06	1.98	2.94	1.07	0.25	0.00	1.44
2.10	2.82	9.83	2.76	0.98	2.06	1.92	1.24	2.26	2.42	0.92	0.29	0.65	0.00

表 B11　2012 年中国 30 个省市自

	北京	天津	河北	山西	内蒙古	辽宁	吉林	黑龙江	上海	江苏	浙江	安徽	福建	江西
北京	0.00	1.25	1.35	0.61	1.27	1.04	1.74	0.85	1.85	1.55	1.52	2.30	0.45	0.67
天津	5.90	0.00	1.86	1.44	3.27	2.26	4.51	2.81	5.10	5.25	3.46	3.55	1.40	0.94
河北	30.72	11.69	0.00	8.60	17.78	12.85	21.17	16.53	28.60	32.03	24.76	20.63	8.09	4.56
山西	17.20	8.67	10.18	0.00	14.72	8.47	18.05	9.25	18.74	19.95	11.64	13.42	4.46	3.31
内蒙古	17.97	10.01	9.63	5.44	0.00	10.95	6.80	11.42	20.26	27.07	21.24	10.56	6.74	5.09
辽宁	16.14	9.09	6.61	4.81	11.90	0.00	18.13	12.84	17.64	16.68	11.47	10.52	4.39	2.52
吉林	4.95	3.56	2.09	2.56	3.18	3.87	0.00	8.92	7.68	5.79	4.75	1.72	3.11	1.48
黑龙江	5.88	3.62	2.51	1.75	4.18	4.21	5.05	0.00	8.53	5.58	4.98	3.30	2.50	1.23
上海	3.85	2.00	2.28	1.59	3.22	2.14	3.86	2.25	0.00	3.76	2.98	4.19	1.22	1.12
江苏	8.21	13.29	11.87	5.69	14.60	10.07	9.43	9.82	12.81	0.00	6.68	4.39	3.72	2.44
浙江	10.61	5.38	5.18	3.25	8.36	5.13	11.55	6.34	13.69	11.51	0.00	10.15	2.78	2.12
安徽	9.38	6.88	5.15	4.18	7.49	5.69	6.29	6.74	12.93	13.38	9.31	0.00	3.39	2.95
福建	6.15	2.11	1.97	1.60	4.09	2.34	6.67	3.25	7.61	6.25	3.49	5.71	0.00	1.22
江西	4.94	3.00	2.90	1.29	3.80	2.71	4.81	3.21	5.80	6.78	4.54	5.17	1.51	0.00
山东	27.88	9.08	8.65	8.01	17.51	9.70	25.48	14.15	28.33	24.52	15.60	21.78	6.25	4.16
河南	18.33	10.80	8.71	5.13	12.78	8.76	14.72	10.86	20.10	22.41	15.18	13.32	5.01	3.60
湖北	4.34	4.25	4.54	1.25	5.51	3.39	6.39	5.37	6.74	2.86	4.65	1.49	0.82	
湖南	7.38	3.80	3.42	2.83	6.08	3.67	7.33	5.05	9.75	9.22	6.54	6.51	2.68	1.83
广东	12.94	4.44	4.26	3.15	8.87	4.81	14.22	6.54	15.17	13.20	7.64	12.53	3.24	2.43
广西	2.70	1.56	1.41	1.28	1.80	1.62	1.24	1.59	3.23	3.54	3.37	1.86	1.14	0.83
海南	0.78	0.62	0.65	0.18	0.60	0.53	0.51	0.56	1.00	0.64	0.68	0.66	0.26	0.23
重庆	3.18	3.33	3.41	2.53	5.05	3.10	2.61	2.42	4.42	4.50	3.23	2.21	1.43	1.52
四川	4.82	4.79	5.07	1.43	5.94	3.81	6.31	3.72	6.01	7.83	4.02	4.14	1.89	1.11
贵州	4.30	2.83	3.22	1.46	2.54	3.00	2.26	3.61	5.21	6.33	5.33	2.93	1.71	2.03
云南	3.59	2.30	2.54	1.05	2.36	2.37	1.93	2.59	4.43	5.32	4.86	2.94	1.65	0.91
陕西	7.03	3.08	3.90	2.16	4.64	4.23	2.83	4.95	11.44	10.68	9.40	5.59	3.54	2.15
甘肃	3.63	2.13	2.34	1.06	2.91	2.24	2.10	2.14	4.52	4.52	3.99	2.55	1.24	0.84
青海	0.71	0.29	0.41	0.22	0.35	0.52	0.20	0.64	1.07	1.22	1.00	0.42	0.44	0.20
宁夏	3.93	2.59	2.97	1.39	2.90	2.63	1.95	2.36	4.24	5.12	4.28	2.37	1.39	0.98
新疆	5.87	2.65	3.39	1.76	3.66	4.36	1.63	5.57	10.08	9.37	8.07	3.51	3.36	1.53

附录

转移(百万吨)

湖北	湖南	广东	广西	海南	重庆	四川	贵州	云南	陕西	甘肃	青海	宁夏	新疆
0.74	0.74	2.73	0.88	0.25	0.63	0.51	0.43	0.86	1.26	0.39	0.17	0.15	1.11
1.22	1.52	5.85	1.71	0.60	1.78	1.09	1.10	1.81	3.01	1.44	0.46	0.47	1.79
5.37	10.25	37.48	8.95	3.91	12.10	6.79	6.42	10.82	18.03	8.16	2.27	2.65	11.52
6.44	7.92	21.79	7.25	2.34	7.94	3.32	4.47	7.04	12.69	6.45	1.88	2.11	6.40
9.09	8.80	30.18	7.25	2.56	8.37	4.50	3.11	6.34	9.30	3.48	0.92	2.00	6.69
3.50	6.45	19.08	5.78	2.11	6.46	3.52	3.87	6.75	10.07	4.93	1.40	1.63	7.13
1.92	2.15	6.93	2.13	0.64	2.16	1.61	0.94	2.12	2.23	1.03	0.29	0.53	1.24
1.80	2.07	7.97	2.04	0.71	1.96	1.44	1.18	1.97	2.92	1.15	0.41	0.44	1.75
0.97	1.68	5.83	2.10	0.60	1.18	1.14	1.06	2.14	2.70	1.04	0.36	0.35	2.22
2.18	8.59	22.59	7.77	2.35	3.70	4.30	3.54	9.24	9.78	2.72	0.82	0.76	6.17
2.98	4.15	12.62	4.88	1.58	4.85	2.44	3.24	5.38	8.31	4.21	1.23	1.23	4.93
3.93	4.97	16.80	4.72	1.71	4.40	3.26	2.79	5.90	7.12	2.84	0.82	0.88	4.27
1.79	1.89	6.46	2.36	0.85	2.96	1.29	1.91	2.81	4.55	2.62	0.75	0.77	2.58
1.20	2.72	7.16	2.13	0.91	2.48	1.17	1.37	2.55	3.97	1.63	0.44	0.48	1.90
6.00	7.87	30.58	8.72	2.99	10.07	5.86	6.89	10.37	16.93	9.04	2.71	2.97	11.12
5.55	9.22	23.95	6.94	2.89	9.83	4.26	4.90	8.93	14.46	6.39	1.74	2.18	9.02
0.00	3.33	6.57	2.99	1.04	2.75	0.95	1.69	2.82	4.95	2.04	0.56	0.57	2.31
2.26	0.00	12.40	3.34	1.46	4.64	2.30	2.83	4.39	6.61	2.99	0.87	0.99	3.73
3.55	4.27	0.00	5.58	2.12	7.03	2.66	4.57	6.31	9.76	5.85	1.74	1.71	6.10
0.86	2.05	7.18	0.00	1.00	1.88	1.17	1.09	2.81	2.05	0.67	0.18	0.23	1.10
0.21	0.48	1.61	0.43	0.00	0.29	0.20	0.22	0.48	0.61	0.13	0.05	0.03	0.34
1.79	3.19	9.53	3.50	0.87	0.00	1.85	1.44	4.28	3.53	1.28	0.37	0.34	2.17
1.89	4.10	8.64	3.59	1.29	4.52	0.00	2.15	4.11	5.88	2.67	0.76	0.75	3.20
3.60	2.97	11.42	3.01	0.91	3.80	1.46	0.00	2.74	3.31	0.96	0.24	0.33	1.29
1.33	2.08	8.79	1.60	0.84	2.36	1.28	0.95	0.00	2.81	0.72	0.19	0.16	1.34
4.03	4.65	14.74	4.00	1.32	3.25	2.72	1.89	3.60	0.00	1.20	0.43	0.81	2.22
1.34	2.16	7.08	1.49	0.62	2.24	1.34	0.94	1.85	2.69	0.00	0.53	0.34	1.51
0.28	0.39	1.47	0.46	0.17	0.31	0.26	0.16	0.29	0.37	0.15	0.00	0.11	0.18
1.89	2.60	8.64	1.82	0.64	2.03	1.45	0.98	1.94	2.89	0.88	0.20	0.00	1.24
2.58	3.46	12.44	3.45	1.31	2.55	2.30	1.49	2.76	2.93	1.09	0.37	0.79	0.00

表 B12　2013 年中国 30 个省市自

	北京	天津	河北	山西	内蒙古	辽宁	吉林	黑龙江	上海	江苏	浙江	安徽	福建	江西
北京	0.00	1.61	1.92	0.71	1.39	1.30	2.11	1.27	2.34	2.24	1.85	2.56	0.52	1.1
天津	5.71	0.00	2.37	1.62	3.42	2.67	4.53	3.14	4.96	5.53	3.38	3.32	1.31	1.1
河北	33.07	13.97	0.00	10.04	19.65	13.88	22.59	18.37	28.69	36.25	25.71	21.75	8.23	6.9
山西	15.58	8.70	12.74	0.00	13.50	8.12	16.59	9.14	17.14	19.67	12.59	12.78	4.45	5.5
内蒙古	16.94	9.76	18.04	5.69	0.00	10.55	8.60	14.23	18.09	25.09	18.51	10.99	6.07	7.0
辽宁	15.48	9.02	9.27	5.09	12.86	0.00	18.38	15.42	17.56	17.23	11.17	10.39	4.11	3.3
吉林	5.05	3.63	4.42	2.52	4.10	5.28	0.00	9.14	7.41	6.74	5.14	2.50	2.83	2.5
黑龙江	5.99	3.95	3.84	2.03	4.24	4.96	5.71	0.00	8.26	6.31	5.10	3.78	2.29	2.2
上海	4.95	2.89	3.13	1.74	3.49	2.69	4.66	3.09	0.00	5.41	3.99	4.73	1.29	1.7
江苏	8.32	12.53	13.33	5.61	14.88	10.34	11.20	10.78	13.50	0.00	14.99	6.48	3.91	7.2
浙江	9.95	5.24	5.83	3.13	7.58	5.05	11.20	6.66	13.42	11.61	0.00	9.88	2.83	2.7
安徽	8.87	6.79	5.99	4.39	7.17	5.73	6.88	7.25	12.84	14.47	16.20	0.00	3.78	3.5
福建	5.53	1.92	1.97	1.45	3.58	2.42	5.92	3.02	6.88	5.52	3.06	4.86	0.00	1.1
江西	5.30	3.32	3.52	1.50	4.08	3.03	5.26	3.78	6.66	8.77	5.35	5.39	2.60	0.0
山东	23.70	8.17	10.64	6.93	14.88	9.05	22.46	13.02	23.77	24.19	14.22	20.00	5.30	5.8
河南	15.38	9.29	8.35	5.89	11.40	8.11	14.41	10.13	17.97	21.55	15.63	16.03	4.70	4.1
湖北	3.31	3.22	3.80	1.08	4.20	2.63	5.05	3.00	4.35	5.36	2.28	3.59	1.26	0.8
湖南	6.24	3.29	3.66	2.50	5.21	3.26	6.76	5.00	9.16	8.49	5.94	5.65	2.38	2.0
广东	12.21	4.27	4.66	3.10	7.82	4.69	13.09	6.41	13.76	12.12	7.50	11.27	3.16	2.7
广西	2.72	1.57	2.11	1.32	1.86	1.64	2.02	2.24	3.97	4.54	3.61	1.84	1.15	1.6
海南	0.84	0.97	0.78	0.21	0.61	0.66	0.71	0.75	1.19	0.98	0.79	0.67	0.26	0.3
重庆	2.81	2.81	3.72	2.11	4.32	3.01	4.11	2.59	4.01	4.85	3.04	2.24	1.24	1.9
四川	4.68	4.60	5.55	1.62	5.71	3.85	6.50	4.10	6.37	7.95	4.07	4.17	1.84	1.4
贵州	4.32	2.98	4.12	1.88	2.58	3.11	3.06	4.57	5.87	7.41	5.24	3.06	1.72	3.4
云南	3.21	2.07	2.88	1.00	2.16	2.14	1.89	2.44	4.20	5.02	4.41	2.66	1.47	1.3
陕西	7.05	3.67	6.64	2.43	4.85	4.63	4.38	5.97	11.43	11.71	9.33	6.32	3.49	3.8
甘肃	3.60	2.18	2.87	1.25	2.87	2.26	2.42	2.48	4.63	5.93	4.12	2.85	1.21	1.4
青海	0.68	0.30	0.44	0.24	0.34	0.49	0.23	0.66	1.01	1.34	1.00	0.46	0.41	0.2
宁夏	5.48	2.60	3.61	1.78	2.77	2.69	2.38	2.66	8.09	5.48	4.12	3.14	1.33	1.9
新疆	6.14	4.27	5.09	2.59	4.28	4.96	3.13	6.21	10.03	14.64	8.94	4.46	3.45	3.0

转移(百万吨)

湖北	湖南	广东	广西	海南	重庆	四川	贵州	云南	陕西	甘肃	青海	宁夏	新疆
1.10	1.26	3.42	1.13	0.34	1.03	0.71	0.79	1.20	1.83	0.44	0.23	0.30	1.44
1.38	1.75	5.85	1.93	0.64	2.03	1.20	1.32	1.97	3.18	1.37	0.45	0.76	2.21
6.10	11.54	37.03	10.41	4.31	13.67	7.86	8.06	12.46	20.45	8.12	2.29	3.44	12.94
6.53	9.12	21.01	7.23	2.31	8.05	3.81	4.80	7.12	12.33	5.82	1.80	3.24	6.47
8.60	10.84	26.82	7.88	2.61	9.79	4.88	4.16	6.82	11.24	3.40	1.19	2.73	7.46
3.85	8.28	18.60	7.38	2.23	8.35	3.70	4.74	7.12	12.27	4.84	1.42	2.35	7.76
2.19	3.55	7.87	2.69	0.78	3.14	1.78	1.50	2.54	3.76	1.07	0.45	0.76	1.77
2.23	2.86	8.75	2.47	0.98	2.76	1.69	1.71	2.41	3.86	1.13	0.50	0.79	2.20
1.89	2.27	7.57	2.68	0.80	1.95	1.67	1.98	3.01	3.73	1.15	0.42	0.75	3.13
2.72	9.83	23.21	8.67	2.68	5.48	4.97	4.81	9.90	12.33	2.93	0.92	1.35	7.40
3.13	5.35	14.62	5.79	1.63	6.13	2.55	3.85	5.58	9.61	3.93	1.17	1.44	5.23
4.03	6.12	17.37	5.81	1.75	5.86	3.46	3.64	6.42	9.31	2.94	0.90	1.28	5.06
1.61	1.93	7.03	2.29	0.78	2.72	1.32	2.02	4.57	4.41	2.40	0.64	0.75	2.45
1.72	4.38	9.13	2.77	1.14	3.23	1.60	2.58	3.75	4.98	1.79	0.49	0.77	2.59
5.41	9.31	26.34	8.44	2.69	10.02	5.41	6.66	9.57	16.80	7.44	2.47	3.15	10.23
5.30	9.17	21.57	6.94	2.72	9.57	4.16	5.23	9.50	14.63	5.75	1.53	2.28	9.77
0.00	3.20	5.11	2.79	0.89	2.61	0.89	1.63	2.77	4.44	1.71	0.46	0.61	2.18
2.52	0.00	11.73	4.17	1.46	5.40	2.17	3.42	4.47	7.27	2.74	0.79	1.13	3.90
3.70	5.03	0.00	5.55	2.01	7.17	2.95	4.87	6.50	9.88	5.09	1.56	1.70	5.76
1.10	3.44	14.61	0.00	1.13	3.01	1.67	3.09	5.17	3.90	0.97	0.22	0.52	1.79
0.30	0.72	1.85	0.71	0.00	0.62	0.25	0.40	0.60	0.97	0.19	0.06	0.19	0.51
1.63	3.65	8.39	3.29	0.81	0.00	1.90	2.36	4.31	4.16	1.15	0.40	0.48	2.15
1.90	4.94	8.72	4.26	1.35	5.39	0.00	2.72	4.84	6.82	2.72	1.01	0.96	3.50
3.52	4.21	11.89	4.15	1.09	4.67	1.90	0.00	4.30	5.17	1.25	0.31	0.77	2.52
1.25	2.19	7.94	1.73	0.81	2.40	1.42	1.59	0.00	3.22	0.74	0.19	0.31	1.35
4.28	7.51	15.09	5.22	1.46	5.42	3.36	2.93	4.33	0.00	1.56	0.67	1.16	3.13
1.41	2.70	7.03	2.03	0.66	2.78	1.79	1.36	2.14	3.59	0.00	0.66	0.78	2.50
0.32	0.42	1.46	0.48	0.16	0.34	0.35	0.20	0.33	0.46	0.31	0.00	0.13	0.22
1.90	3.26	8.08	2.14	0.69	2.56	1.67	1.36	2.22	3.40	1.54	0.33	0.00	1.64
3.02	5.05	12.73	4.26	1.40	3.75	3.22	2.29	3.97	4.91	1.85	0.57	1.29	0.00

表 B13　2014 年中国 30 个省市自

	北京	天津	河北	山西	内蒙古	辽宁	吉林	黑龙江	上海	江苏	浙江	安徽	福建	江西
北京	0.00	1.82	2.33	0.73	1.33	1.42	2.23	1.60	2.59	2.73	1.97	2.50	0.52	1.4
天津	5.21	0.00	2.80	1.74	3.41	2.97	4.31	3.33	4.56	5.54	3.13	2.90	1.14	1.2
河北	29.93	14.04	0.00	9.86	18.29	12.60	20.24	17.20	23.87	34.58	22.32	19.22	6.96	8.3
山西	12.72	8.05	14.38	0.00	11.19	7.13	13.80	8.32	14.17	17.85	12.59	11.15	4.10	7.4
内蒙古	16.72	9.98	27.01	6.20	0.00	10.65	10.75	17.59	16.82	24.35	16.74	11.92	5.70	9.2
辽宁	13.66	8.31	11.47	5.03	12.97	0.00	17.33	17.09	16.22	16.59	10.05	9.51	3.51	3.9
吉林	5.15	3.70	6.87	2.48	5.07	6.77	0.00	9.38	7.12	7.74	5.56	3.32	2.55	3.5
黑龙江	6.27	4.41	5.34	2.38	4.43	5.90	6.57	0.00	8.22	7.26	5.37	4.40	2.14	3.3
上海	5.23	3.31	3.47	1.59	3.15	2.80	4.67	3.41	0.00	6.20	4.34	4.46	1.13	2.1
江苏	7.65	10.55	13.61	4.99	13.76	9.66	12.00	10.76	12.94	0.00	22.23	8.04	3.73	11.
浙江	8.71	4.79	6.18	2.83	6.34	4.69	10.20	6.62	12.39	11.07	0.00	9.05	2.72	3.2
安徽	7.37	5.98	6.27	4.15	6.06	5.17	6.80	7.05	11.39	14.13	21.93	0.00	3.80	3.7
福建	4.93	1.74	2.00	1.31	3.07	2.53	5.18	2.81	6.17	4.79	2.63	4.00	0.00	1.1
江西	4.62	3.01	3.50	1.44	3.56	2.78	4.69	3.64	6.26	9.21	5.17	4.52	3.28	0.0
山东	21.68	8.00	13.58	6.48	13.62	9.21	21.47	13.06	21.39	26.05	14.14	20.02	4.83	8.0
河南	14.10	8.81	9.02	7.48	11.33	8.42	15.91	10.62	17.91	23.36	18.13	21.08	4.96	5.3
湖北	2.76	2.66	3.58	1.05	3.51	2.24	4.42	2.87	3.94	4.75	2.03	3.05	1.20	1.0
湖南	4.97	2.71	3.81	2.11	4.24	2.77	6.03	4.82	8.35	7.57	5.21	4.67	2.03	2.2
广东	11.01	3.93	4.90	2.94	6.44	4.39	11.43	6.04	11.79	10.56	7.09	9.55	2.96	3.0
广西	2.55	1.48	2.68	1.28	1.80	1.56	2.67	2.74	4.44	5.24	3.60	1.69	1.07	2.2
海南	0.86	1.29	0.86	0.22	0.58	0.76	0.88	0.91	1.32	1.29	0.85	0.65	0.24	0.3
重庆	2.93	2.79	4.71	2.06	4.35	3.48	6.42	3.23	4.32	6.11	3.40	2.68	1.28	2.6
四川	3.90	3.77	5.37	1.63	4.69	3.39	5.85	4.00	5.95	7.04	3.59	3.66	1.55	1.7
贵州	3.96	2.88	4.69	2.15	2.41	2.95	3.63	5.17	6.06	7.90	4.70	2.93	1.59	4.5
云南	2.57	1.67	3.00	0.88	1.78	1.74	1.71	2.09	3.63	4.32	3.60	2.16	1.18	1.6
陕西	6.84	4.19	9.48	2.66	4.93	4.91	5.97	6.91	11.03	12.46	8.95	6.93	3.32	5.5
甘肃	3.25	2.06	3.23	1.36	2.57	2.09	2.58	2.65	4.37	7.05	3.92	2.95	1.08	2.0
青海	0.56	0.28	0.43	0.24	0.30	0.40	0.25	0.59	0.82	1.31	0.87	0.45	0.32	0.3
宁夏	6.66	2.45	4.02	2.06	2.47	2.59	2.66	2.79	3.11	5.51	3.72	3.70	1.20	2.6
新疆	6.11	5.80	6.67	3.36	4.72	5.36	4.58	6.57	9.45	19.58	9.40	5.26	3.38	4.5

附录

转移(百万吨)

湖北	湖南	广东	广西	海南	重庆	四川	贵州	云南	陕西	甘肃	青海	宁夏	新疆
1.38	1.70	3.74	1.26	0.40	1.36	0.85	1.10	1.44	2.25	0.44	0.28	0.44	1.63
1.49	1.92	5.56	2.07	0.64	2.20	1.27	1.48	2.04	3.21	1.22	0.40	1.03	2.54
5.85	10.95	30.18	10.20	4.00	13.01	7.66	8.46	12.10	19.54	6.69	1.92	3.71	12.26
6.13	9.67	18.57	6.66	2.11	7.54	4.01	4.77	6.66	11.00	4.73	1.58	4.16	6.03
8.53	13.33	24.82	8.86	2.78	11.62	5.47	5.36	7.59	13.63	3.47	1.51	3.56	8.54
3.95	9.66	16.76	8.58	2.19	9.80	3.63	5.34	7.02	13.77	4.41	1.33	2.97	7.88
2.47	5.02	8.85	3.28	0.92	4.16	1.97	2.09	2.99	5.38	1.11	0.61	1.01	2.33
2.75	3.77	9.83	3.01	1.30	3.68	2.00	2.32	2.95	4.95	1.13	0.61	1.18	2.75
2.53	2.49	8.05	2.81	0.87	2.41	1.92	2.60	3.39	4.14	1.05	0.42	1.05	3.54
3.03	10.19	21.67	8.79	2.77	6.81	5.19	5.69	9.65	13.83	2.87	0.94	1.83	7.98
3.12	6.29	15.88	6.40	1.59	7.12	2.53	4.26	5.47	10.41	3.42	1.04	1.58	5.25
3.71	6.72	16.15	6.37	1.62	6.81	3.30	4.18	6.31	10.68	2.74	0.88	1.58	5.37
1.44	2.00	7.76	2.25	0.70	2.50	1.36	2.17	6.55	4.32	2.20	0.54	0.73	2.33
1.95	5.36	9.47	2.91	1.17	3.42	1.77	3.41	4.32	5.09	1.59	0.45	0.94	2.84
5.31	11.57	24.50	8.92	2.63	10.87	5.45	7.04	9.63	18.18	6.52	2.45	3.61	10.26
5.70	10.29	21.71	7.82	2.89	10.52	4.58	6.27	11.33	16.70	5.78	1.49	2.69	11.85
0.00	3.48	4.38	2.95	0.87	2.82	0.96	1.77	3.08	4.52	1.62	0.43	0.73	2.33
2.71	0.00	10.78	4.88	1.42	6.00	2.00	3.90	4.43	7.73	2.43	0.68	1.24	3.96
3.72	5.63	0.00	5.32	1.81	7.06	3.15	5.01	6.46	9.65	4.11	1.31	1.63	5.20
1.27	4.61	21.15	0.00	1.19	3.94	2.06	4.90	7.22	5.52	1.21	0.25	0.77	2.37
0.38	0.93	1.99	0.96	0.00	0.94	0.28	0.57	0.70	1.30	0.24	0.07	0.35	0.65
1.77	4.79	8.75	3.68	0.88	0.00	2.30	3.75	5.12	5.56	1.22	0.50	0.72	2.52
1.66	5.25	7.66	4.46	1.23	5.67	0.00	3.01	5.04	7.00	2.41	1.18	1.08	3.39
3.13	5.12	11.37	4.98	1.18	5.16	2.18	0.00	5.54	6.65	1.44	0.35	1.15	3.57
1.07	2.12	6.45	1.71	0.71	2.25	1.44	2.09	0.00	3.37	0.70	0.18	0.42	1.25
4.42	10.43	14.97	6.40	1.58	7.65	3.95	4.00	4.99	0.00	1.91	0.91	1.51	4.05
1.37	3.09	6.39	2.48	0.65	3.15	2.16	1.72	2.29	4.30	0.00	0.75	1.23	3.41
0.33	0.40	1.28	0.43	0.13	0.33	0.39	0.22	0.32	0.51	0.44	0.00	0.14	0.23
1.79	3.70	7.04	2.33	0.69	2.93	1.79	1.65	2.36	3.69	2.10	0.43	0.00	1.92
3.33	6.51	12.37	4.91	1.43	4.85	4.04	3.05	5.07	6.81	2.59	0.76	1.77	0.00

表 B14　2015 年中国 30 个省市自

	北京	天津	河北	山西	内蒙古	辽宁	吉林	黑龙江	上海	江苏	浙江	安徽	福建	江西
北京	0.00	2.05	2.77	0.75	1.27	1.56	2.38	1.94	2.86	3.28	2.11	2.44	0.52	1.87
天津	4.63	0.00	3.20	1.83	3.34	3.24	4.02	3.48	4.08	5.48	2.83	2.43	0.95	1.47
河北	27.98	14.58	0.00	10.04	17.63	11.83	18.70	16.69	20.12	34.19	19.87	17.49	6.00	10.0
山西	9.43	7.03	15.08	0.00	8.50	5.85	10.53	7.13	10.71	15.24	11.90	9.06	3.56	8.69
内蒙古	16.26	10.04	35.54	6.61	0.00	10.59	12.73	20.69	15.31	23.24	14.71	12.67	5.24	11.3
辽宁	11.46	7.34	13.25	4.81	12.67	0.00	15.76	18.17	14.40	15.43	8.64	8.35	2.81	4.40
吉林	4.91	3.53	8.80	2.27	5.67	7.78	0.00	8.99	6.37	8.20	5.59	3.90	2.10	4.38
黑龙江	6.20	4.62	6.56	2.60	4.36	6.51	7.05	0.00	7.70	7.81	5.33	4.77	1.85	4.27
上海	5.87	3.95	4.03	1.55	3.05	3.10	5.01	3.97	0.00	7.38	4.98	4.53	1.06	2.58
江苏	7.13	8.82	14.09	4.48	12.92	9.16	12.96	10.93	12.61	0.00	29.59	9.68	3.62	15.9
浙江	7.56	4.40	6.59	2.56	5.17	4.39	9.31	6.64	11.48	10.64	0.00	8.31	2.63	3.75
安徽	5.82	5.11	6.44	3.86	4.91	4.54	6.61	6.74	9.82	13.58	27.10	0.00	3.76	3.83
福建	3.78	1.37	1.81	1.02	2.21	2.36	3.87	2.29	4.78	3.52	1.92	2.70	0.00	0.92
江西	4.06	2.76	3.53	1.40	3.13	2.59	4.23	3.58	5.99	9.77	5.09	3.78	3.98	0.00
山东	19.69	7.90	16.93	6.05	12.37	9.48	20.61	13.24	18.98	28.33	14.18	20.24	4.37	10.4
河南	10.78	7.09	8.51	8.20	9.71	7.62	15.38	9.71	15.41	22.15	18.38	23.70	4.56	5.82
湖北	2.16	2.05	3.32	1.01	2.74	1.82	3.72	2.71	3.47	4.06	1.75	2.46	1.13	1.22
湖南	3.99	2.29	4.17	1.84	3.51	2.45	5.66	4.93	8.03	7.08	4.78	3.97	1.80	2.62
广东	9.70	3.56	5.09	2.75	5.00	4.04	9.66	5.60	9.71	8.88	6.59	7.73	2.72	3.23
广西	2.30	1.34	3.10	1.19	1.67	1.42	3.16	3.11	4.71	5.69	3.46	1.49	0.96	2.83
海南	0.88	1.62	0.96	0.24	0.55	0.87	1.06	1.08	1.47	1.61	0.93	0.62	0.22	0.47
重庆	2.82	2.52	5.42	1.82	4.01	3.69	8.47	3.67	4.29	6.99	3.50	2.94	1.20	3.27
四川	2.94	2.76	4.91	1.54	3.46	2.76	4.91	3.69	5.22	5.78	2.94	2.97	1.18	1.83
贵州	3.68	2.83	5.31	2.45	2.29	2.85	4.23	5.82	6.33	8.49	4.25	2.85	1.48	5.70
云南	1.88	1.24	2.96	0.72	1.36	1.31	1.46	1.69	2.96	3.50	2.71	1.61	0.86	1.86
陕西	6.30	4.53	11.94	2.76	4.78	4.97	7.31	7.55	10.10	12.63	8.12	7.22	2.99	7.17
甘肃	2.74	1.83	3.43	1.40	2.14	1.81	2.61	2.70	3.89	7.82	3.53	2.91	0.89	2.58
青海	0.46	0.26	0.43	0.25	0.26	0.33	0.27	0.55	0.66	1.32	0.77	0.45	0.25	0.35
宁夏	7.58	2.26	4.30	2.26	2.15	2.44	2.85	2.85	8.28	5.42	3.28	4.12	1.05	3.34
新疆	5.69	6.91	7.77	3.90	4.85	5.40	5.70	6.52	8.29	23.13	9.27	5.70	3.09	5.72

转移(百万吨)

湖北	湖南	广东	广西	海南	重庆	四川	贵州	云南	陕西	甘肃	青海	宁夏	新疆
1.67	2.18	4.10	1.41	0.47	1.72	1.00	1.44	1.69	2.71	0.44	0.32	0.60	1.83
1.58	2.06	5.17	2.18	0.64	2.33	1.31	1.63	2.08	3.18	1.05	0.35	1.28	2.85
5.82	10.77	24.73	10.35	3.84	12.84	7.74	9.12	12.17	19.35	5.56	1.64	4.09	12.03
5.42	9.62	15.35	5.78	1.80	6.67	3.97	4.47	5.87	9.19	3.48	1.29	4.76	5.32
8.33	15.60	22.44	9.70	2.90	13.27	5.98	6.48	8.25	15.82	3.49	1.80	4.34	9.49
3.92	10.70	14.43	9.48	2.09	10.89	3.44	5.76	6.70	14.78	3.84	1.20	3.47	7.75
2.58	6.13	9.22	3.64	1.00	4.90	2.02	2.53	3.22	6.60	1.09	0.73	1.19	2.72
3.11	4.48	10.36	3.37	1.54	4.41	2.19	2.80	3.33	5.78	1.07	0.69	1.51	3.14
3.31	2.88	9.08	3.14	1.01	3.02	2.29	3.38	3.99	4.83	1.04	0.44	1.41	4.17
3.37	10.71	20.55	9.06	2.90	8.21	5.50	6.63	9.58	15.51	2.86	0.97	2.32	8.67
3.14	7.28	17.27	7.07	1.56	8.17	2.53	4.72	5.42	11.31	2.96	0.92	1.73	5.32
3.35	7.19	14.73	6.81	1.46	7.62	3.10	4.63	6.10	11.84	2.51	0.86	1.85	5.59
1.11	1.85	7.61	1.96	0.55	2.00	1.26	2.06	7.77	3.74	1.75	0.38	0.64	1.95
2.19	6.36	9.95	3.09	1.21	3.65	1.95	4.25	4.93	5.28	1.44	0.42	1.12	3.12
5.26	14.17	22.73	9.53	2.58	11.92	5.54	7.52	9.80	19.88	5.58	2.45	4.16	10.41
5.36	10.11	18.91	7.71	2.68	10.11	4.42	6.54	11.79	16.67	5.02	1.24	2.77	12.50
0.00	3.74	3.57	3.09	0.84	3.01	1.01	1.91	3.37	4.56	1.51	0.39	0.85	2.47
3.06	0.00	10.46	5.87	1.46	6.95	1.94	4.62	4.65	8.63	2.25	0.62	1.42	4.25
3.70	6.17	0.00	5.03	1.59	6.87	3.30	5.09	6.34	9.30	3.09	1.05	1.54	4.59
1.37	5.51	26.34	0.00	1.20	4.65	2.33	6.38	8.83	6.78	1.38	0.27	0.97	2.80
0.46	1.15	2.15	1.22	0.00	1.27	0.31	0.74	0.80	1.64	0.30	0.08	0.51	0.81
1.76	5.66	8.38	3.79	0.90	0.00	2.54	5.00	5.59	6.67	1.20	0.57	0.92	2.72
1.34	5.28	6.23	4.43	1.05	5.64	0.00	3.13	4.96	6.80	1.99	1.27	1.14	3.11
2.81	6.08	11.05	5.85	1.29	5.72	2.50	0.00	6.82	8.18	1.64	0.40	1.54	4.63
0.86	1.96	4.82	1.62	0.59	2.01	1.39	2.44	0.00	3.34	0.63	0.16	0.51	1.10
4.35	12.95	14.14	7.32	1.62	9.58	4.38	4.90	5.44	0.00	2.18	1.11	1.80	4.79
1.27	3.32	5.42	2.80	0.61	3.37	2.42	2.00	2.32	4.81	0.00	0.80	1.61	4.17
0.34	0.40	1.14	0.41	0.11	0.34	0.46	0.25	0.33	0.58	0.59	0.00	0.15	0.25
1.66	4.03	5.96	2.45	0.68	3.19	1.86	1.87	2.44	3.87	2.55	0.51	0.00	2.14
3.43	7.52	11.26	5.23	1.37	5.61	4.59	3.58	5.82	8.22	3.14	0.89	2.12	0.00

表 B15 2016 年中国 30 个省市自

	北京	天津	河北	山西	内蒙古	辽宁	吉林	黑龙江	上海	江苏	浙江	安徽	福建	江西
北京	0.00	2.24	3.16	0.76	1.18	1.66	2.47	2.26	3.07	3.76	2.21	2.32	0.51	2.24
天津	4.00	0.00	3.56	1.90	3.24	3.47	3.70	3.59	3.56	5.36	2.50	1.94	0.75	1.52
河北	26.80	15.53	0.00	10.49	17.46	11.38	17.69	16.63	16.90	34.75	17.97	16.24	5.21	11.9
山西	7.30	6.80	17.30	0.00	6.84	5.24	8.53	6.73	8.54	14.34	12.47	8.02	3.42	10.8
内蒙古	15.90	10.17	44.19	7.06	0.00	10.59	14.76	23.87	13.91	22.28	12.80	13.49	4.82	13.5
辽宁	9.35	6.41	14.87	4.58	12.34	0.00	14.23	19.11	12.64	14.30	7.29	7.24	2.15	4.81
吉林	4.86	3.49	10.95	2.15	6.45	9.00	0.00	8.93	5.89	8.92	5.82	4.58	1.75	5.31
黑龙江	6.33	4.98	7.99	2.90	4.43	7.33	7.77	0.00	7.44	8.61	5.47	5.29	1.63	5.23
上海	6.46	4.56	4.57	1.51	2.93	3.38	5.31	4.49	0.00	8.51	5.58	4.55	0.98	3.04
江苏	6.69	7.21	14.74	4.02	12.23	8.76	14.07	11.21	12.43	0.00	37.23	11.41	3.56	20.4
浙江	6.34	3.97	6.92	2.26	3.96	4.03	8.33	6.58	10.46	10.10	0.00	7.48	2.52	4.21
安徽	4.49	4.42	6.81	3.69	3.94	4.08	6.64	6.66	8.60	13.48	33.00	0.00	3.84	4.08
福建	2.73	1.02	1.61	0.76	1.44	2.17	2.67	1.81	3.50	2.37	1.27	1.52	0.00	0.73
江西	3.44	2.47	3.48	1.33	2.66	2.35	3.71	3.44	5.60	10.07	4.90	3.01	4.54	0.00
山东	16.88	7.51	19.95	5.38	10.61	9.45	18.99	12.99	15.76	29.83	13.75	19.79	3.72	12.7
河南	7.76	5.56	8.20	9.08	8.34	7.00	15.19	9.03	13.29	21.44	19.01	26.76	4.27	6.43
湖北	1.55	1.43	3.08	0.98	1.97	1.39	3.03	2.57	3.02	3.38	1.47	1.86	1.06	1.41
湖南	2.95	1.85	4.57	1.56	2.75	2.11	5.28	5.06	7.71	6.59	4.34	3.23	1.56	2.98
广东	8.64	3.28	5.41	2.62	3.69	3.80	8.14	5.31	7.87	7.44	6.28	6.11	2.56	3.53
广西	2.31	1.35	3.86	1.23	1.73	1.45	4.01	3.81	5.51	6.78	3.71	1.46	0.97	3.62
海南	0.82	1.79	0.96	0.24	0.47	0.89	1.13	1.13	1.47	1.77	0.91	0.54	0.19	0.50
重庆	2.55	2.12	5.83	1.49	3.45	3.71	10.04	3.92	4.03	7.48	3.42	3.05	1.06	3.69
四川	2.09	1.87	4.54	1.49	2.36	2.22	4.11	3.44	4.61	4.69	2.37	2.37	0.85	1.98
贵州	3.62	2.96	6.28	2.90	2.30	2.92	5.11	6.85	7.00	9.61	4.05	2.94	1.46	7.24
云南	1.47	0.99	3.30	0.67	1.14	1.06	1.42	1.52	2.70	3.16	2.22	1.30	0.67	2.29
陕西	5.56	4.69	13.83	2.76	4.45	4.83	8.32	7.88	8.84	12.33	7.04	7.22	2.56	8.30
甘肃	2.22	1.59	3.58	1.43	1.71	1.53	2.60	2.71	3.39	8.46	3.11	2.84	0.69	3.03
青海	0.37	0.26	0.45	0.27	0.24	0.26	0.31	0.53	0.52	1.40	0.70	0.48	0.18	0.42
宁夏	8.39	2.10	4.55	2.44	1.87	2.31	3.02	2.90	2.90	5.34	2.89	4.50	0.92	3.92
新疆	5.55	8.27	9.16	4.57	5.19	5.68	7.01	6.74	7.56	27.49	9.54	6.37	2.95	7.08

附录

转移(百万吨)

湖北	湖南	广东	广西	海南	重庆	四川	贵州	云南	陕西	甘肃	青海	宁夏	新疆
1.94	2.62	4.38	1.53	0.52	2.06	1.13	1.75	1.92	3.12	0.43	0.36	0.74	2.00
1.66	2.17	4.74	2.27	0.63	2.44	1.35	1.75	2.11	3.13	0.86	0.30	1.53	3.12
5.94	10.89	19.94	10.79	3.79	13.02	8.04	10.04	12.58	19.71	4.58	1.40	4.59	12.14
5.32	10.58	13.90	5.54	1.71	6.53	4.35	4.66	5.74	8.44	2.65	1.15	5.82	5.18
8.18	17.94	20.24	10.59	3.04	14.97	6.52	7.63	8.95	18.07	3.53	2.10	5.13	10.49
3.88	11.63	12.19	10.28	1.98	11.88	3.25	6.13	6.38	15.68	3.30	1.08	3.94	7.60
2.77	7.40	9.90	4.10	1.11	5.76	2.14	3.03	3.56	7.99	1.10	0.86	1.40	3.19
3.58	5.33	11.22	3.85	1.83	5.27	2.46	3.38	3.82	6.79	1.04	0.79	1.89	3.63
4.07	3.24	10.04	3.44	1.13	3.60	2.65	4.13	4.56	5.49	1.02	0.46	1.75	4.78
3.75	11.35	19.66	9.42	3.07	9.70	5.86	7.64	9.61	17.35	2.88	1.02	2.84	9.45
3.12	8.18	18.45	7.66	1.52	9.11	2.51	5.11	5.30	12.06	2.46	0.79	1.87	5.32
3.11	7.87	13.81	7.46	1.36	8.65	3.00	5.22	6.09	13.34	2.36	0.86	2.16	5.99
0.81	1.69	7.37	1.68	0.41	1.54	1.14	1.95	8.72	3.18	1.34	0.23	0.55	1.60
2.38	7.15	10.18	3.19	1.22	3.78	2.07	4.94	5.38	5.34	1.26	0.38	1.26	3.31
5.02	16.48	20.05	9.86	2.45	12.64	5.45	7.79	9.64	21.02	4.37	2.37	4.60	10.20
5.15	10.15	16.57	7.77	2.53	9.93	4.35	6.95	12.49	17.00	4.39	1.03	2.91	13.39
0.00	4.07	2.76	3.28	0.81	3.24	1.08	2.08	3.73	4.66	1.41	0.35	0.98	2.65
3.44	0.00	10.15	6.95	1.51	7.98	1.88	5.39	4.89	9.62	2.08	0.56	1.61	4.57
3.78	6.87	0.00	4.87	1.42	6.87	3.55	5.31	6.40	9.21	2.16	0.81	1.49	4.10
1.63	7.00	34.39	0.00	1.35	5.87	2.87	8.54	11.39	8.79	1.71	0.32	1.28	3.55
0.49	1.25	2.10	1.36	0.00	1.47	0.32	0.84	0.82	1.82	0.32	0.09	0.62	0.88
1.66	6.22	7.57	3.69	0.86	0.00	2.65	5.96	5.75	7.40	1.11	0.60	1.08	2.77
1.06	5.37	4.99	4.45	0.90	5.68	0.00	3.28	4.96	6.70	1.62	1.37	1.20	2.88
2.65	7.44	11.39	7.10	1.49	6.64	2.97	0.00	8.55	10.25	1.96	0.47	2.04	6.02
0.77	2.06	3.89	1.74	0.55	2.04	1.52	3.09	0.00	3.74	0.64	0.17	0.65	1.10
4.13	14.85	12.83	7.91	1.60	11.06	4.62	5.57	5.66	0.00	2.36	1.26	2.01	5.32
1.15	3.51	4.43	3.08	0.56	3.54	2.64	2.25	2.33	5.23	0.00	0.85	1.96	4.83
0.38	0.41	1.05	0.40	0.09	0.36	0.55	0.29	0.35	0.68	0.78	0.00	0.17	0.28
1.54	4.31	5.01	2.56	0.67	3.43	1.93	2.07	2.51	4.04	2.96	0.58	0.00	2.34
3.66	8.80	10.69	5.76	1.37	6.58	5.30	4.24	6.79	9.91	3.79	1.06	2.54	0.00

表 B16 2017 年中国 30 个省市自

	北京	天津	河北	山西	内蒙古	辽宁	吉林	黑龙江	上海	江苏	浙江	安徽	福建	江西
北京	0.00	1.91	2.80	0.60	0.85	1.39	2.02	2.03	2.59	3.35	1.81	1.73	0.40	2.05
天津	3.18	0.00	3.68	1.85	2.96	3.47	3.18	3.48	2.87	4.93	2.05	1.37	0.53	1.54
河北	23.06	14.89	0.00	9.88	15.58	9.84	14.99	14.94	12.24	31.84	14.41	13.47	3.95	12.5
山西	5.05	6.54	19.61	0.00	5.08	4.59	6.41	6.32	6.25	13.38	13.07	6.91	3.26	13.0
内蒙古	16.32	10.81	55.46	7.89	0.00	11.13	17.63	28.40	13.15	22.41	11.45	15.02	4.63	16.4
辽宁	7.53	5.66	16.74	4.46	12.29	0.00	13.07	20.44	11.23	13.52	6.15	6.32	1.56	5.30
吉林	4.87	3.50	13.25	2.06	7.32	10.35	0.00	9.00	5.48	9.77	6.13	5.33	1.43	6.31
黑龙江	6.10	5.06	8.93	3.04	4.26	7.72	8.03	0.00	6.77	8.90	5.30	5.51	1.33	5.96
上海	6.63	4.86	4.79	1.37	2.63	3.43	5.27	4.71	0.00	9.06	5.81	4.30	0.84	3.29
江苏	6.03	5.39	14.85	3.44	11.14	8.07	14.64	11.10	11.82	0.00	43.33	12.70	3.37	24.0
浙江	5.09	3.50	7.15	1.95	2.74	3.64	7.29	6.45	9.36	9.45	0.00	6.60	2.39	4.62
安徽	2.98	3.51	6.78	3.33	2.79	3.41	6.30	6.21	6.95	12.62	36.77	0.00	3.71	4.08
福建	2.04	0.81	1.62	0.59	0.87	2.27	1.83	1.56	2.68	1.55	0.79	0.57	0.00	0.68
江西	2.85	2.18	3.41	1.26	2.20	2.11	3.21	3.28	5.20	10.27	4.68	2.28	5.02	0.00
山东	12.84	6.55	21.24	4.31	8.07	8.66	15.91	11.70	11.41	28.87	12.24	17.78	2.80	13.9
河南	4.43	3.75	7.34	9.26	6.48	5.94	13.97	7.77	10.41	19.29	18.28	27.75	3.71	6.56
湖北	0.87	0.74	2.75	0.93	1.10	0.90	2.22	2.35	2.47	2.57	1.14	1.18	0.96	1.57
湖南	1.73	1.29	4.68	1.18	1.80	1.64	4.56	4.86	6.89	5.67	3.61	2.28	1.22	3.15
广东	7.11	2.82	5.42	2.35	2.20	3.36	6.20	4.72	5.64	5.61	5.61	4.19	2.26	3.61
广西	2.22	1.30	4.49	1.23	1.72	1.41	4.71	4.38	6.09	7.61	3.81	1.37	0.93	4.41
海南	0.82	2.06	1.02	0.25	0.44	0.97	1.28	1.27	1.57	2.04	0.97	0.51	0.16	0.56
重庆	2.32	1.75	6.27	1.18	2.95	3.76	11.61	4.18	3.82	8.02	3.37	3.17	0.93	4.12
四川	1.24	0.99	4.04	1.38	1.27	1.64	3.22	3.09	3.88	3.52	1.76	1.73	0.52	2.03
贵州	3.17	2.76	6.56	3.04	2.06	2.67	5.42	7.13	6.91	9.69	3.41	2.72	1.28	7.98
云南	1.01	0.71	3.67	0.61	0.90	0.79	1.37	1.33	2.40	2.79	1.67	0.96	0.46	2.76
陕西	4.85	4.80	15.47	2.74	4.13	4.69	9.18	8.13	7.66	11.99	6.02	7.19	2.16	9.33
甘肃	1.65	1.31	3.55	1.39	1.25	1.21	2.48	2.59	2.78	8.63	2.59	2.64	0.49	3.28
青海	0.21	0.20	0.37	0.22	0.16	0.14	0.27	0.39	0.28	1.15	0.48	0.40	0.07	0.39
宁夏	11.18	2.39	5.85	3.19	1.99	2.69	3.88	3.61	3.15	6.46	3.11	5.92	0.98	5.44
新疆	5.28	9.40	10.29	5.12	5.40	5.82	8.12	6.81	6.67	31.10	9.58	6.87	2.75	8.23

附录

转移(百万吨)

湖北	湖南	广东	广西	海南	重庆	四川	贵州	云南	陕西	甘肃	青海	宁夏	新疆
1.74	2.42	3.67	1.30	0.46	1.89	1.00	1.63	1.69	2.78	0.33	0.31	0.70	1.71
1.62	2.15	4.06	2.22	0.59	2.40	1.30	1.76	2.00	2.89	0.65	0.24	1.66	3.19
5.47	9.92	13.50	10.13	3.36	11.90	7.52	9.91	11.72	18.09	3.22	1.04	4.60	11.04
5.21	11.57	12.35	5.28	1.60	6.38	4.74	4.85	5.59	7.63	1.78	1.00	6.93	5.04
8.44	21.29	18.95	12.06	3.34	17.51	7.41	9.21	10.13	21.33	3.76	2.52	6.21	12.06
3.93	12.78	10.32	11.27	1.93	13.08	3.14	6.61	6.20	16.88	2.85	0.98	4.46	7.62
3.00	8.76	10.72	4.63	1.24	6.70	2.28	3.58	3.95	9.49	1.12	1.01	1.62	3.70
3.83	5.85	11.43	4.10	2.01	5.82	2.59	3.74	4.07	7.39	0.96	0.84	2.15	3.91
4.54	3.39	10.34	3.52	1.18	3.94	2.83	4.59	4.82	5.77	0.93	0.45	1.97	5.06
3.99	11.57	18.12	9.45	3.12	10.79	6.00	8.35	9.31	18.53	2.81	1.03	3.24	9.89
3.06	8.95	19.38	8.13	1.46	9.91	2.45	5.43	5.13	12.66	1.95	0.65	1.97	5.27
2.70	8.08	12.16	7.66	1.18	9.15	2.74	5.49	5.73	14.02	2.09	0.82	2.34	6.03
0.62	1.75	8.05	1.61	0.33	1.28	1.18	2.08	10.73	3.04	1.10	0.11	0.53	1.45
2.52	7.82	10.30	3.26	1.22	3.87	2.17	5.53	5.76	5.35	1.09	0.35	1.38	3.46
4.39	17.37	15.89	9.39	2.13	12.31	4.93	7.42	8.72	20.44	2.87	2.11	4.65	9.20
4.59	9.49	13.25	7.29	2.22	9.07	3.98	6.85	12.27	16.13	3.50	0.76	2.83	13.30
0.00	4.29	1.83	3.38	0.76	3.40	1.13	2.19	3.99	4.63	1.26	0.31	1.10	2.75
3.59	0.00	9.18	7.57	1.46	8.50	1.70	5.82	4.83	9.99	1.76	0.46	1.70	4.60
3.64	7.16	0.00	4.44	1.17	6.47	3.59	5.22	6.09	8.59	1.12	0.54	1.35	3.38
1.82	8.27	41.32	0.00	1.44	6.89	3.31	10.43	13.58	10.51	1.98	0.36	1.55	4.17
0.56	1.43	2.21	1.58	0.00	1.75	0.35	0.99	0.90	2.10	0.37	0.10	0.76	1.00
1.58	6.80	6.87	3.64	0.83	0.00	2.78	6.93	5.95	8.16	1.03	0.64	1.23	2.85
0.77	5.24	3.67	4.30	0.73	5.51	0.00	3.30	4.77	6.36	1.23	1.42	1.22	2.57
2.21	7.98	10.50	7.57	1.52	6.84	3.12	0.00	9.35	11.19	2.05	0.49	2.31	6.73
0.67	2.17	2.87	1.86	0.50	2.07	1.66	3.79	0.00	4.16	0.66	0.17	0.81	1.10
3.90	16.49	11.57	8.41	1.58	12.33	4.81	6.15	5.83	0.00	2.50	1.39	2.19	5.77
1.00	3.51	3.34	3.18	0.49	3.53	2.71	2.36	2.22	5.36	0.00	0.84	2.18	5.20
0.32	0.33	0.72	0.30	0.05	0.30	0.50	0.27	0.29	0.62	0.77	0.00	0.15	0.25
1.76	5.60	5.11	3.26	0.81	4.46	2.43	2.75	3.15	5.13	4.07	0.79	0.00	3.08
3.81	9.83	9.89	6.14	1.34	7.36	5.87	4.79	7.57	11.32	4.34	1.19	2.89	0.00

171

附录 C 中国省域间增加值转移

表 C1 2002 年中国 30 个省市自

	北京	天津	河北	山西	内蒙古	辽宁	吉林	黑龙江	上海	江苏	浙江	安徽	福建	江西
北京	0	153	157	33	24	42	98	63	46	116	103	76	80	46
天津	121	0	74	17	15	28	45	35	32	67	70	51	33	30
河北	235	87	0	57	60	81	152	74	114	156	227	160	84	60
山西	47	15	114	0	9	30	22	16	32	54	51	18	12	13
内蒙古	62	23	62	12	0	34	46	23	35	49	61	39	15	14
辽宁	105	47	194	21	26	0	121	101	53	87	165	74	56	39
吉林	71	57	81	15	17	57	0	70	46	75	97	74	28	23
黑龙江	95	41	146	22	26	241	130	0	70	113	172	73	52	50
上海	98	58	95	22	16	31	51	39	0	114	134	73	55	41
江苏	141	79	128	34	38	55	78	64	74	0	172	154	67	55
浙江	132	68	126	36	36	57	97	81	112	148	0	159	101	64
安徽	91	42	117	25	27	49	117	38	101	129	243	0	47	53
福建	46	26	57	10	13	17	29	28	25	41	52	39	0	26
江西	35	22	45	10	11	16	36	15	37	40	64	59	28	0
山东	183	124	241	59	82	148	113	43	181	161	272	212	96	78
河南	77	36	120	26	26	33	43	38	49	96	101	65	48	40
湖北	48	24	55	17	15	23	30	24	29	45	56	44	31	39
湖南	49	28	63	18	20	27	42	22	49	49	86	57	37	43
广东	127	47	113	30	30	55	65	57	85	133	195	95	53	55
广西	47	29	46	13	13	20	29	19	37	34	65	43	21	23
海南	17	8	21	4	3	6	22	4	13	13	30	23	6	7
重庆	78	94	63	16	12	22	57	25	37	82	74	52	27	24
四川	48	29	58	16	16	26	42	16	39	46	53	44	21	22
贵州	25	11	26	6	7	13	11	11	17	22	40	20	11	12
云南	28	21	38	11	18	29	18	10	37	27	55	40	19	14
陕西	48	23	49	17	15	21	33	22	32	47	53	40	22	26
甘肃	14	9	23	4	6	6	10	10	12	22	24	14	10	10
青海	11	9	6	2	3	3	5	8	4	8	5	4	3	4
宁夏	8	4	7	3	4	4	4	5	2	6	6	5	2	4
新疆	37	20	71	9	11	36	31	15	36	62	92	35	22	24

附录

转移(亿元)

湖北	湖南	广东	广西	海南	重庆	四川	贵州	云南	陕西	甘肃	青海	宁夏	新疆
41	29	100	182	37	103	42	63	53	67	23	32	29	71
35	27	58	44	11	29	32	20	25	26	13	9	11	26
70	64	206	47	23	92	73	37	53	105	36	18	20	50
36	15	55	15	5	15	27	7	17	19	8	6	5	11
28	20	55	21	8	21	17	8	16	26	14	5	10	12
51	37	93	41	15	52	38	22	27	40	19	9	13	29
30	18	89	37	12	36	23	20	24	31	11	16	11	22
78	59	95	32	14	48	46	18	31	34	25	11	11	25
35	27	135	82	19	78	39	36	32	42	18	15	16	43
41	57	120	52	22	94	58	40	44	57	38	12	19	42
41	66	184	83	18	85	62	39	47	51	25	11	17	42
46	34	141	46	13	49	37	21	35	44	19	8	10	25
15	30	45	23	9	38	21	15	19	19	12	6	8	18
35	36	53	20	11	25	15	14	22	21	10	7	7	13
118	68	230	101	31	96	60	44	85	72	40	18	21	49
77	47	79	31	15	46	38	21	30	65	26	9	13	28
0	56	64	34	14	31	25	18	27	31	14	7	9	20
55	0	82	30	16	41	24	20	33	42	16	5	9	17
60	83	0	67	20	110	65	52	49	51	27	10	14	34
25	27	69	0	20	29	24	15	27	26	11	6	6	17
9	5	23	18	0	8	6	5	9	5	3	2	2	5
30	20	78	67	14	0	47	31	32	43	12	17	11	23
34	25	54	30	13	46	0	18	35	34	18	8	10	18
18	18	36	16	7	24	14	0	23	12	7	3	4	10
23	16	63	16	7	29	13	10	0	19	10	5	4	10
40	29	48	29	9	25	45	11	24	0	20	7	9	17
14	10	17	11	4	10	11	4	7	14	0	7	7	9
5	4	4	5	3	8	7	2	3	4	6	0	7	2
5	4	7	4	2	4	7	2	5	6	9	3	0	7
44	34	42	14	7	20	27	9	15	18	18	7	5	0

表C2 2007年中国30个省市自

	北京	天津	河北	山西	内蒙古	辽宁	吉林	黑龙江	上海	江苏	浙江	安徽	福建	江西
北京	0	275	399	49	84	74	112	94	181	253	153	197	152	60
天津	143	0	267	57	78	104	101	70	74	139	106	130	80	54
河北	377	349	0	150	199	218	313	246	337	541	559	343	204	104
山西	48	37	224	0	31	39	64	23	38	66	138	72	29	36
内蒙古	130	80	216	37	0	102	131	69	108	177	223	107	70	45
辽宁	142	101	286	58	95	0	264	166	113	166	223	172	74	48
吉林	82	43	151	37	38	135	0	103	124	116	86	77	47	31
黑龙江	90	59	273	36	54	160	219	0	105	181	157	100	65	69
上海	125	129	381	50	81	116	132	101	0	244	238	253	154	53
江苏	224	187	438	75	256	179	357	163	186	0	336	568	163	75
浙江	179	143	328	63	181	105	267	105	260	211	0	442	153	65
安徽	123	94	211	47	74	76	97	60	168	216	234	0	110	61
福建	63	77	123	32	63	44	102	49	59	77	81	112	0	45
江西	40	32	64	21	31	33	46	28	54	59	57	82	47	0
山东	196	203	540	103	177	246	273	159	120	252	297	329	113	83
河南	211	150	340	96	178	166	259	129	163	316	410	289	121	78
湖北	64	53	101	31	55	39	84	38	75	83	84	109	61	67
湖南	94	76	216	39	61	60	107	55	153	158	134	125	75	51
广东	333	134	688	97	178	182	314	152	242	292	419	428	217	70
广西	71	48	114	29	41	43	76	37	113	127	115	118	57	31
海南	13	12	22	5	7	6	11	5	22	18	19	17	11	6
重庆	44	29	67	29	33	19	34	30	61	44	41	79	29	17
四川	69	49	111	41	56	57	98	53	84	100	83	89	54	32
贵州	33	25	60	13	18	24	44	25	37	52	63	37	29	27
云南	56	37	88	19	30	38	73	32	48	109	137	73	44	24
陕西	119	112	289	50	78	72	116	57	141	199	176	187	109	68
甘肃	26	19	42	9	17	24	29	21	18	44	47	43	16	15
青海	3	2	6	2	3	2	4	2	3	4	4	4	4	4
宁夏	12	10	17	6	12	8	12	14	10	11	12	19	8	9
新疆	54	31	122	19	30	40	51	22	59	91	87	74	42	36

附录

转移(亿元)

湖北	湖南	广东	广西	海南	重庆	四川	贵州	云南	陕西	甘肃	青海	宁夏	新疆
29	57	153	173	25	110	35	93	81	174	26	20	62	104
42	85	168	67	6	44	49	40	60	79	21	9	23	55
94	170	762	191	16	132	141	103	135	429	56	20	68	149
32	43	81	29	2	23	30	15	24	36	11	2	6	15
51	64	258	56	4	55	51	31	47	118	29	6	20	44
47	87	276	78	7	55	77	52	86	108	26	8	20	67
43	44	353	39	4	36	31	23	59	73	17	4	10	28
68	104	254	57	3	51	63	35	63	86	31	5	16	32
33	90	327	134	16	75	86	73	103	115	30	12	25	103
60	308	536	166	9	64	143	118	107	213	38	17	33	118
43	203	402	145	16	62	110	101	118	180	39	12	25	102
66	74	302	92	7	54	51	45	67	113	30	8	17	70
31	92	166	69	8	43	61	46	56	101	26	8	25	48
59	59	71	43	4	34	36	33	34	51	20	7	11	31
76	199	229	139	9	97	248	95	114	266	57	15	39	121
106	219	296	126	8	111	148	92	104	301	60	15	34	97
0	84	101	62	7	52	40	42	46	87	25	8	16	38
87	0	328	87	7	56	60	62	73	128	27	8	17	49
56	314	0	226	11	80	201	116	185	250	41	16	27	104
46	52	293	0	7	54	46	45	73	96	19	5	12	37
11	7	26	15	0	10	7	9	11	15	5	2	3	8
27	28	137	40	5	0	25	39	79	50	14	6	10	24
59	72	131	66	5	101	0	59	92	121	30	7	18	45
27	34	64	40	5	51	31	0	44	46	12	4	7	19
30	38	196	52	5	42	32	36	0	74	15	4	10	29
67	113	277	112	10	81	71	69	86	0	49	15	41	67
14	16	41	15	1	17	19	12	16	30	0	6	12	22
5	3	4	3	0	4	3	3	3	4	8	0	4	3
7	8	13	10	1	12	10	8	9	14	12	3	0	13
36	52	124	33	3	27	32	19	33	40	24	3	9	0

175

表 C3　2012 年中国 30 个省市自

	北京	天津	河北	山西	内蒙古	辽宁	吉林	黑龙江	上海	江苏	浙江	安徽	福建	江西
北京	0	183	267	100	210	188	266	124	334	239	248	322	79	121
天津	234	0	134	95	169	155	169	174	295	315	219	147	97	77
河北	611	302	0	242	333	342	239	346	768	615	611	472	222	155
山西	171	167	221	0	174	165	150	109	281	351	229	143	72	77
内蒙古	376	156	177	109	0	213	144	177	435	466	411	252	147	122
辽宁	404	411	266	195	421	0	233	392	615	439	346	210	208	92
吉林	189	120	84	142	148	135	0	310	361	206	178	75	173	73
黑龙江	290	182	150	100	171	272	70	0	501	354	334	142	178	82
上海	295	181	265	131	254	199	286	155	0	283	232	323	111	114
江苏	647	965	865	388	1079	719	629	625	1207	0	526	421	308	192
浙江	469	417	330	223	473	310	288	306	551	331	0	290	147	144
安徽	372	382	245	185	309	246	167	335	573	400	356	0	182	137
福建	187	70	48	96	113	92	65	123	207	86	82	85	0	49
江西	209	183	185	76	189	159	128	144	278	299	237	155	90	0
山东	569	223	245	284	312	238	295	336	496	379	375	423	143	105
河南	635	496	390	228	436	367	284	363	766	709	569	328	235	152
湖北	68	203	190	39	200	129	132	104	150	194	78	75	55	19
湖南	293	208	182	196	297	196	188	252	512	344	340	197	186	100
广东	232	246	98	122	270	116	123	110	465	168	182	198	115	76
广西	167	89	93	82	93	96	53	76	229	165	176	103	73	53
海南	67	52	51	14	50	49	30	50	120	53	73	47	24	19
重庆	194	206	235	162	347	182	160	131	339	212	155	136	100	100
四川	154	250	240	68	286	169	164	130	278	286	174	116	106	50
贵州	102	73	68	36	57	67	38	178	162	128	128	67	54	41
云南	141	100	104	47	98	84	60	98	217	170	164	110	81	42
陕西	278	132	167	92	175	176	114	149	465	356	345	244	118	92
甘肃	99	64	71	30	98	70	45	55	193	113	119	65	37	26
青海	19	9	11	6	9	13	5	16	27	29	26	11	10	5
宁夏	35	37	40	12	38	32	28	26	48	57	40	25	16	10
新疆	121	72	76	34	80	95	28	96	264	161	162	70	61	33

附录

转移(亿元)

湖北	湖南	广东	广西	海南	重庆	四川	贵州	云南	陕西	甘肃	青海	宁夏	新疆
116	108	456	148	41	84	85	75	138	196	48	31	16	167
85	86	405	104	32	59	83	58	104	130	37	26	15	88
144	231	980	210	88	209	198	136	268	320	107	33	39	263
173	153	429	126	35	83	44	46	90	135	36	11	16	58
156	145	577	127	49	244	95	65	119	175	59	32	30	119
108	229	672	202	69	156	128	112	224	275	106	28	33	228
84	76	340	98	30	122	83	44	108	98	50	15	20	71
106	105	495	113	47	91	91	54	94	121	39	16	24	70
94	131	528	184	49	70	104	84	171	212	61	32	19	167
172	555	1830	560	170	304	295	263	593	731	209	85	53	480
140	234	764	305	79	166	152	148	320	391	119	37	31	245
146	163	736	186	90	184	151	115	221	288	102	30	28	169
86	52	235	78	26	46	82	55	134	150	58	11	11	51
49	139	433	110	66	89	69	59	123	166	45	12	12	81
112	184	888	232	71	121	175	143	266	319	100	33	44	288
200	353	964	250	107	284	188	156	324	447	140	41	54	289
0	129	233	103	40	84	25	43	86	149	32	9	7	71
88	0	735	144	68	134	149	117	185	322	76	26	34	184
102	133	0	168	47	120	93	94	186	181	67	29	17	143
51	70	357	0	37	62	65	47	99	95	33	10	14	53
15	31	154	29	0	22	18	16	31	43	9	4	3	22
90	144	550	200	46	0	109	79	227	191	68	24	15	125
76	164	386	151	54	130	0	67	136	212	58	20	16	111
62	52	233	54	18	102	35	0	46	61	18	7	7	32
53	60	324	58	29	71	50	34	0	96	32	9	8	48
152	157	607	140	46	105	104	69	135	0	42	18	23	98
36	55	225	41	17	66	39	25	50	62	0	31	6	34
7	10	41	10	4	8	7	4	8	11	4	0	2	5
20	31	86	23	8	19	13	10	21	32	9	2	0	14
45	60	279	59	26	48	45	28	53	68	19	7	12	0

177

表 C4　2017 年中国 30 个省市自

	北京	天津	河北	山西	内蒙古	辽宁	吉林	黑龙江	上海	江苏	浙江	安徽	福建	江西
北京	0	531	774	203	288	703	404	575	624	1 747	328	663	75	285
天津	592	0	429	189	302	502	242	412	481	541	327	226	66	224
河北	772	534	0	459	694	520	450	531	662	1 033	943	427	236	682
山西	150	189	509	0	106	138	128	177	174	374	397	163	78	266
内蒙古	493	235	814	165	0	284	270	440	284	480	237	370	101	330
辽宁	518	303	599	265	393	0	409	657	523	1 035	373	417	68	222
吉林	369	362	340	178	311	665	0	758	430	839	533	272	89	219
黑龙江	391	392	370	216	279	604	246	0	459	633	335	345	64	335
上海	1 102	608	735	265	431	922	703	844	0	1 463	854	620	153	516
江苏	658	636	820	285	1 237	1 378	803	905	1 521	0	1 989	1 197	272	1 38
浙江	693	425	627	269	332	494	709	694	1 397	1 091	0	763	301	496
安徽	244	248	433	414	206	314	379	405	530	715	1 067	0	329	304
福建	368	127	202	103	130	434	181	206	370	152	86	76	0	82
江西	301	222	283	134	448	344	209	302	819	707	398	277	500	0
山东	541	281	586	203	322	367	515	376	524	1 013	413	669	84	340
河南	473	354	505	586	594	646	846	565	980	1 177	1 188	1 813	347	560
湖北	86	69	183	101	97	87	125	158	195	232	98	79	103	101
湖南	238	157	438	166	225	287	370	479	717	661	517	309	167	359
广东	1 435	556	580	467	315	486	784	803	954	831	1 364	583	319	357
广西	258	151	354	137	193	196	319	389	541	583	442	136	93	231
海南	105	88	92	38	45	149	108	148	173	265	115	76	17	67
重庆	273	183	468	142	248	462	689	516	695	912	373	252	95	308
四川	147	113	270	136	114	261	210	232	486	390	194	166	53	132
贵州	196	150	277	178	113	200	232	333	351	428	220	133	80	234
云南	103	59	115	62	85	92	60	69	146	168	201	47	62	96
陕西	413	484	703	247	244	311	408	531	588	724	451	295	396	289
甘肃	102	53	171	111	47	72	72	104	106	215	69	100	15	75
青海	14	8	13	7	6	6	8	10	10	33	23	15	3	11
宁夏	107	25	42	35	23	27	27	27	53	26	39	11	35	
新疆	96	124	96	64	285	87	70	74	101	430	145	89	64	82

转移(亿元)

湖北	湖南	广东	广西	海南	重庆	四川	贵州	云南	陕西	甘肃	青海	宁夏	新疆
468	504	1 029	436	170	557	228	330	407	630	76	43	185	365
276	263	680	267	117	301	167	217	249	327	65	27	171	280
309	365	649	358	244	481	269	351	429	605	117	48	174	401
162	247	363	126	46	146	104	125	141	147	41	18	112	129
260	315	406	218	90	361	129	161	185	256	67	32	112	226
240	402	554	414	131	496	141	252	269	637	104	33	204	310
295	220	1 467	244	187	468	156	166	233	305	51	30	86	289
232	158	668	217	173	316	143	209	213	315	48	37	133	219
517	558	1 919	645	237	740	338	495	544	932	114	56	230	515
386	528	1 660	509	666	829	443	526	652	1 245	159	76	254	760
372	635	2 422	706	187	897	300	539	557	1 109	169	56	205	538
236	438	538	435	105	578	204	299	389	857	129	46	154	380
86	126	631	117	39	207	206	191	715	310	82	12	51	180
214	319	805	228	274	289	177	320	352	332	72	35	102	253
116	359	614	307	71	344	176	254	306	624	117	55	249	356
335	567	947	478	305	706	290	435	719	1 094	209	64	200	745
0	258	132	244	65	233	106	143	236	297	104	22	81	190
468	0	1 176	620	190	641	194	430	439	677	126	54	138	343
714	956	0	739	204	1 098	800	834	990	1 259	155	43	222	546
179	590	2 285	0	153	700	202	443	607	803	130	27	113	295
60	104	509	131	0	185	39	78	81	179	25	9	33	92
315	638	1 243	671	199	0	432	574	579	999	138	39	140	392
74	335	414	327	82	443	0	232	324	465	97	58	91	198
107	278	871	325	103	373	136	0	361	439	85	22	109	316
58	158	356	171	46	196	63	124	0	566	31	10	33	46
270	764	1 599	709	109	901	320	452	429	0	185	60	181	418
40	116	110	117	23	132	80	84	75	195	0	46	59	127
10	9	75	10	2	11	13	7	9	20	19	0	4	8
18	43	46	33	9	44	27	27	37	49	40	9	0	30
61	79	136	81	18	90	77	59	120	114	68	12	40	0

附录D 中国省域间碳转移不公平性

表D1 2002年中国省域间矿

	北京	天津	河北	山西	内蒙古	辽宁	吉林	黑龙江	上海	江苏	浙江	安徽	福建	江西
北京														
天津	0.068							0.034		0.738		0.809	0.489	
河北	0.622	0.588				0.995	0.016	0.533	0.558	0.739	0.864	0.723	0.89	
山西	0.419	0.326	0.736		0.210	0.429	0.501	0.300	0.502	0.471	0.450	0.252	0.427	0.43
内蒙古	0.488	0.522	0.394			0.419	0.958	0.336	0.612	0.415	0.483	0.651	0.432	0.50
辽宁	0.899	0.839	0.621				0.632	0.003	0.799	0.905	0.989	0.796	0.707	0.73
吉林	0.202	0.612						0.042	0.226	0.329	0.367		0.334	0.0
黑龙江	0.544								0.413	0.459	0.449		0.580	0.42
上海	0.599	0.430								0.596	0.774		0.551	0.54
江苏	0.810	0.487									0.757		0.509	
浙江	0.688												0.525	
安徽	0.544	0.000				0.406	0.000		0.880	0.177	0.850		0.572	0.05
福建	0.000													
江西	0.036								0.000	0.336			0.421	
山东		0.402							0.435		0.430		0.482	
河南	0.412	0.000				0.998	0.000		0.324	0.514	0.675	0.213	0.871	0.93
湖北	0.459	0.003							0.048	0.425	0.572	0.257	0.964	0.57
湖南	0.701	0.529				0.473			0.676	0.002	0.724		0.685	
广东	0.467													
广西									0.001	0.000	0.141		0.293	0.98
海南														
重庆	0.170	0.584				0.511			0.000	0.120	0.108		0.098	0.34
四川	0.604									0.000	0.000		0.323	
贵州	0.094	0.077	0.128		0.097	0.048	0.174	0.031	0.164	0.373	0.361		0.243	0.29
云南	0.010								0.391	0.000	0.657		0.369	
陕西	0.071	0.084						0.004	0.055	0.104	0.428		0.549	0.57
甘肃	0.091	0.015						0.001	0.001	0.012	0.316	0.005	0.250	0.21
青海	0.000	0.412							0.045	0.000			0.000	
宁夏														
新疆	0.000		0.427						0.675	0.597	0.422		0.797	0.49

附录

性指数

湖北	湖南	广东	广西	海南	重庆	四川	贵州	云南	陕西	甘肃	青海	宁夏	新疆
				0.503							0.498		
		0.932	0.420	0.718		0.835		0.612			0.692	0.585	
0.385	0.390	0.882	0.390	0.425	0.978	0.709		0.800	0.699	0.531	0.576	0.955	
0.820	0.329	0.482	0.389	0.394	0.355	0.492	0.393	0.490	0.400	0.486	0.639	0.475	0.416
0.823	0.372	0.475	0.493	0.664	0.507	0.394	0.447	0.319	0.525	0.836	0.534	0.589	0.394
0.406	0.667	0.717	0.759	0.947	0.703	0.896		0.249	0.910	0.689	0.508	0.920	0.139
0.074		0.562	0.627	0.066		0.015		0.971	0.240	0.513	0.523	0.883	0.000
0.370	0.387	0.636	0.395	0.587	0.393	0.424		0.391			0.577	0.702	0.373
		0.745		0.977		0.398					0.457	0.564	0.403
		0.158		0.785								0.605	
		0.219		0.050								0.589	
	0.004	0.891	0.814	0.083	0.171	0.128		0.002	0.493		0.583	0.695	
		0.001		0.683								0.491	
	0.135	0.273		0.881		0.000		0.456			0.449	0.897	
		0.453		0.550							0.413	0.504	
0.723	0.410	0.371	0.948	0.848	0.694	0.538		0.756	0.598	0.503	0.518	0.893	0.000
	0.383	0.412	0.837	0.670	0.633	0.111		0.694	0.005	0.478	0.990	0.696	
		0.338		0.654					0.821			0.770	
				0.198								0.561	
	0.236	0.421		0.430		0.000		0.507	0.300	0.302		0.805	0.528
	0.000	0.045	0.499	0.666		0.393		0.564	0.887	0.955	0.423	0.958	0.920
	0.669	0.098		0.662				0.408			0.385	0.751	
0.386	0.333	0.247	0.407	0.477	0.150	0.259		0.738	0.408	0.710	0.737	0.549	0.421
	0.000	0.897		0.220							0.442	0.246	
		0.301		0.833		0.865		0.594			0.536	0.565	0.003
	0.033	0.073		0.515		0.010		0.072	0.108		0.600	0.290	0.006
	0.001	0.001	0.136	0.589								0.714	
				0.530									
0.430	0.527	0.837		0.827		0.510		0.404			0.449	0.201	

表 D2　2007 年中国省域间碳

	北京	天津	河北	山西	内蒙古	辽宁	吉林	黑龙江	上海	江苏	浙江	安徽	福建	江西
北京													0.416	
天津	0.000					0.449							0.557	0.59
河北	0.336	0.644				0.843	0.228	0.260	0.550	0.548	0.842		0.887	0.81
山西	0.359	0.196	0.630			0.069	0.474	0.175	0.288	0.316	0.648	0.581	0.336	0.43
内蒙古	0.532	0.378	0.444	0.577		0.417	0.619	0.451	0.490	0.155	0.460	0.543	0.431	0.41
辽宁	0.805	0.346	0.381			0.993	0.399	0.352	0.309	0.707	0.731	0.862	0.45	
吉林	0.135							0.282						0.19
黑龙江	0.316	0.024				0.537		0.425		0.700	0.425	0.748	0.78	
上海	0.000	0.415											0.485	0.35
江苏	0.210	0.824				0.585	0.016	0.075		0.859	0.522	0.617	0.49	
浙江	0.971	0.544				0.512		0.850				0.504	0.47	
安徽	0.009	0.000				0.628		0.004		0.000		0.311	0.22	
福建						0.421								
江西	0.000											0.614		
山东	0.654	0.941	0.610		0.401	0.999		0.360	0.589	0.902	0.678	0.764	0.58	
河南	0.381	0.437				0.839	0.708	0.044	0.206	0.714	0.815	0.964	0.58	
湖北	0.881	0.559	0.449			0.622		0.888	0.959	0.923	0.594	0.845	0.40	
湖南	0.797	0.007				0.496		0.496			0.432	0.006		
广东	0.463									0.866			0.35	
广西	0.000	0.000				0.655		0.015		0.058	0.450	0.056	0.15	
海南		0.443				0.368		0.381	0.415	0.491	0.407	0.579	0.58	
重庆								0.026						
四川	0.607	0.366				0.517		0.071			0.411		0.22	
贵州	0.039	0.185	0.036		0.014	0.482	0.250	0.150	0.013	0.183	0.283	0.121	0.33	
云南	0.100	0.033				0.492	0.003	0.004	0.393	0.449	0.518	0.090	0.27	
陕西	0.070	0.612				0.475		0.609		0.303	0.483	0.601	0.80	
甘肃	0.374	0.297	0.118		0.267	0.562	0.124	0.162	0.462	0.457	0.889	0.050	0.27	
青海													0.00	
宁夏	0.001	0.079		0.441		0.000	0.394	0.319	0.093	0.004	0.114	0.371	0.029	0.33
新疆	0.015	0.000				0.557		0.001		0.163	0.562	0.213	0.94	

性指数

湖北	湖南	广东	广西	海南	重庆	四川	贵州	云南	陕西	甘肃	青海	宁夏	新疆
					0.378	0.387					0.390		
		0.474			0.503						0.425		
		0.202	0.517	0.758	0.016	0.837	0.585		0.515	0.987		0.629	0.412	0.775
0.379	0.404	0.307	0.371	0.000	0.294	0.230	0.843	0.508	0.189	0.443	0.462		0.184
0.316	0.391	0.591	0.580	0.075	0.573	0.320	0.777	0.667	0.623	0.703	0.779	0.406	0.538
0.727	0.714	0.686	0.685	0.480	0.979	0.669		0.491	0.894		0.759		0.830
		0.948			0.608						0.464		
0.383	0.457	0.665	0.423	0.000	0.923	0.520			0.485		0.623		0.385
		0.387									0.392		
		0.604	0.621	0.553		0.916	0.729			0.824		0.532		0.407
		0.478			0.639	0.502					0.491		
			0.000		0.034						0.621		
			0.000		0.599	0.468					0.396		
		0.403			0.405								
		0.517	0.829	0.565	0.006	0.872	0.701			0.826		0.632		0.746
0.713	0.766	0.030	0.665	0.077	0.342	0.928		0.427	0.925		0.631		0.660
		0.341	0.747	0.944	0.003	0.884	0.074		0.447	0.859	0.605	0.594		0.466
		0.526	0.434	0.373	0.575	0.000		0.378			0.521		0.165
						0.398					0.410		
		0.677			0.970	0.000		0.469			0.444		
		0.415	0.414		0.433	0.473		0.448		0.421	0.397		0.408
		0.493											
					0.595			0.428			0.389		0.468
0.141	0.094	0.136	0.292	0.001	0.481	0.103		0.506	0.108	0.389	0.818		0.379
		0.442			0.000			0.000			0.646		0.053
	0.000	0.991	0.613	0.061	0.937	0.000					0.488		0.526
	0.088	0.360	0.100		0.505	0.072		0.464	0.010				0.312
					0.000					0.494			0.348
0.073	0.137	0.166	0.287	0.001	0.424	0.151	0.413	0.322	0.004	0.387	0.251		0.464
		0.674	0.000		0.600								

表 D3　2012 年中国省域间

北京	天津	河北	山西	内蒙古	辽宁	吉林	黑龙江	上海	江苏	浙江	安徽	福建	江西
0.574						0.597		0.724					
0.591	0.733			0.799	0.602	0.511	0.647	0.796	0.223	0.656	0.665	0.879	0.179
0.437	0.551	0.215		0.487	0.262	0.376	0.385	0.524	0.331	0.379	0.306	0.263	0.376
0.550	0.341				0.351	0.381	0.564	0.051	0.302	0.172	0.622	0.044	
0.656	0.714			0.412		0.485	0.645	0.926	0.067	0.463	0.272	0.570	
0.139						0.549	0.809						
0.778	0.572							0.576					
0.168													
0.551	0.500				0.455	0.542	0.469						
0.980	0.468				0.706	0.161	0.845	0.072		0.015			
0.487	0.523				0.834	0.572	0.875	0.334					
0.789	0.078				0.108	0.018	0.675	0.011	0.009	0.068			
0.843	0.595				0.386	0.715	0.801	0.746	0.998	0.701	0.518	0.438	
0.633	0.475		0.323	0.460	0.397	0.270	0.590	0.327	0.703	0.419	0.857	0.159	
0.510	0.769				0.448	0.893	0.674	0.053	0.229	0.019	0.522		
0.215	0.694				0.565	0.354	0.617	0.449		0.007			
0.893	0.585				0.884	0.607	0.621	0.000	0.640	0.899	0.426		
0.152					0.111		0.280						
0.568							0.684						
0.609	0.380						0.424						
0.654	0.477				0.492	0.488	0.496	0.003					
0.699	0.637		0.443	0.437	0.732	0.724	0.737	0.331	0.632	0.074	0.688		
0.489	0.522				0.306	0.597	0.790	0.052	0.248	0.000		0.129	
0.384	0.273					0.456	0.840						
0.652	0.856				0.933	0.648	0.864	0.000	0.069				
0.697	0.690				0.308	0.707	0.706	0.043					
0.149						0.334	0.274	0.001					
0.449	0.556	0.438		0.541	0.347	0.453	0.385	0.497	0.383	0.417	0.337	0.509	0.309
0.248	0.170					0.004	0.481	0.608	0.007	0.126		0.605	

性指数

湖北	湖南	广东	广西	海南	重庆	四川	贵州	云南	陕西	甘肃	青海	宁夏	新疆
		0.459	0.473								0.468		
0.039	0.492	0.935	0.687	0.586	0.326	0.138	0.869	0.820	0.570	0.473	0.597		0.934
0.958	0.261	0.715	0.495	0.539	0.205	0.220	0.417	0.491	0.433	0.385	0.420	0.440	0.452
0.223	0.038	0.658	0.474	0.362	0.106		0.623	0.457	0.368	0.023	0.679		0.615
0.000	0.596	0.694	0.970	0.617	0.270		0.594	0.798	0.734	0.632	0.728		0.617
			0.597	0.458				0.405			0.472		
		0.403	0.497	0.175									
		0.423	0.479	0.529				0.463					
0.386		0.455	0.491	0.491	0.492			0.400		0.361	0.598		
		0.448	0.865	0.671	0.894			0.714	0.885	0.450	0.617		0.446
0.464		0.712	0.448	0.408	0.088		0.451	0.633	0.802	0.670	0.411		
0.503	0.647	0.510	0.647	0.530	0.223	0.395		0.608	0.680	0.967	0.819		0.447
0.520	0.163	0.828	0.464	0.129	0.241	0.552	0.526	0.678	0.344	0.328	0.463	0.721	0.618
0.967	0.004	0.749	0.866	0.791	0.065	0.000	0.524	0.725	0.599	0.658	0.862		0.668
	0.708	0.653	0.997	0.835	0.283			0.903	0.313	0.297	0.549		
		0.514	0.564	0.716	0.286			0.582	0.494	0.984	0.756		0.389
				0.000							0.057		
		0.454		0.642				0.764					
		0.425	0.492	0.679				0.499	0.399		0.406		
0.582	0.518	0.610	0.741	0.776	0.507		0.633	0.831	0.759	0.664	0.937		0.514
0.549	0.000	0.833	0.430	0.414	0.542			0.480	0.295	0.000	0.677		
		0.574		0.294									
		0.492	0.939	0.417				0.603			0.449		
		0.446	0.563	0.730	0.328			0.697	0.627		0.519		0.769
			0.362	0.382				0.183					
0.532	0.344	0.552	0.462	0.521	0.405	0.296	0.461	0.500	0.434	0.454	0.394		0.408
0.008		0.870	0.407	0.434	0.000		0.189	0.416	0.066		0.615		

表D4 2017年中国省域间

	北京	天津	河北	山西	内蒙古	辽宁	吉林	黑龙江	上海	江苏	浙江	安徽	福建	江西
北京														
天津	0.914													
河北	0.367	0.456				0.733	0.678	0.295	0.490	0.996	0.360	0.511		0.99
山西	0.280	0.368	0.414			0.000	0.282	0.281	0.240	0.452	0.478	0.074	0.296	0.47
内蒙古	0.498	0.302	0.394	0.595			0.336	0.428	0.267	0.079	0.287	0.499	0.308	0.30
辽宁	0.185	0.046	0.478		0.585		0.043	0.404	0.114	0.087	0.122	0.824		0.15
吉林	0.278	0.414						0.400	0.000					0.39
黑龙江	0.131	0.277							0.005					0.48
上海	0.532	0.728												
江苏	0.000	0.455					0.310	0.524	0.595		0.674	0.370	0.716	0.90
浙江	0.545	0.700					0.490	0.423	0.489			0.509		
安徽	0.000	0.466					0.547	0.613	0.169		0.463		0.632	0.51
福建	0.470	0.451				0.400	0.445	0.395	0.533					
江西	0.567	0.335							0.484		0.000		0.580	
山东	0.702	0.701	0.660	0.805	0.890	0.926	0.565	0.614	0.683	0.643	0.681	0.735	0.649	0.60
河南									0.000		0.779	0.764		0.00
湖北												0.901		
湖南									0.967					
广东	0.533													
广西	0.004					0.387	0.395	0.147						0.38
海南	0.006	0.233				0.000		0.009						
重庆	0.000					0.971								0.66
四川	0.000					0.795	0.470	0.502						
贵州	0.050	0.079				0.834	0.851	0.089	0.068					0.16
云南														
陕西	0.033	0.628					0.427	0.006						0.28
甘肃	0.579	0.240	0.483			0.518	0.810	0.334	0.460	0.010	0.114			0.37
青海									0.000					0.00
宁夏	0.311	0.004	0.033			0.202	0.070	0.007	0.088	0.010	0.177	0.051		0.25
新疆	0.066	0.207		0.000		0.118	0.118	0.001	0.258	0.046	0.000	0.048		0.16

附录

性指数

	湖北	湖南	广东	广西	海南	重庆	四川	贵州	云南	陕西	甘肃	青海	宁夏	新疆
0.406	0.412								0.405			0.428		
0.444	0.525	0.570	0.520		0.467	0.474		0.496			0.403			
0.948	0.267	0.446	0.373	0.719	0.388	0.366	0.607	0.898	0.157		0.858		0.410	
0.509	0.439	0.290	0.344	0.419	0.375	0.296	0.189	0.529	0.230	0.007	0.513	0.586		
0.613	0.409	0.417	0.389	0.525	0.439	0.389	0.429	0.472	0.374	0.441	0.475	0.595	0.300	
0.876	0.466	0.460	0.610	0.244	0.400	0.059	0.500	0.779	0.678	0.580	0.775	0.570	0.523	
0.450	0.163	0.491						0.708	0.000		0.717			
0.880	0.000	0.233		0.781	0.022			0.846			0.774			
0.487		0.455			0.413			0.479			0.433			
0.550	0.220	0.711	0.146	0.414	0.186	0.595		0.663	0.637					
0.500	0.609	0.650	0.753	0.494	0.636	0.489	0.485	0.563	0.572		0.466			
0.562	0.613	0.323	0.924	0.980	0.820	0.880	0.763	0.678	0.626		0.669			
	0.062	0.827	0.843	0.514	0.421	0.443	0.504	0.732	0.039	0.548	0.457			
0.532	0.303	0.707		0.423		0.421		0.614						
0.593	0.498	0.579	0.703	0.722	0.518	0.762	0.791	0.805	0.701	0.746	0.665	0.719	0.713	
			0.000	0.520				0.754						
	0.000		0.962	0.682	0.131	0.606		0.829	0.865	0.441				
		0.549		0.373	0.380			0.556			0.415			
0.421								0.459						
	0.140	0.959			0.449		0.944	0.862	0.977		0.430			
			0.427	0.009		0.260		0.608	0.514		0.486			
			0.414				0.375	0.573			0.636			
		0.917	0.000	0.520	0.543	0.403		0.399	0.619	0.588		0.892		
0.000	0.074	0.432		0.949				0.976	0.347		0.721		0.513	
	0.501	0.540			0.215			0.056			0.851			
	0.325	0.233	0.282	0.262	0.348	0.282	0.356	0.701	0.399		0.413		0.689	
0.000		0.474						0.268						
0.042	0.211	0.126	0.125	0.000	0.187	0.109	0.006	0.382	0.132	0.293	0.438		0.104	
0.022	0.116	0.087	0.030	0.002	0.079	0.159		0.477	0.105		0.409			

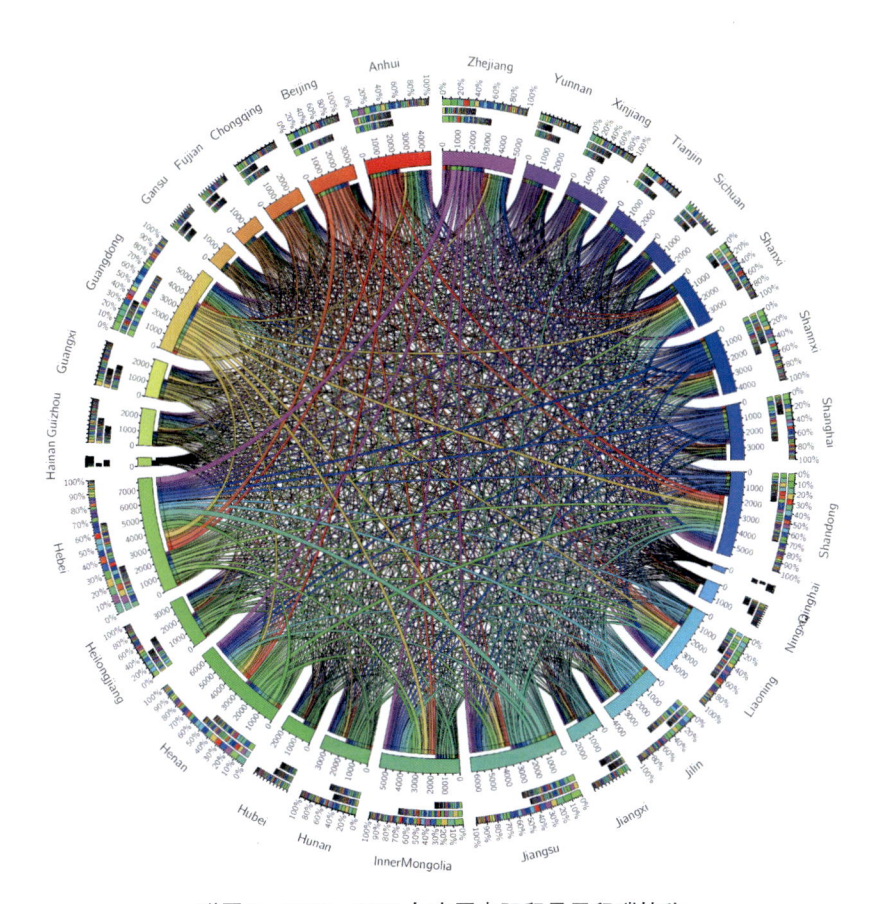

附图1 2002—2017年中国省际贸易累积碳转移